노하우 완전공개!

변액연금보험
방법서 가입부터
투자관리까지

변액연금보험
방법서 가입부터 투자관리까지

발 행 일 | 2012.7.31
지 은 이 | 심영보
펴 낸 이 | 김양수
펴 낸 곳 | 도서출판 맑은샘
전　　화 | 031.906.5006
이 메 일 | okbook1234@naver.com
F A X | 031.906.5079
주　　소 | 경기도 고양시 일산동구 마두동824-5번지 1층

ISBN 978-89-968676-1-6
가격 28,000원

변액연금보험
방법서 가입부터
투자관리까지

심영보 지음

'대한민국 변액연금보험 투자관리의
새로운 지평을 열다...'

[심영보 변액연금보험 투자관리 시스템]

지금까지의 말뿐인 투자관리와 비체계적인 투자관리는 잊어라!

이젠 투자자 성향에 맞는 적절한 자산배분과 정기적 점검에 의한 혁신적 투자관리 시스템이 대세다!!!

책을 내면서······

책을 내면서······

보험피해 등에 대한 상담을 진행하다 보면 정말 안타까운 일들이 참 많다. 그중 대다수는 변액보험 피해에 대한 내용이거나 투자관리 능력이 없어서 어떻게 관리해야 하는지에 대해 난감해 하는 것들이다. 모든 것을 가입 시 하는 말만 믿고 계약하였지만 시간이 가면 갈수록 또는 금융시장의 변화가 크면 클수록 가입자들은 어떻게 대처해야 하는지 몰라서 불안해 하는 것이다.

그렇다고 이런 고민을 해결해줄 방안을 제시하는 책도 없는 실정이다. 우리나라에는 아직 변액연금보험 투자관리에 대한 책이 없다. 투자관리는 둘째 치고라도 변액연금보험에 대한 연구서적조차도 없다. 아무리 서점을 뒤져봐도 노후자금 준비의 최고라 할 수 있는 변액연금보험에 대한 책이 없다니 참 신기할 따름이다.

책을 쓴 이유는 여기에 있다.

필자는 변액연금보험이란 무엇인지 또는 이런 실적배당 투자형 상품은 어떻게 투자관리를 해야 하는지 등에 대해서 정말 많은 연구를 해왔다고 자부한다. 더군다나 변액연금보험에 대한 보험약관 자료 이외에는 변액보험 투자관리에 대한 자료가 일체 국내에 없다고 봐도 과언이 아닌 현실에서 이러한 변액연금보험 투자관리에 대해서 공부를 한다는 것은 자신이 직접 경험과 시행착오를 거쳐서 방안을 터득하는 것 외에는 아무것도 없었다.

　기존 고객을 대상으로 이 방법 저 방법 적용하다가 하나씩 방안을 만들어내고 또한 실패도 반복하고 이러한 과정을 거치다 보니 필자만의 고유한 변액연금보험 투자관리 시스템이 나오게 된 것이다.

　처음에는 이 방법을 나만의 특화된 노하우로써 영업적인 측면에서만 활용할 생각이었지만 오픈 없이는 학문의 발전이 있을 수 없다는 인식과 우물 안 개구리일 수밖에 없다는 한계를 느끼게 되어 비로소 오픈하게 된 것이다. 혹자는 이러한 내용이 별 것 아니라 할 수도 있겠지만 적어도 우리나라 변액연금보험 투자관리 분야의 연구에 첫 시작을 알리는 계기가 되어 더욱더 좋은 방법으로 진일보 할 수 있기를 갈망한다. 또한 이 책이 변액연금보험 가입 시에는 효율적인 설계를 할 수 있도록 방법을 제시하고, 가입 후에는 올바른 투자관리를 실행할 수 있도록 리드하여 변액연금보험의 설계방안과 투자관리가 필요한 모든 사람들에게 부족하지만 최소한 한가지의 방법을 제시해줄 수 있기를 희망한다.

　끝으로 이러한 변액연금보험 투자관리 방안이 나오기까지 물심양면으로 많은 도움을 준 모든 고객들과 네이버 '보험연합' 및 '변액연금보험 투자관리 전문가그룹' 카페 운영진 그리고 회원들에게 진심 어린 감사를 전한다.

2012년 7월 어느 날, 화창한 아침 녘에

심영보

contents

Chapter 01
변액연금보험 투자관리 개요

Chapter 02
변액연금보험 가입설계방안 심층연구

contents

contents

Chapter
07

[심영보 변액연금보험 투자관리 시스템] 소개

. . . .

Chapter 01

변액연금보험 투자관리 개요

가 | 변액연금보험 투자관리란 무엇인가?

국내에 판매되고 있는 대부분의 변액연금보험은 상품의 구조상 주로 주식투입비율 50%이하 그리고 채권투입비율 50%이상의 채권혼합형펀드로 구성되어 있는 실적배당형 상품으로서 적게는 10년 많게는 30년 이상 투자해야하는 장기투자상품이다. 이렇듯 대부분 채권혼합형펀드로 구성되어 있어서 투자의 위험성이 아주 높다고 할 수 없지만, 그렇다고 가입 후 수십년이상 그냥 방치를 해서는 절대 안되는 상품이기 때문에 장기 또는 초장기로 투자하려면 어떤 방식으로든지 투자관리라는 것이 필요하다.

변액연금보험 상품구조

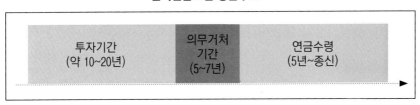

일반적으로 보장성보험이나 공시이율의 저축성보험처럼 가입 후 별다른 관리를 하지 않고 방치하더라도 만기에 보험금이나 연금수령시 대부분 기납입보험료 정도의 원금은 연금지급재원으로 확보할 수 있지만, 이것은 사실상 물가상승률에 의한 화폐가치 하락으로 인해서 엄청난 손실을 보게 되는 것과 마찬가지라 할 수 있다.

그렇다면 변액연금보험에 가입한 후 나타날 수 있는 가장 대표적인 위험요소(Risk)는 무엇일까?

가입자 입장에서 보면 그건 아마도 1987년 IMF나 2008년 글로벌 외환위기 같은 금융시장 폭락기에 큰 손실을 볼 수 있는 것과 연금개시를 얼마 남겨놓지 않고서 이와 같은 금융위기로 인해서 연금지급 재원의 큰 손실을 보는 것이 아닐까 생각된다.

변액연금보험 투자관리란 바로 이러한 장기간 투자시 발생할 수 있는 리스크에 대처할 수 있는 방법을 제시하고 내 자산을 안전하게 투자할 수 있도록 방향을 안내해 줄 수 있는 것을 말한다. 단지 어떤 단기적인 시장예측에 의한 펀드 변경 타이밍을 제시하는 것은 이 책에서 말하는 변액연금보험 투자관리와는 거리가 멀다.

그러나 대부분의 변액연금보험 가입자들이 이야기하거나 알고있는 변액연금보험 투자관리는 펀드변경에 대한 타이밍을 제시해주는 것이라고 하는 왜곡된 정보를 알고 있는 경우가 많다. 쉽게 예기하면 주식시장의 흐름이나 추세에 맞춰서 그때그때 펀드변경 타이밍을 알려주는 것이 변액연금보험 투자관리라고 알고 있는 것이다.

하지만 그와 반대로 금융학자들은 변액연금보험과 같은 초장기 투자상품은 시장예측에 의한 펀드변경 타이밍 잡기 등의 단타 전술으로는 투자관리에 큰 효과를 볼 수 없으며 장기 투자시 수익률에도 큰 도움이 되지 않는다고 주장한다.

변액연금보험 투자관리 개념도

초기	중기	말기
전술적 자산배분	전술적 자산배분	전술적 자산배분
전략적 자산배분		

따라서 이 책에서 제시하는 변액연금보험 투자관리에 대한 것은 이러한 족집게 식의 매매타이밍 잡기 등과 같은 방법은 완전 배제하고 포트폴리오의 자산배분 즉 장기적인 전략적 자산 배분 하에서 단기적인 전술적 자산배분을 통해서 리스크를 관리해가는 방법에 대한 것이다.

나 | 변액연금보험 투자관리의 필요성

앞서 우리는 변액연금보험이란 무엇인지 알아보았다. 이번 장에서는 변액연금보험 투자관리의 필요성은 무엇인지 구체적으로 알아보자.

[변액연금보험 투자관리의 필요성]

첫째
변액연금보험은 투자실적배당형 상품이기 때문에 투자관리가 필요하다.

변액연금보험은 가입자가 납입한 보험료의 대부분을 특별계정(펀드)의 주식과 채권 등에 투자하여 그 결과 수익이 나면 해당 수익을 가입자에게 배당하고 손실이 나도 마찬가지로 그 손실을 모두 가입자에게 배당한다. 이러한 상품의 특성상 변액연금보험은 가입 이후 적절한 투자관리가 필요한 것이며 적절한 투자관리가 이뤄지지 않는다면 가입자별로 위기대처능력이 떨어지게 되고 장기간 유지하는 데 큰 어려움이 발생할 수 있는 상품이다.

둘째

변액연금보험은 초장기 투자상품이므로 장기간 유지에 대한 적절한 투자관리가 필요하다.

변액연금보험은 노후연금준비용 상품으로서 적게는 10년, 많게는 30~40년 이상 초장기로 투자되는 상품이다.

변액연금보험 투자기간

초기	중기	말기
5년	5~20년	5년
10~30년이상		

따라서 초장기 상품의 특성상 각 투자 시기에 맞는 적절한 리스크 관리가 이뤄지지 않는다면 투자에 대한 직접적 손실도 볼 수 있지만 투자에 대한 방향을 잃고서 실효나 중도해지 등으로 인해서 많은 손실을 볼 수도 있다. 그러므로 각 투자 시기에 맞는 또는 가입자의 투자성향에 적정한 투자관리가 반드시 필요한 것이다.

셋째

적립식 변액연금보험도 일정기간 경과 이후 거치식 투자가 되어 투자리스크가 매우 커지므로 투자관리가 필요하다.

적립식펀드의 경우 납입보험료는 분산투자가 되므로 5년 이상 일정기간 동안 꾸준히 투자한다면 달러 코스트 에버리지(Dollar Cost Average) 효과로 인해서 투자위험을 상당히 낮출 수가 있다. 마찬가지로 적립식 변액연금보험이라면 이러한 DCA효과를 볼 수 있으나 납입보험료만 그 효과가 있을 수 있고 쌓여가는 적립금과는 별개라 할 수 있다. 보통 5~7년 정도로 투자하는 적립식펀드와는 달리 변액연금보험은 20~30년 이상 투자해야 하는 상품이므로 초기 즉 5~7년 정도를 지나면 적립금 규모가 커져서 이때부터는 거치식 투자와 적립식투자가 병행되는 구조이다. 그러다 보니 일정 목돈으로 적게는 10년 많게는 20~30년 정도 거치식 투자를 해야 하므로 아무리 주식투입 비율이 50% 이하라 하더라도 위험은 상당히 크다고 볼 수 있으므로 변액연금보험에 대한 투자관리가 반드시 필요한 것이다.

넷째
변액연금보험은 연금개시 직전에 위험성이 매우 큰 투자상품이므로 그에 적절한 대응을 할 수 있는 투자관리가 필요하다.
펀드나 변액연금보험 등의 투자상품은 가입 시점보다는 빠져나올 시점이 더 중요하다고 생각한다. 특히 펀드는 매우 큰 위험에 직면했다고 하면 그냥 환매나 해지처리 해서 위험을 헷지 할 수 있지만, 변액연금보험은 목표시점까지 유지해서 지정한 연령에 연금으로 수령해야만 노후준비에 대한 목적을 달성할 수 있으므로 쉽게 해지할 수 없는 상황일 것이다. 이렇다 보니 빠져나올 시기 즉 투자말기(연금개시 −5년 또는 −7년)에 큰 위험이 닥친다면 그에 대한 대비책 없이 우왕좌왕하다가는 큰 손실을 볼 수 있다. 더욱이 투자말기에는 더 이상 손실을 만회할 수 있는 시간적 여유도 없으므로 이 시기에 어떤 전략전술로 투자관리를 해나가야 하는지는 매우 중요하다고 생각한다.

다섯째

변액연금보험은 복잡한 상품구조로 인해서 적절한 기능을 활용할 수 있는 투자관리가 필요하다.

변액연금보험은 펀드에 투자를 하여 최소한 10년 이상 장기간 투자하는 상품으로서 중간에 펀드변경기능을 활용한다든지 자동재배분기능이나 평균분할투자기능 등의 펀드운용옵션을 통하여 위험관리를 수행할 수 있어야 하는 등 상품의 기능이 다양하고 구조가 복잡하다. 장기간 투자를 해야 하는 상품의 특성상 예상치 못한 상황이 발생한다면 이에 대처할 수 있는 장치가 있어야 하는데 이러한 다양한 기능들이 그 역할을 수행할 수 있다. 따라서 가입자는 변액연금보험의 이러한 다양하고 복잡한 기능을 상황에 따라 투자관리에 잘 활용하거나 응용할 수 있어야 한다.

다 | 국내 변액연금보험 투자관리의 현주소

현재 국내에서 판매되고 있는 변액연금보험의 투자관리는 해당보험사가 알아서 해주는 것이 아니고 상품을 판매한 담당설계사가 모두 맡고 있다고 할 수 있다. 그렇다고 담당설계사가 의무적으로 해주는 서비스도 아니며, 담당설계사가 그 일을 그만두거나 다른 곳으로 옮기게 되면 그나마 그 관리도 사라지게 되는 구조로서 담당설계사로서는 해당고객의 관리차원에서 단순하고 일반적인 관리가 진행되고 있는 실정이다.

보험설계사는 이직률이 높고 변액연금보험의 담당설계사가 없는 고아계약 건이 엄청나게 많기 때문에 어느 정도의 변액보험 투자관리에 경험과 능력이 있는 소수의 FP(재무설계사 또는 보험설계사) 이외에는 사실 고객을 위한 올바른 투자관리가 진행되는지 여부를 의심하지 않을 수 없다. 또한 필자가 경험한 변액보험 피해에 대한 상담을 진행하다 보면 그런 의문이 자연스러울 수밖에 없는 것이다.

단기간의 금융상식과 보험지식 그리고 변액보험 판매 자격증 정도를 가지고 고객의 변액연금보험 투자관리를 진행하기란 결코 쉽지 않다. 하지만 국내 보험 판매구조는 이렇게 담당설계사가 가입 이후의 모든 것을 관리하는 구조로 되어 있기 때문에 그 피해는 공식적인 통계가 없다 하더라도 짐작 건대 엄청날 것이라 예상된다.

또한 대부분 가입자의 경우 투자관리를 받지 못하지만 받더라도 수준 높은 투자관리보다는 즉흥적이고 매우 주관적인 투자관리가 이뤄지고 있다고 예상되며 더 큰 문제점은 변액보험을 단타 위주의 매매타이밍 즉 금융시장의 상황에 따라 펀드변경 타이밍을 알려주는 단순한 서비스에 주안점을 맞추고 있다는 점도 문제라 할 수 있다.

국내 변액연금보험 투자관리 유형

투자관리 유형	관리내용
구두/전화	구두로 투자관리에 대한 정보 전달
문자	휴대폰기기의 문자기능을 활용하여 정보 전달
정기점검	투자현황을 일정기간마다 점검하여 그 결과를 리포트로 제출

결론적으로 국내 변액연금보험 가입자의 대부분이 가입 이후의 투자관리에 대한 혜택을 받지 못하고 있는 실정이며, 투자관리를 받고 있다손 치더라도 신뢰성 있는 적정한 투자관리가 이뤄지고 있는지도 도무지 알 수 없는 상황이 국내 변액연금보험 투자관리의 현주소라 할 수 있다.

라 | 변액연금보험의
올바른 투자관리 방법은?

　　국내에 변액연금보험 투자관리에 대한 체계적 자료는 아직 전무한 상황이며 그에 대한 방법론에 대해 언급한 책이나 논문도 전혀 찾아볼 수 없는 그야말로 황무지라 할 수 있다. 다만 일부 보험설계사들 위주로 자신의 금융지식과 경험을 토대로 펀드변경 타이밍을 제시하거나 주식의 직접투자관리에 대한 내용을 일부 인용한 자료들 정도만 있을 뿐이다.

　　이 자료들 대부분은 이처럼 일부 단타 위주 매매타이밍 정도 외에 변액연금보험의 특성을 감안하여 장기투자에 적합한 투자관리에 대한 것은 사실 찾아보기 어려운 상황이다.

　　그렇다면 변액연금보험의 올바른 투자관리 방법은 무엇일까?

첫째

가입자의 투자성향, 투자환경을 고려한 투자관리 방법

변액연금보험의 올바른 투자관리 방법을 논하기 전에 먼저 변액연금보험 가입자들의 투자성향이나 투자환경 그리고 재무적 상황에 대해 자세히 알아볼 필요가 있다. 국내 변액연금보험 가입자들의 투자성향이나 투자환경 등에 대한 통계자료는 찾아볼 수 없지만 필자의 필드 경험에 의하면 가입자들 대부분의 투자성향은 중도적이면서 투자환경은 수동적 투자환경이라고 할 수 있다.

즉 투자자 대다수는 아주 공격적이지 않으면서 중도적 투자성향 그리고 변액연금보험의 기능을 잘 이해하거나 인터넷이나 컴퓨터 활용능력이 그렇게 뛰어나지 않다는 것이다. 반대로 그렇지 않고 뛰어난 가입자도 있겠지만 대부분이 변액연금보험의 기능 등의 활용능력이 능수능란하지 않다는 것이다. 아무리 좋은 방안이 있다 하더라도 가입자가 이것을 잘 활용하지 못한다면 이것은 좋은 방안이라 할 수 없을 것이며, 이러한 가입자의 투자성향과 투자환경을 잘 고려하여 그 가입자의 눈높이에 맞추는 투자관리 방법이야말로 가장 올바른 투자관리라 생각한다.

둘째

장기투자에 적합한 투자관리 방법

변액연금보험은 보통 20~30년 이상은 투자되는 초장기 상품이다. 이 정도 기간이라면 강산(江山)이 두세 번 이상 바뀔 정도로 매우 긴 기간이므로 상황에 따라 단기적으로 투자위험(Risk)을 관리할 때도 있겠지만, 먼저 장기적인 관점하에서 단기적인 관리가 이뤄져야 한다고 본다. 따라서 단기적인 파동에 휩쓸려 단타를 위한 매매타이밍을 잡는 등 단기적 추세에 너무 민감해할 필요가 없으며 장기적 투자를 위한 계획 하에서 단기적인 대응책을 수립하여 추진하는 투자관리 계획을 실행할 것을 권장한다.

셋째
장기적(전략적)/단기적(전술적) 자산배분 하에서의 투자관리 방법

주가지수가 올라갈 것 같으면 주식투입 비율을 높이고 반대로 떨어질 것 같으면 주식투입 비율을 낮추는 방법의 펀드관리를 쉽게 이야기하는 보험설계사들이 종종 있다. 이러한 펀드변경 타이밍을 잡아서 그때그때 휴대폰 문자나 구두로 제공해 주겠다며 자신에게 상품가입을 권유하는 등 상품 판매의 마케팅으로 활용하는 경우도 많다.

그러나 이런 매매타이밍을 잡는 것이 어디 쉬우랴. 더군다나 가입자 대부분의 입장에서는 거의 불가능하다고 생각한다.

이러한 방법은 변액연금보험을 거의 직접투자의 대상으로 활용하여 단기 수익률 제고를 위한 단타 등의 단기적 금융시장 변화에 편승해서 수익률을 올려나가겠다는 것으로써 그때그때 시장예측에 의해서 펀드변경 할 시기가 오면 적절한 타이밍을 제시해 주겠다는 것이다. 하지만 변액연금보험은 대부분 주식투입 비율이 50% 이하의 채권혼합형 펀드로 이뤄져 있으므로 단타용으로 시장의 변화에 즉각 대응할 상품도 아니다. 또한 펀드를 변경한다 하더라도 당일 변경되는 것이 아니라 오늘 변경하면 내일모레 정도인 3영업일에 변경되므로 그 효과가 있을지도 의문시 된다.

따라서 이러한 단타의 매매타이밍을 잡는 것보다는 변액연금보험의 장기투자 특성상 장기적인 전략적 자산배분 계획 하에서 단기적인 전술적 자산배분을 통하여 일부 포트폴리오를 조정한다는 차원에서 접근하는 방법에 초점을 맞춰야 한다고 생각한다.

넷째
혼자 하는 변액연금보험 투자관리가 필요하다.

변액연금보험의 투자관리는 해당 보험사나 중간 판매대리점과는 전혀 관계없고 그저 담당설계사가 고객관리 차원에서 서비스해주는 것이 전부이다. 그나마 이렇게라도 관리 받고 있다면 다행이지만, 이러한 관리도 제대로 받지 못하는 가입자가 대부분이라고 예상된다. 문제는 관리 받는다 하더라도 담당설계사가 이직하거나 보험업계를 떠난다면 가입자로서는 고아계약이 되거나 다른 설계사가 이관 받게 되므로 변액연금보험의 투자관리는 물 건너 간 것이나 다름 없게 된다는 점이다. 더구나 시간이 가면 갈수록 투자관리에 대한 중요도는 높아만 가는 상품의 특성 때문에 담당설계사가 없더라도 가입자 혼자서 진행하는 체계적인 투자관리가 절실히 필요하다.

Chapter 02

변액연금보험
가입설계방안 심층연구

가|변액연금보험 구조와 기능

1. 변액연금보험의 보험료 구성형태

일부 보장성 보험이나 저축성 보험 상품은 기본적으로 납입하는 기본보험료 외에 추가로 납입할 수 있는 추가납입보험료 제도를 지원하는데 국내 판매되고 있는 대부분의 변액연금보험도 이러한 추가납입보험료 제도를 지원한다. 이번에는 변액연금보험의 이러한 보험료 구성형태에 대해 자세히 알아보자.

변액연금보험 보험료형태

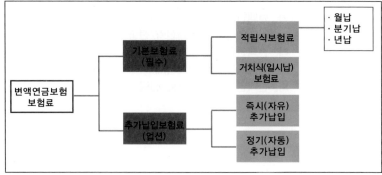

① 기본보험료

기본보험료는 보험사와 계약에 의한 납입기간 동안에 반드시 납입해야 하는 보험료이며, 2개월 이상 납입이 안 될 경우에는 보험의 효력이 상실되는 실효(해지)상태가 되는 것으로서 보험계약을 유지하는 데 있어 매우 중요하다.

* 적립식보험료: 매월, 분기별 또는 연별로 일정기간 동안 납입할 수 있다.
* 거치식(일시납)보험료: 일정금액을 한번에 일시에 납입하는 방식으로 일시납보험료라고 한다.

② 추가납입보험료

추가납입보험료는 기본보험료 납입 외에 별도로 책정된 범위 내에서 추가로 납입할 수 있는 보험료로서 세부적으로 즉시추가납입 방법과 정기추가납입(자동이체) 방법의 두 가지로 나눌 수 있으며 각 보험사 상품별로 지원하는 기능이 다소 차이가 날 수 있다. 또한 추가납입보험료는 보통 기본보험료 총 납입액의 200%까지 일정기간 동안 납입할 수 있는 선택사항(옵션)으로서 반드시 납입해야 하는 보험료는 아니다.

* 즉시(자유)추가납입: 자유롭게 납입범위 내에서 계좌이체나 입금 등을 통하여 즉시 납입할 수 있는 납입방식
* 정기추가납입: 일정기간의 납입기간을 설정해서 자동이체로 일정액의 보험료를 기본보험료 결제하듯이 정기적으로 추가납입 할 수 있는 납입방식

※여기서 주의해야 할 사항은 추가납입 한도가 누적되어 향후 기본보험료 납입기간 이후에 한꺼번에 누적한도의 보험료를 납입할 수 있는 상품도 있는 반면 추가납입 한도가 누적되지 않고 소멸

되어 납입기간 이후에 추가납입을 실행할 수 없는 상품도 있다는 점이다.

※추가납입 가능 기간은 상품별로 차이가 있지만 보통 '연금개시-5세'나 '연금개시-7세'까지 납입이 가능하며 기본보험료 납입기간에만 가능한 상품도 더러 존재한다.

2. 변액연금보험의 운용형태 분석

변액연금보험은 납입보험료의 일부를 특별계정 즉 펀드에 투자하여 그 결과를 각 투자자에게 배당하는 실적배당형 상품으로서 모든 상품의 운용구조가 동일하거나 비슷하다고 생각할 수 있지만 자세히 들여다 보면 운용형태에 따라 큰 차이가 난다. 여기서는 분석의 편리를 위해서 크게 일반형(전통형), 실적형, 퓨전형 3가지로 나눠서 설명하기로 하자.

① 일반형(전통형) 변액연금보험

변액연금보험의 가장 일반적인 형태로서 연금개시 전에는 특별계정(펀드투자)에서 투자운용 되며 연금개시 직전에 계약자적립금을 일반계정으로 전환하여 안전하게 공시이율로 부리 하여 연금을 지급하는 형태이다.

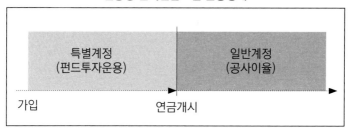

전통형 변액연금보험 운용형태

특별계정 (펀드투자운용)	일반계정 (공사이율)
가입	연금개시

* 장점

    – 종신형(개인, 부부)으로 연금을 지급받을 수 있음

    – 연금개시 이후에는 별도의 투자관리가 필요 없어 투자에 대한 이성적 판단력이 약한 노령에 적합한 구조

    – 연금개시 이후 최저보증이율이 있기 때문에 물가상승률에 대한 헷지가 일부 가능

    – 가입 시점의 경험생명표 적용으로 연금수령 시 유리함

* 단점

    – 연금개시 이후에 이율이 높지 않음

② 실적형 변액연금보험

실적형 변액연금보험은 연금개시 전은 물론 연금개시 후에도 특별계정에서 계속적으로 투자운용 되는 방식으로써 연금개시 후에도 연금지급재원을 계속적으로 펀드에 투자운용 하여 투자결과에 따라 이후 더 높은 연금액을 지급받을 수 있는 공격적인 투자형태이다. 다만 연금개시 이후의 특별계정 내 펀드의 주식투입 비율이 30% 이내로 제한되므로 연금개시 이후는 보다 더 안정적인 형태로 투자되는 구조이다.

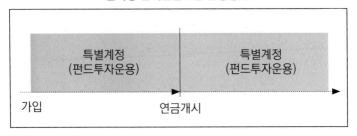

실적형 변액연금보험 운용형태

* 장점
  - 연금개시 후 투자수익에 따라 더 많은 연금액을 지급받을 수 있음.
* 단점
  - 종신연금형이나 부부형 연금지급방식이 없음.
  - 연금개시 후 투자손실이 발생한다면 조건에 따라 연금지급이 조기에 끝날 수 있음.

③ 퓨전형 변액연금보험

이 형태는 기존 전통형 변액연금보험에서 투자형태가 변형된 방식으로 최근의 기능을 믹스한 퓨전형 상품이라 할 수 있다. 연금개시 전에 특별계정에서 투자운용 되지만 일정한 수익률을 달성했을 때 일반계정으로 넘겨서 안전하게 공시이율로 부리 된다거나, 일부는 주가지수연계로 투자(인덱스펀드식)되는 형태로 퓨전방식의 변액연금보험이라고 한다. 어찌 보면 전통형 변액연금보험보다 더 안정적으로 투자할 수 있기 때문에 보수적인 투자자에게 적합한 형태라고 할 수 있다.

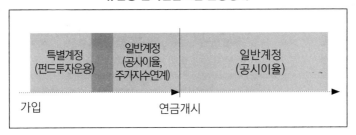

퓨전형 변액연금보험 운용형태

| 특별계정 (펀드투자운용) | 일반계정 (공사이율, 주가지수연계) | 일반계정 (공시이율) |

가입　　　　　　　　　　연금개시

* 장점

　－ 투자수익 폭락 등에 대한 위험을 줄일 수 있음.

　－ 수수료 및 보증비용이 저렴할 수 있음.

* 단점

　－ 수익률이 낮을 수 있음.

3. 변액연금보험의 특별계정

　일반적으로 보험 가입자가 납입한 보험료는 보험사가 일정 사업비를 차감한 후 나머지 자금을 투자운용하기 위해서 보장성 보험 같은 정액보험은 일반계정에서 그리고 변액보험 같은 실적배당형 보험은 특별계정에서 관리 운용되고 있다.

　변액연금보험도 마찬가지로 실적배당형 상품으로서 투자결과로 발생하는 모든 손익에 대한 책임이 계약자와 수익자에게 귀속되는 상품이기 때문에 효율적인 자산운용과 계약자 각각의 자산에 비례한 공정한 투자손익관리를 위해서 별도의 계정을 설정하여 투자금을 관리하는 것이다.

① 일반계정과 특별계정의 비교

일반계정과 특별개정 비교표

구분	일반계정	특별계정
위험부담(책임)	회사	계약자
수익기준	공사이율	투자수익률
운용목적	안전성	수익성
최저보증이율	有	無
자산평가	매월	매일
관할	보험사	수탁사
예금자보호	O	X

② 특별계정 내 펀드구성

국내 판매되고 있는 대부분의 변액연금보험 상품들은 보통 4개에서 10개 정도의 펀드를 설정한 특별계정으로 구성되어 있다.

채권형 / 단기채권형 / 인덱스혼합형 / 성장혼합형 / 주식혼합형
안정혼합형 / 브릭스혼합형 / 배당주식혼합형 / 가치주식혼합형

4. 변액연금보험의 사망보장

변액연금보험이라는 것은 "변액+연금+보험" 이 세 가지가 합쳐진 복합상품이라 할 수 있다. 다시 말하면 연금이면서 보험 그리고 투자를 할 수 있는 상품인 것이다. 따라서 변액연금보험은 상품의 기

본 토대가 보험이기 때문에 사망에 대한 보장과 연금에 대한 보장을 기본적으로 지원한다. 제1보험기간 즉 연금개시 전까지는 피보험자의 사망에 대한 보장을 하며, 제2보험기간 즉 연금이 개시된 후에는 연금지급에 대한 보장을 하는 것이다. 또한 보험사가 보장해주는 사망보험금의 베이스가 되는 가입금액은 각 상품별 또는 납입보험료(구좌별)별로 다르지만 일반적으로 사망보험금은 보험가입금액(1구좌당 약 600만 원 정도)에 계약자 적립금을 더하여 지급하는 구조로 되어 있다. 예를 들어 설명하면, 월납 보험료 100만 원 이하는 보통 1구좌로서 600만 원 정도의 가입금액이 정해지고 (600만 원+계약자적립금)을 사망보험금으로 지급하나, 사망보험금 (600만 원+계약자적립금)이 기납입한 보험료보다 적다면 기납입보험료를 사망보험금으로 보증지급 한다.

변액연금보험의 보장형태

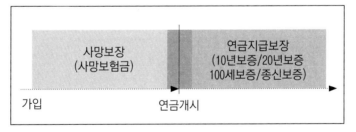

물론 보험사 입장에서는 이러한 최저사망보험금으로 기납입보험료를 공짜로 보장해줄 리가 없다. 기납입보험료를 최저사망보험금으로 보증해주기 위해서 그에 대한 대가로 필수적으로 보통 연 0.05% 정도의 수수료를 계약자적립금에서 매월 최저사망보험금보

증비용으로 차감해간다.

또한 가입금액(1구좌)인 600만 원을 보장하기 위해 기본보험료에서 산정한 피보험자의 위험보험료를 가입 시점부터 연금개시 전까지 사망보장기간 동안 차등 적용하여 계약자적립금에서 별도로 차감해간다. 여기서 위험보험료가 변동하는 것은 피보험자의 위험률에 따라 보험료가 변동되는 자연보험료이기 때문이다.

5. 변액연금보험의 연금보장

변액연금보험은 연금개시 전에는 사망보장을 받을 수 있으며, 연금개시 후에는 연금지급을 보장받을 수 있도록 구성되어 있다. 그렇다면 연금지급보장은 어떻게 받을 수 있는지 자세히 알아보자. 보통 변액연금보험의 연금지급 방식 종류는 종신형, 상속형, 확정형, 실적형 등으로 나눌 수 있는데 그 지급방식을 간략히 요약해보면 다음과 같다.

변액연금보험 연금보장방식

종신연금				확정연금				상속연금		실적연금		
개인연금형		부부연금형 (50/70/100%)		5년	10년	15년	20년	연금 지급	사망시 수령액	투자 수익 0%	투자 수익 4%	투자 수익 8%
20년 보증	100세 보증	20년 보증	100세 보증									

연금개시 후에는 연금개시 전 선택한 위의 방식 중 보증기간이나 일정기간 동안 연금지급을 보장받을 수 있다.

① 종신연금 보장

* 10년 보증: 연금개시 후 10년간은 피보험자가 사망하더라도 종피보험자 및 상속자에게 잔여 연금지급 기간 동안 연금지급을 보증한다.

* 20년 보증: 연금개시 후 20년간은 피보험자가 사망하더라도 종피보험자 및 상속자에게 잔여 연금지급 기간 동안 연금지급을 보증한다.

* 100세 보증: 연금개시 후 100세까지 피보험자가 사망하더라도 종피보험자 및 상속자에게 잔여 연금지급기간 동안 연금지급을 보증한다.

② 확정연금 보장

각 기간(5년/10년/15년/20년)별 방식에 따라 그 기간만큼 피보험자의 생존 여부에 관계없이 잔여 연금지급 기간 동안 미지급된 연금액을 매년 연금지급일에 지급할 것을 보증한다.

③ 상속연금 보장

연금개시 후 일정연금(이자 정도)을 지급받다가 사망 시 상속자에게 사망 시 수령액(책임준비금)을 지급할 것을 보증한다.

④ 실적연금 보장

연금개시 후 투자수익에 따라 연금지급을 보증한다.

6. 변액연금보험의 주요 연금지급 방식

국내 변액연금보험 상품이 지원하는 연금지급 방식으로는 대표적으로 종신연금형, 확정연금형, 상속연금형, 실적배당연금형 등 총 4가지로 구분할 수 있으며 세부적인 내용은 아래 도표에서 확인해보자.

변액연금보험 주요 연금지급 방식

구분			연금지급사유	연금지급내용
종신연금형	개인형		피보험자 생존시 지급	종신지급 (10년/20년/30년/100세보증)
	부부연금형	주피보험자	주피 생존시 지급	종신지급 (10년/20년/30년/100세보증)
		종피보험자 (50%형) 20년보증	주피 사망이후 종피가 연금지급 개시 20년이후 생존시 지급	주피 연금액의 50% 지급
		종피보험자 (50%형) 100세보증	주피 100세이후 주피 사망하고 종피 생존시 지급	주피 연금액의 50% 지급
		종피보험자 (70%형) 20년보증	주피 사망이후 종피가 연금지급개시 20년이후 생존시 지급	주피 연금액의 70% 지급
		종피보험자 (70%형) 100세보증	주피 100세이후 주피 사망하고 종피 생존시 지급	주피 연금액의 70% 지급
		종피보험자 (100%형) 20년보증	주피 사망이후 종피가 연금지급개시 20년이후 생존시 지급	주피 연금액의 100% 지급
		종피보험자 (100%형) 100세보증	주피 100세이후 주피 사망하고 종피 생존시 지급	주피 연금액의 100% 지급
확정연금형			생사에 관계없이 확정지급	확정기간 지급 (5년, 10년, 15년, 20년)
상속연금형			피보험자 생존시 지급	계약자 적립금의 이자를 상속연금으로 지급하고, 사망시에는 책임준비금 지급
실적배당연금형			피보험자가 연금지급기간 (10년, 15년, 20년, 100세 보증 등)에 생존시 지급	특별계정의 운용실적에 따라 실적배당연금액 지급
장기간병연금형			피보험자가 연금수령중 중증치매 상태나 일상생활장해 상태시 지급	기존 받던 연금액의 200%지급(10년간)

7. 변액연금보험의 사업비 형태

변액연금보험의 사업비라는 것은 보험사가 해당 보험 상품을 운용하기 위한 비용을 의미하며, 이 사업비는 별도로 가입자가 납입하는 것은 아니며 가입자가 납입한 보험료에서 미리 선차감하거나 또는 계약자적립금에서 일정 금액의 비용을 보험사가 차감해가는 방식으로 사업비를 거둬들인다. 여기서 가입자가 납입하는 보험료를 세부적으로 구분해보면 크게 위험보험료, 저축보험료, 부가보험료의 세가지로 나눌 수 있는데 이 부가보험료라는 것이 우리가 알고 있는 사업비라는 항목인 것이다. 또한 이 부가보험료(사업비)는 다시 신계약비(보험사운용비, 보험설계사수당 등의 비용), 수금비(보험료 수금활동에 필요한 비용), 유지비(계약의 유지관리에 필요한 비용)로 나뉘어지는데, 보험사는 변액연금보험 계약자가 납입하는 보험료 중에서 위험보험료와 부가보험료를 사업비 등으로 가져가고 나머지 저축보험료만 특별계정에 투입하여 투자하게 되는 것이다. 이러한 변액연금보험의 사업비는 연금개시 전까지 단계적으로 차감되는 구조로 이루어져 있다.

월납 변액연금보험 사업비 차감기간 및 규모

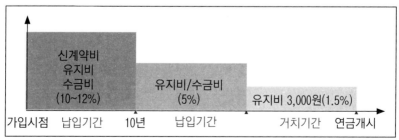

그렇다면 연금이 개시된 이후는 사업비가 없을까? 그렇지 않다. 보험사는 연금개시 후에도 연금지급관리비용이라는 명목으로 일정한 사업비를 부과하는데 보통 연금수령액의 0.5%에서 0.8%까지 선취로 떼어가고 나머지를 연금으로 지급한다. 따라서 1년에 1,000만 원의 연금을 수령한다면 5~8만 원 정도는 관리비용의 사업비로 떼어간다고 보면 된다.

8. 변액연금보험의 최저연금적립금 보증제도(GMAB)

최저연금적립금보증(Guaranteed Minimum Accumulation Benefits: GMAB)이란 변액연금보험 가입자가 연금개시 전까지 계속적으로 계약을 유지하여 연금을 수령하고자 했을 때 투자수익률이 악화되어 연금지급재원인 계약자적립금의 원금손실을 봤을 경우 보험사는 주 계약 납입보험료 이상을 최저로 보증(원금보장)해주는 기능이다.

국내 출시된 거의 모든 변액연금보험은 이와 같이 연금개시 전까지 계약을 유지 시 최소한 기납입보험료를 최저연금 적립금으로 보증해주는 기능을 지원하는데 이것은 가입자가 옵션으로 선택하는 것이 아니라 필수사항이다.

각 상품의 조건에 따라 기납입보험료 보장규모가 100%에서 최대 200% 또는 300%까지 보증해주는 상품들이 존재하지만 보험사는 이 기능을 절대 공짜로 지원하지 않는다는 점을 명심해야 한다.

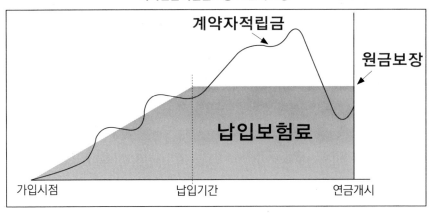

최저연금적립금보증 스텐다드형

계약자적립금

원금보장

납입보험료

가입시점　　　　　　납입기간　　　　　　연금개시

　　보험사는 이러한 최저연금적립금보증 즉 원금보장을 위한 보증비용으로 보통 계약자적립금의 연 0.5%에서 0.7%까지 떼어가며 만일 손실을 보는 계약 건이 발생하면 이 비용으로 메워주겠다는 것이다. 일반적으로 보험사들은 보증규모가 높은 조건에서는 더 많은 보증비용을 차감해간다.

　　따라서 장기투자 시 너무 많은 원금보장만 생각하다가는 수수료(보증비용) 때문에 수익률을 갉아먹을 수 있다는 점을 감안하여 최소한의 자신에게 적정한 보증규모가 필요하다고 생각한다.

9. 변액연금보험의 최저사망보험금 보증제도(GMDB)

최저사망보험금보증(Guaranteed Minimum Death Benefits: GMDB)이란 사망보장 기간 즉 계약일로부터 연금개시 전까지 제 1보험기간 중에 보험대상자가 사망할 경우 아무리 투자손실이 발생하더라도 기납입한 보험료를 사망보험금으로 최저보증 해주겠다는 것이다. 변액연금보험의 사망보험금은 종신보험 등의 보장성 보험처럼 일정 규모 이상의 보험금이 책정되어 있지 않고 실적배당형 상품의 특성상 투자결과 즉 계약자적립금이 많으면 많이 가져가고 적으면 적게 가져가는 구조(변액연금보험 사망보험금 = 가입금액 + 계약자적립금)이다. 하지만 이와 같이 책정된 사망보험금이 투자손실로 인해서 가입자가 납입한 기납입보험료(기본보험료 + 추가납입보험료)보다 적다면 보험사는 기납입보험료를 사망보험금으로 최저 보장해준다.

최저사망보험금보증 그래프

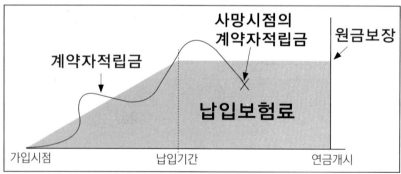

그러나 역시 보험사가 그냥 보증해줄 리가 없다. 보험사는 이러한 형태로 보증해주는 조건으로 최저사망보험금보증비용이라는 명목으로 보통 계약자적립금의 연 0.05%(상품별로 차이 있음)를 차감해간다.

10. 변액연금보험의 스텝업(Step-up) 방식

변액연금보험의 스텝업(Step-up)이라는 것은 사전에 정해진 일정한 수익률을 달성하면 그 수준을 스텝별로 연금지급재원으로 최저보증 해주겠다는 것과 일정기간 경과 후 해당기간 동안에 달성한 최고 수준의 계약자적립금을 연금지급재원으로 최저보증 해주겠다는 등의 기능이다.

국내에 판매 중인 상품별로 스텝기능의 보증방식이 약간씩 차이가 있지만 대부분 각각 지정된 스텝을 달성하면 그 수준 이상을 보증해준다는 조건으로 Step1, Step2, Step3 등 계약자적립금이 이 스텝을 넘어가면 그 이후 아무리 수익률이 떨어지더라도 달성한 스텝 이상의 수익률을 최저로 보증한다는 것이 핵심이다.

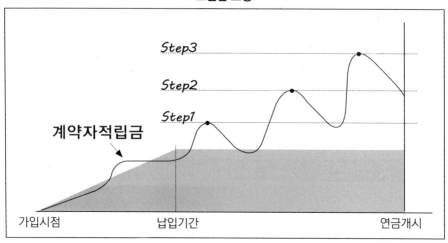

스텝업 보장

Step3

Step2

Step1

계약자적립금

가입시점　　　　　납입기간　　　　　　　　연금개시

　이러한 스텝업 방식은 가입자 입장에서는 가입상품의 투자손실에 대한 위험관리적 차원에서 관심이 갈 수밖에 없는 조건이지만 이럴 경우 대부분 강제로 특별계정의 채권비중을 높여서 보험사 입장에서 위험성을 좀 더 낮추어 안전하게 운용한다는 조건이 뒤따르기 때문에 가입자에게는 투자비율 조정에 대해서 강제로 제한 받는다는 것이 단점이 될 수 있으므로 자신에게 적정한지 여부를 잘 판단할 필요가 있다.

　또한 일정기간(1년, 5년 등)이 지나가면 직전 연도의 계약자적립금의 80%에서 100%를 스텝별로 보증해주는 기능도 눈길을 끌지만, 이러한 스텝업 기능을 지원하는 상품도 역시 보증비용이 스텐다드 상품보다 훨씬 비싸다는 점을 인지해야 하겠다.

11. 변액연금보험의 펀드자동재배분 기능

변액연금보험의 펀드자동재배분(Auto-Rebalancing)이란 일정기간 경과 후 특별계정 내 선택펀드의 비율을 가입자가 사전에 지정한 비율로 자동 재배분해 주는 펀드운용옵션의 한 기능이다. 예를 들면 처음 가입할 때 A펀드: 50%, B펀드: 50%로 투자비율을 설정했다면 일정기간(6개월) 경과 후에 A와 B 펀드의 투입비율을 재조정해서 다시 A펀드: 50%, B펀드: 50%로 투자비율을 자동 재배분해 준다.

펀드자동재배분 예제

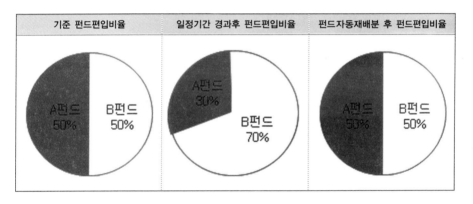

이 기능은 고객이 자신의 투자성향에 맞게 정한 포트폴리오를 지속적으로 유지할 수 있도록 도와주며 각 기간별로 수익의 실현이 가능한 장점이 있다. 국내 변액연금보험 중에서 이 기능을 지원하는 상품이 있는가 하면 지원하지 않는 상품도 존재하므로 검토 시 자신의 투자성향에 맞게 잘 고려해야 할 사항이다.

12. 변액연금보험의 평균분할투자 기능

변액연금보험 평균분할투자(Dollar Cost Average)란 투자손실에 대한 위험을 헷지 할 수 있는 펀드운용옵션으로서 목돈을 일시에 납입할 경우 발생할 수 있는 투자손실에 대한 위험을 헷지 할수 있는 좋은 기능이라 할 수 있다. 추가납입보험료 또는 일시납 보험료를 한번에 펀드에 투입할 경우 당시의 금융시장 상황에 따라 큰 손실위험이 따를 수 있기 때문에 이 기능을 선택하게 되면 추가납입보험료(사업비 제외) 또는 일시납 보험료(사업비 제외) 전부를 단기채권형 펀드에 먼저 투입한 후 정해진 기간 동안(3개월, 6개월, 12개월 등) 균등하게 분할하여 해당 펀드에 투입함으로써 위험을 일정기간 분산할 수 있다.

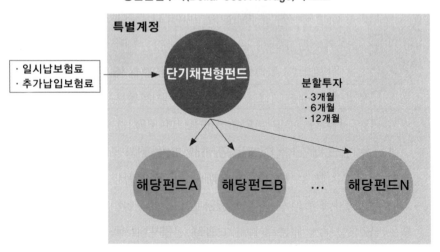

평균분할투자(Dollar Cost Average) 구조도

목돈을 한꺼번에 주식투입 비율이 높은 펀드에 투입할 경우 금융시장의 불안으로 인해서 큰 폭의 손실을 입을 수 있으나 이 기능을 적절히 활용한다면 투자손실에 대한 위험을 많이 줄일 수 있을 것이다.

13. 변액연금보험의 펀드선택 및 변경

변액연금보험은 실적배당형 투자상품으로서 일반 연금보험처럼 매달 보험료만 납입하면 일정한 이율(공시이율)에 따라 수익을 내는 구조와는 투자형태가 다르다. 가입자는 해당 변액연금보험 특별계정 내에 설정된 펀드(대개 4~10개)에서 투자할 펀드를 선택하고 그 투자비율을 지정해줘야 한다. 그렇게 되면 납입한 보험료 중에서 사업비를 제외한 나머지를 선택한 펀드에 비율대로 투입하여 투자되며 그 투자에 대한 결과는 가입자의 계약자적립금에 계속 쌓이게 된다.

여기서 펀드선택은 가입자의 투자성향과 투자형태에 따라 다르다고 할 수 있으며 장기투자 시 안정적이면서 투자수익률의 저해요소가 될 수 있는 펀드수수료 등의 비용을 절약하고자 한다면 인덱스펀드를 선택할 수도 있고, 국내 금융시장보다는 해외 쪽 브릭스펀드나 이머징마켓이 더 투자성이 높다고 생각한다면 그와 관련된 펀드를 선택할 수도 있다.

변액연금보험 특별계정 펀드선택

물론 선택한 펀드는 1년에 12회 이내에서 투자펀드 대상이나 투입비율을 변경할 수 있으며 펀드변경 시 대부분의 상품이 변경수수료를 부과하지 않지만 일부 상품은 펀드변경수수료를 부과한다. 또한 펀드 선택 개수는 보통 최대 8개까지 가능하며 한 펀드당 선택비율은 5% 이상은 되어야 한다.

가입자 입장에서는 남(담당설계사)에게만 모든 것을 맡기는 것보다는 펀드변경에 대한 기능과 내용을 잘 숙지하여 항상 위험에 대처할 준비를 하는 것이 필요하다.

14. 변액연금보험의 계약변경

보험사별로 다소의 차이는 있지만 변액연금보험은 가입 시 결정했던 납입보험료와 납입기간 그리고 연금개시연령 등의 계약내용 일부를 제한적으로 변경할 수 있다. 가입 이후에 가입자의 재무환경의 변화와 단순한 변심에 의해 이러한 계약내용을 잘못 결정했다고 판단했을 경우 보험사에 계약내용의 일부 변경을 신청하여 일부 조건을 변경할 수 있다는 것이다.

물론 모든 상품이 이러한 계약변경이 가능한 것은 아니며 상품에 따라 보험사에 따라 계약변경이 될 수도 있고 안 될 수도 있다.

변경 가능한 주요내용에 대해 알아보자.

① 월납보험료 변경

먼저 월납보험료의 경우 월 보험료를 낮추는 감액은 가능하지만, 월 보험료를 높이는 증액은 불가하다는 것이 상식이다. 예를 들어, 20만 원에서 10만 원으로 최저보험료까지 감액은 되지만, 20만 원에서 30만 원으로 증액은 안 된다는 것이다. 또한 감액하게 된다면 감액한 보험료만큼 해지처리 되기 때문에 납입기간이나 투자수익률에 따라 설정된 해지환급금을 받게 되므로 손실이 발생할 수 있어 충분히 검토한 후 시행할 필요가 있다.

② 납입기간 변경

납입기간의 경우 보통 계약 당시의 가입조건에 맞으면서 10년 이상 납입조건을 만족할 때 기간을 늘리거나 줄일 수 있다는 것이 일반적이지만 보험사별로 승낙조건의 차이가 있을 수 있으며 이때 보험사 입장에서는 가입 당시의 설계조건과 의무거치기간을 해하지 않는다면 선별적으로 납입기간 변경을 허용할 수도 있다.

③ 연금개시연령 변경

연금개시 연령의 경우 가입 시점의 설계조건과 의무거치기간을 해하지 않는다면 제한적으로 변경이 가능하지만, 연금개시 연령을 앞으로 당기는 경우 신청 당시 계약자적립금이 기납입보험료보다 높아야 하는 등 보험사의 원금보장에 대한 위험관리적 차원으로 인해서 계약변경조건이 다소 까다로울 수 있다.

이렇듯 변액연금보험은 가입 시 결정한 일부 계약사항에 대해 계약기간 중 일정부분 계약변경을 통해 가입조건을 변경할 수 있다는 점을 잘 기억하여 향후 필요하다면 유용하게 활용할 수 있다.

15. 변액연금보험의 연금지급 연기제도

현재 모든 변액연금보험은 가입 시점에 연금개시 연령을 확정해서 가입하는 구조이며, 연금을 지급받을 연금개시 연령은 거의가 가입자의 은퇴시점에 맞춰서 결정하는 것이 일반적이다. 다시 말하면 연금개시 전 즉 제1보험기간 동안 특별계정에서 투자를 한 후 가입 시 결정했던 연금개시 연령이 되면 연금지급이 개시되는 형태이다. 이렇듯 가입 시점에 연금개시 연령을 결정하다 보니 가입 시부터 연금개시까지는 적어도 10~30년 정도 차이가 날 수 있으므로 그 중간에 재무환경과 은퇴계획 등 가입자의 조건이 변경될 수 있어 가입 시 조건이 여러 가지로 안 맞을 수 있다. 따라서 이러한 부작용을 해결하기 위해서 지원하는 기능이 연금지급연기제도라 할 수 있다.

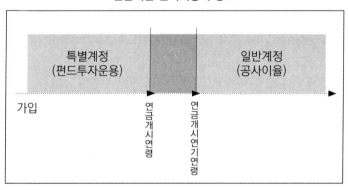

연금지급 연기기능 구성도

연금지급연기제도는 말 그대로 연금개시 연령을 뒤로 일정기간 연기하는 기능으로서 국내 일부 변액연금보험 상품만이 이 기능을 지원하고 있다. 연금지급연령에 대한 예를 들어보면, 계약 시 결정한 연금개시 연령이 60세라면 이 연금지급연기제도를 활용하여

60세에서 65세로 연금개시 연령을 뒤로 최대 5년간 연기할 수 있다. 하지만 연금지급을 연기한다고 특별계정에서 계속적으로 투자한 후 연기한 날짜에 연금을 지급하는 형태가 아니라, 특별계정에서 일반계정으로 전환한 후 공시이율로 안전하게 부리한 후 연기한 날짜에 연금을 지급하는 형태라는 것을 알아야 한다. 변액연금보험에 가입했다면 향후 연금개시 연령까지는 가입자 별로 대부분 10~30년 정도 뒤의 상황이라 그 중간에 가입자의 상황이 어떻게 바뀔지 모르기 때문에 각각 가입자들의 상황에 따라 연금개시 연령을 앞당기거나 연기하는 기능이 어느 정도 필요할 것으로 본다.

16. 변액연금보험의 부부형연금지급 방식

변액연금보험의 부부형연금지급 방식이란 보험료납입과 거치기간(제1보험기간)이 끝난 후 연금지급이 개시될 때 연금지급 방식을 부부형으로 선택하는 것으로써 부부가 모두 사망할 때까지 평생 연금을 수령할 수 있는 방식이다. 이때 부부를 주피보험대상자와 종피보험대상자로 지정하여 주피보험자가 사망하면 종피보험대상자가 이어서 평생 계속적으로 연금을 수령할 수 있다.

변액연금보험 보험기간별 구분

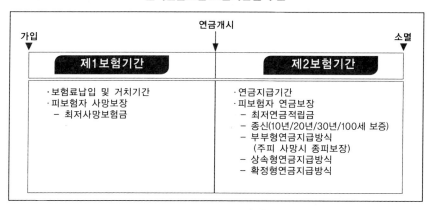

외국계와 국내 일부 상품을 뺀 대부분의 변액연금보험이 제2보험 기간의 부부형 연금지급 방식을 지원하지만 상품별로 약간의 차이가 있기 때문에 신중한 검토가 필요하다.

17. 변액연금보험의 연금개시연령 분석

변액연금보험의 연금개시 연령은 연금개시 전까지 가입자의 재무환경 등의 변화로 인해서 일부 변경이 가능할 수 있지만 그렇지 않고 변경이 불가할 수도 있으므로 가입 시점에 신중히 검토하여 결정해야 할 필요가 있다. 연금개시 연령을 결정하는 데 있어서 가장 중요한 점은 자신의 은퇴시점을 예상하여 그때를 선택하거나 또는 이때부터는 반드시 연금수령을 해야 하겠다는 시점으로 선택해야 한다는 것이다. 그렇지 않고 남들이 많이 선택하는 시점으로 연금개시 연령을 따라서 결정한다면 자신의 은퇴계획과 재무환경에 맞지 않아서 향후 낭패를 볼 수 있으므로 반드시 본인의 상황에 맞는 시점으로 선택할 필요가 있다. 일반적으로 변액연금보험의 연금개시 연령은 45세부터 80세까지 허용되므로 가입자들은 이 기간 안에서 연금개시 연령을 선택해야 한다. 참고적으로 아래 도표처럼 최근 3년간 변액연금보험을 가입한 가입자들의 연금개시 연령을 살펴보면 55세에서 65세 사이가 대부분인 것을 알 수 있다.

변액연금보험 연금개시 연령 분포

45세 ~ 50세	51세 ~ 55세	56세 ~ 60세	61세 ~ 65세	66세 ~ 70세	71세 ~ 75세	76세 ~ 80세
0.4%	6.0%	55.3%	37.0%	1.2%		

(조사대상: 2009년~2012년 변액연금보험 가입자 235명)

대부분의 가입자들이 55세~65세 전후로 연금개시 연령을 결정한다는 것은 이 기간을 은퇴시점으로 가장 많이 예상하고 있다고 할 수 있다. 위 자료는 변액연금보험 가입을 검토 중인 사람들이 연금개시 연령을 결정할 때 많은 도움이 될 수 있지만 그 통계에 맞춰 자신의 연금개시 연령을 무작정 따라 해서는 안되겠다. 따라서 본인의 예상은퇴시점을 연금개시 연령으로 결정할 것을 권장한다.

18. 변액연금보험의 계정전환기능

　실적배당형 상품인 변액연금보험은 일반적으로 두 가지의 계정을 활용하는데 특별계정과 일반계정이다. 일반적인 전통형 변액연금보험의 경우 투자기간(보험료 납입+거치기간) 즉 연금개시 전까지의 기간에는 특별계정에서 투자활동을 하게 되며, 연금개시 후는 공시이율로 부리하는 일반계정에서 연금지급재원을 운용하도록 구성되어 있다.

　이때 제1보험기간 즉 연금개시 전 특별계정에서 일반계정으로 가입자가 계정을 전환할 수 있는데 이것을 계정전환기능이라고 한다.

변액연금보험 계정전환前 구성도

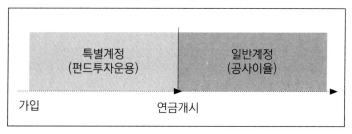

변액연금보험 계정전환後 구성도

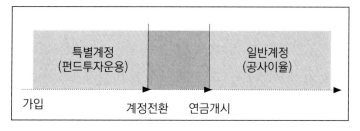

연금개시 전 투자수익이 많이 발생하여 목표수익률을 달성하였다면 굳이 리스크가 큰 투자위험을 안고서 특별계정에 있을 필요가 없이 공시이율로 계약자적립금을 안정적으로 부리하는 일반계정으로 옮겨서 연금개시 전까지 안전하게 유지할 필요가 있다고 판단한다면 유용한 기능이라 생각된다. 이 기능은 장기간 투자한 결과 높은 투자수익률을 달성했다면 투자수익(계약자적립금)을 안전하게 지키면서 향후 연금지급재원으로 활용할 수 있다는 점이 가장 큰 장점이다. 반면 가입 후10년 이상 기간이 지난 상태여야 하고 일정수준의 수익률도 달성해야만 계정전환이 가능한 점과 한번 일반계정으로 전환된 후에는 다시 특별계정으로 전환할 수 없기 때문에 계속적으로 높은 기대수익률을 기대하는 펀드투자가 어렵다는 점이 단점이라고 할 수 있다.

19. 변액연금보험의 일시납입중지기능

변액보험에 있어서 보험료 일시납입중지기능이라는 것은 보험료 납입을 중지 또는 일시 중지하는 기능으로써 변액유니버셜보험은 대부분 일정한 계약기준에 따라 이 납입중지 기능을 폭넓게 지원하지만, 변액연금보험은 이 기능을 일부 상품만이 일시납입중지가 가능하도록 제한적으로 지원하고 있다. 이렇듯 변액연금보험이 납입중지 기능을 일부 제한적으로 허용하는 것은 장기적인 목돈마련용인 변액유니버셜보험과는 달리 납입기간이 정해져 있고 노후연금용으로 보다 더 안정적인 운용을 해야 하는 변액연금보험의 상품적 특성 때문이 아닌가 생각된다. 하지만 최근에는 변액연금보험도 납입중지 같은 유동성기능 지원을 확대해가는 것으로 점차 추세가 변하고 있다. 이 기능은 장기납입에 따른 가입자의 경제적 상황을 고려한 기능으로 생각할 수 있고 특히 요즘같이 어려운 경제적 위기 상황에서는 더욱 더 필요한 기능이라 생각된다.

변액연금보험의 일시납입중지 기능도

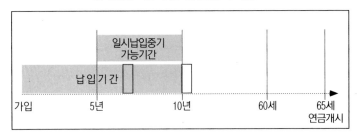

하지만 납입중지 시에도 보험사는 가입자의 계약자적립금 또는 해지환급금에서 사업비를 계속해서 차감해가기 때문에 가입자 입장에서는 비용을 지불하고 사용하는 것과 동일한 것이며, 또한 변액유니버셜보험과 달리 변액연금보험은 가입 이후 5년이 지나야만 이 기능을 사용할 수 있으며 총 납입중지 가능기간이 3년 이내 라는 점과 일정조건 즉 계약 이후 10년이 넘지 않은 상황에 보험료 납입을 일시 납입 중지했더라면 납입하지 못한 보험료를 납입기간 이후에 추가로 반드시 납입해야 한다는 점도 단점으로 지적된다.

20. 변액연금보험의 위험보험료

변액연금보험은 제1보험기간 즉 연금개시 전의 투자기간에 보험 대상자가 사망했을 때 기본적으로 사망보장을 하는 구조이다. 그 사망보장에 대한 보험금은 상품별로 차이가 있으나, 월 보험료 100만 원 이하인 경우 보통 가입금액 600만 원을 보험사가 기본적으로 보장해준다. 따라서 총 사망보험금은 가입금액(600만 원)에 계약자적립금을 더하면 된다. 이때 보험사가 기본적으로 보장해주는 600만 원에 대해서 보장보험료가 발생되는데 이 보험료를 위험보험료라고 하는 것이다. 즉 보험사 입장에서는 제1보험기간에 사망 시 600만 원을 지급하는데 그에 대한 보장보험료를 받겠다는 것으로 이해하면 된다. 역시 보험 상품에 공짜는 없다.

위험보험료의 규모는 보험대상자의 성별, 연령대 또는 보험대상자 수에 따라 다르지만, 보통 보험대상자가 1인인 개인형의 경우 가입 시점부터 연금개시연령 전까지 매월 기본보험료의 약 0.2%에서 2%까지 발생되며 보험사는 이 위험보험료를 매월 계약자적립금에서 차감해가는 구조이다.

변액연금보험의 위험보험료 구조

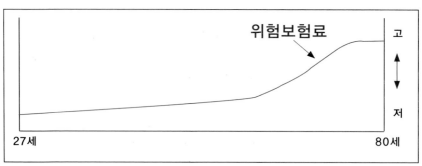

이러한 위험보험료는 연령과 성별 등에 따라 보험료가 조정되는 자연보험료이므로 보통 피보험자의 연령이 증가할수록 이 보험료가 증가하는 구조이다. 예를 들어 기본보험료가 100,000원이라면 가입 시점에는 위험보험료가 200원이지만 연금개시 전에는 2,000원까지 보험료가 늘어난다고 할 수 있다. 개인형 이외에 가입 시점에 부부형으로 가입할 경우에는 보험대상자가 2명이므로 위험보험료가 두 배 이상으로 늘어날 수 있다. 위험보험료가 가입 시점에는 몇백 원 정도의 소액이지만 연금개시 연령이 다가오면 몇천 원 규모로 늘어나는 이유는 보험대상자의 연령이 높아지게 되면 사망확률이 그만큼 높아지기 때문이다.

나│변액연금보험 설계전략/전술

1. 변액연금보험의 원금보장에 대한 불리한 사항

투자상품은 수익률을 높게 기대할 수 있지만 그만큼 원금손실에 대한 위험을 안고 있다고 할 수 있다. 하지만 요즘 변액연금보험의 경우 최소한 원금보장 기능이 없다면 어디다가 명함도 내밀기 어려울 정도로 연금개시 직전에 납입원금을 보장해준다는 광고가 판을 치고 있다. 더군다나 일부 상품은 원금보장에서 더 나아가서 원금의 최대 200~300%까지 보장해준다고 하는데 과연 괜찮은 건지 소비자 입장에서 보면 어리둥절하기만 할 것이다. 광고 말만 듣고 있다 보면 참 좋은 상품이라는 생각이 절로 든다.

보험사가 이러한 원금보장기능을 대대적으로 도입한 것은 노후에 안정적인 연금지급과 동시에 높은 기대수익률을 원하는 가입자들의 기대심리를 잘 활용한 마케팅이 아닐까 생각된다. 기대수익률도 높고 원금도 보장되는 투자상품은 우리 모두가 원하는 상품이 아닌가? 소비자들의 귀가 솔깃해질 수밖에 없는 것이다. 그러나 보험사 입장에서는 손해 보는 장사는 아닐 것이다. 그런 보장을 해줘도 보험사 입장에서는 이득이 된다는 철저한 계산하에 상품을 판매하기 때문에 고객의 투자위험을 다 떠안을 수 있는 원금이상에 대한 보장기능 제공의 대가는 어딘가에 분명히 있을 것이다. 이런 것이 가입자 입장에서는 불리한 조항이 될 수 있다고 보기 때문에 보험사가 가입자에게 변액연금보험(VA)의 원금보장의 서비스를 제공해주기 위해서 어떤 방법을 사용하는지 자세히 연구해보자.

첫째
일정 거치기간을 통해서 연금개시 전까지 원금을 확보한다.

국내 대부분의 변액연금보험 상품은 납입기간이 끝나면 연금개시 전에 보통 5~7년간 거치기간을 의무적으로 두고 있는데 보험사들은 이 기간을 활용하여 원금을 확보하는 데 유리하게 활용할 수 있을 것이다. 즉 의무거치기간에는 보험료 납입이 불가하므로 원금이 불어나는 것을 방지하고 5년 이상 장기간 주식투입 비율 50% 이하로 투자를 하다 보니 계산상 원금 이상을 확보할 수 있다고 보는 것 같다.

둘째
수수료를 더 걷어서 원금손실에 대비한다.

보험사들은 변액연금보험 가입자들의 안정적인 연금지급을 위해 투자실적이 아무리 악화되어도 연금개시가 되면 일정수준 규모의 재원을 최저보증해주기 위해 매월 계약자적립금에서 최저연금적립금보증비용(GMAB)을 차감한다. 이것은 나중에 원금손실이 발생하면 그동안 떼어놓은 최저연금적립금보증비용(GMAB)으로 손실 본 가입자의 원금을 보장해준다는 것이다. 그러한 구조상 원금보장 규모가 커지면 커질수록 보험사는 당연히 이 GMAB의 비용을 더 높여서 손실 나는 것을 보충하려 할 것이며 가입자의 입장에서는 수수료를 더 지불해야만 하고 그렇다면 그것은 반대로 수익률이 떨어진다는 의미가 된다.

결국 보험사도 원금 이상의 보장에 대한 리스크를 만회하기 위해서 수수료를 더 걷어들일 수밖에 없다는 것이다.

셋째
손실위험이 낮은 안정적인 펀드로 운용한다.

보험사들은 대부분 최대 200%나 300%의 원금보장을 약속하지만 이런 조건에는 단계적으로 주식투입 비율을 낮추고 채권비율을 높이는 구조로 상품을 운영한다. 따라서 이런 구조적 특징 때문에 주식투입 비율이 낮은 안정적인 펀드로 운용된다면 손실률도 내려가겠지만 기대수익률도 상당히 낮아질 것으로 예상된다.

넷째
추가납입을 할 수 있는 기간을 제한한다.

원금 100% 이상 보증해주는 상품들의 특징은 추가납입 할 수 있는 기간을 기본보험료 납입기간 이내로 제한하는 경우가 있다.

이렇다 보니 추가납입보험료를 합쳐서 납입할 수 있는 납입기간이 줄어들 수 있게 되어 총 납입기간이 줄어들게 되고 결국 기본보험료를 올려야 하는 상황이 발생되다 보니 가입자의 사업비 등에 대한 비용이 증가할 수 있는 요인이 된다. 일부 보험사는 주식시장이 아무리 폭락하더라도 원금 이상의 일정수준 이상까지 보장하는 상품으로 은퇴준비에 아주 좋은 상품이라고 광고하지만 위와 같이 가입자가 그에 상응하는 비용을 더 지불해야 하고 의무거치기간도 더 늘어날 수 있다는 것에 대해서는 감추고 싶어할 것이다. 결론적으로 변액연금보험의 원금 이상의 보증 조건은 노후의 안정적인 연금 수급보장이라는 측면에서 보면 좋은 기능이라 생각하지만 그 혜택에 버금가는 비싼 수수료와 거치기간의 증가 등으로 인해 가입자의 수익률은 더 내려갈 수 있다는 것은 단점이라 할 수 있다.

2. 변액연금보험의 세제혜택

변액연금보험(VA)이 비과세 상품이라고 하는데, 사실 그 효과가 피부에 확~ 와 닿지 않는다. 일단 10년 이상 유지 시 혜택이 있다고 하니 쉽게 결과를 볼 수 있는 기간이 아니라 더욱 그럴 것이다. 하지만 변액연금보험은 최소 10년에서 최대 50~60년까지도 가입자와 함께 해야 하는 초장기 상품으로 단기적인 효과를 기대하기보단 최소한 10년 이상 장기적인 관점에서 접근하는 것이 보다 더 효과적일 수 있다. 또한 변액연금보험은 연금저축처럼 연말 소득공제 효과가 없는 대신 10년 이상 유지하면 비과세된다라는 점은 다른 금융상품에서는 찾아볼 수 없는 연금보험만의 특별혜택이라 할 수 있다. 우리가 쉽게 얘기하고 듣는 변액연금보험의 비과세 혜택에 대한 내용을 정리해보자.

첫째

연금수령 시 연금 소득세가 없다.

우리가 은퇴 후에 받을 수 있는 연금에는 국민연금과 특수직역연금(공무원/군인/사학), 연금저축 또는 퇴직연금 등이 있는데 어떤 형태로 간에 연금개시 전 소득공제에 의한 세제혜택을 받았다면 향후 연금수령 시 연금소득세를 내야 한다. 하지만 변액연금보험은 보험료 납입에 대한 소득공제 혜택이 없는 대신 연금수령 시 비과세 혜택을 받는다. 따라서 변액연금보험은 경제활동을 할 수 없는 노후생활에 부담스러운 세금걱정 없이 평생 안정적인 연금수급이 가능하다고 본다.

둘째

일시금으로 수령 시 세금이 없다.

변액연금보험은 가입 10년 이후라면 중도에 해지하고 일시금으로 수령하더라도 완전 비과세 혜택을 받는다. 일반적으로 금융상품의 경우 15.4%의 이자소득세를 원천징수 하나 변액연금보험은 중도해지 시 발생하는 이자소득에 대해서도 전액 비과세 혜택을 부여하기 때문에 목돈 마련에 있어서도 절세차원에서는 꽤 유리할 수 있다.

셋째
종합소득세 과세 대상에서도 제외된다.

연간 연금수령액이 600만 원 이상이 될 경우에는 매년 5월에 종합소득세 신고 시 타 소득과 합산과세를 실시하게 되는데 변액연금보험은 종합과세 대상에서도 제외된다. 종합과세는 연금뿐만 아니라 다른 금융소득과 부동산 소득, 사업소득, 임대소득 등 이를 합산하여 과표를 매김으로써 누진세 적용을 받게 되므로 소득이 많으면 많을수록 세금은 불어날 수 있으나, 변액연금보험은 과세대상이 아니므로 재력가에게도 부담 없는 절세효과를 줄 수 있는 상품이다.

넷째
중도 인출금에 대해서도 과세가 없다.

변액연금보험은 가입 후 일정시점이 지나면 해지환급금 내에서 일정금액을 중도 인출해서 사용할 수 있는데 이때 인출금에 대한 세금이 없다. 단, 가입 후 10년 이전에 해지한다면 비과세 혜택은 사라지게 되며 이득을 봤다면 이자소득세가 과세될 수 있으나, 10년이 지나면 10년 이전에 인출한 금액에 대해서도 전액 비과세 혜택을 받을 수 있다.

기다림의 미학이라 했던가? 변액연금보험의 비과세혜택은 현재가시적으로 눈에 보이는 것이 없을지 모르지만 꾸준히 유지해서10년 이상 지났을 때는 그 효과를 만끽할 수 있다. 또한 잘 이용한다면 좋은 절세전략이 될 수도 있다.

3. 변액연금보험의 연금수령에 대한 경험생명표의 영향

경험생명표라는 것은 보험개발원에서 피보험자의 생존이나 사망 따위의 실제적인 경험을 기초로 하여 작성한 사망률에 관한 것으로써 우리나라 보험사의 보험료 산출 등의 기준이 되는 통계자료이다. 이 자료의 갱신주기는 3년으로 현재는 2012년 7월 변경된 제7회 경험생명표를 적용하고 있다.

그런데 경험생명표가 바뀐다고 하면 왜이리 야단법석일까? 그것은 바로 보험료가 오르고 내리는데 영향을 주기 때문이다. 그렇다면 경험생명표가 바뀐다면 왜 보험료가 오르고 내릴까? 그것은 현재의 경험생명표가 새로운 경험생명표로 바뀌게 되면 평균수명이 더 늘어나는 수치로 바뀌게 될 것이기 때문이다.

지금 우리 사회는 생활환경의 변화와 의술의 발달로 인해서 전 세계에서 가장 빠른 속도로 고령화 사회에 접어들었으며 머지않아 곧 고령사회가 될 것이라고 많은 전문가들은 예상하고 있다. 고령사회가 된다는 것은 평균수명이 더욱 늘어나서 65세 인구가 전체

인구의 14% 이상 된다는 것이다. 이렇듯 평균수명이 늘어나면 우리가 가입하는 보험의 보험료에 많은 영향을 준다. 일단 평균수명이 늘어남으로 인해 젊은 세대의 사망률이 낮아져서 사망에 관련된 보장성상품인 종신보험이나 정기보험 등의 보험료가 낮아진다. 하지만 이에 반해서 평생연금을 지급하는 변액연금보험 등의 연금보험은 위험보험료가 내려간다고 하더라도 보장 비중이 극히 낮기 때문에 그 영향이 미미하나 그 대신 연금수령액이 적지 않게 줄어들게 되는 것이다. 죽을 때까지 연금을 받을 수 있는 종신연금의 경우 생존자 수가 많아지면 연금수령자 수가 많아지기 때문에 1인당 연금 수령액이 줄어들 수밖에 없다는 논리인 것이다.

쉽게 풀어서 예를 들어보면 경험생명표상 현재 40세인 남성의 평균수명이 80세라고 가정하면 잔여수명은 40년이 된다. 60세부터 연금을 수령한다면 20년 동안 연금을 수령하는 것으로 계산해서 매년 연금액이 결정된다. 하지만 경험생명표가 바로 그 다음 달에 변경되어 평균수명이 85세로 늘어났다면 60세부터 85세까지 25년간 연금을 수령하는 기준으로 변경되어 연금액이 산정된다. 즉 60세에 연금지급재원(계약자적립금)이 1억원이라면 경험생명표가 바뀌기 전 가입자는 1억원을 20년간 지급하는 기준으로 연금액이 결정되어 연금을 지급받을 수 있고 경험생명표가 바뀐 후 가입자는 1억원을 25년간 지급하는 기준으로 연금액이 결정된다는 것이다. 당연히 연금액의 차이가 날 수밖에 없다. 연금수령액에서도 많은 차이가 나지만 언제까지 살아야 할지 감 잡을 수 없는 평생 동안 연금을 수령해야 하는 데 있어서 그 차이는 더 클 수 있다고 할 수 있다.

실제적으로 2010년 1월 1일 제6회경험생명표로 변경되었을 당시 2009년 12월 31일 변경되기 전 자료와 변경 후 자료를 동일조건으로 비교해봤을 때 변경 후 적립식 변액연금보험의 연금예시표가 종신연금형의 경우 5~7% 정도 낮은 결과가 나왔다. 이런 결과로 봤을 때 경험생명표 변경 전에 연금보험에 가입하는 것이 확실히 유리한 것이라 생각한다.

4. 국내계 변액연금보험과 외국계 변액연금보험의 차이점

현재 국내 변액연금보험(VA) 시장은 우리나라 인구형태가 고령화사회에 접어든 점과 노후준비용으로 마땅한 대체상품이 없는 관계로 일반인들의 관심 증폭으로 성장세가 가파르다고 할 수 있다. 최근에는 기존 국내 생보사 이외에 외국계 생보사들도 본격적으로 신상품을 출시하면서 더욱더 변액연금보험 시장은 뜨겁게 달궈지고 있는 상황이다. 그러나 문제도 만만치 않다. 최근 금융소비자연맹에서 발표한 변액연금보험 컨슈머리포트에 나와 있는 상품들의 수익률 문제와 선취사업비에 대한 문제 등이 시장의 성장에 발목을 잡고 있다. 그러나 조만간 문제시되고 있는 높은 선취사업비에 대한 것도 점차 후취사업비 등으로 개선될 것이라고 하니 그렇게만 된다면 변액연금보험 시장은 앞으로도 더 높은 성장세가 계속될 것으로 예상된다. 그렇다면 경쟁의 점입가경으로 치닫고 있는 국내계 변액연금보험과 외국계 변액연금보험의 차이점은 어떤 것이 있는지 생각해 보자. 크게 보면 두 가지 점에서 차이가 난다.

첫째
의무거치기간의 차이가 있다.

국내계 상품과 외국계 상품으로 구분해보면 변액연금보험 적립형의 경우 연금개시 전의 의무거치기간이 확연히 차이가 난다. 국내계 변액연금보험의 경우 제1보험기간의 보험료 납입기간 이후 연금개시 시점 전까지 거의 대부분의 회사들이 최저 5년간의 의무거치기간을 설정하나 외국계 변액연금보험은 대부분 7년 이상의 의무거치기간을 둔다.

변액연금보험의 의무거치기간이라는 것은 보험사 입장에서는 여러 가지 의미가 있겠지만 가장 큰 것은 거치기간 동안 시간을 벌면서 투자함으로써 연금개시 전 기납입보험료에 대한 원금보존을 할 수 있는 기간이라는 것이다. 또한 7년 동안 각종 수수료와 최저연금적립금보증비용, 위험보험료 등의 각종 수익을 장기간 안정적으로 올릴 수 있으므로 보험사로서는 의무거치기간이 필요한 것이 아닐까 추측해 본다. 그렇다면 가입자의 입장에서는 의무거치기간이 긴 것이 좋을까? 짧은 것이 좋을까? 보험료 납입에 대해 제한 받는 기간이 짧아지므로 당연히 짧은 것이 좋다. 대부분 가입자들은 가입할 때 의무거치기간에 대해 별 신경을 쓰지 않지만 그 기간만큼 보험사에서는 연금개시 시 기납입보험료를 최저 보장하기 위한 용도로 활용한다.

변액연금보험 상품의 최근 트랜드는 최저연금적립금으로 기납입 보험료의 100%, 130%, 200% 등 원금 이상 보장하는 기능들을 제공하는 것이다. 이렇다 보니 보험사도 가입자의 연금개시 시 주식시장이 폭락한다거나 하는 불안한 금융시장의 상황이 발생한다면 가입자에게 기납입보험료의 원금 이상을 보상해줘야 하는 위험을 안고 있다. 물론 장기간 투자한다면 손실을 볼 가능성은 희박하겠지만 확률상 보험사도 이런 위험에 노출되어 있는 것이다. 이렇다 보니 보험사 입장에서는 이 리스크를 헷지하기 위한 방법이 필요할 것이다. 그중 한가지 방법이 최소 5년 이상의 기간 동안 추가 납입보험료를 포함한 일체의 보험료를 납입 못하게 정지시켜서 기납입보험료가 더 이상 늘어나지 않게 해놓고 5년 이상 투자활동을 한다면 원금 이상의 보장내용을 확보할 수 있다는 계산을 하고 있는 것이다. 그래서 보장 비율(100%, 130%, 200% 등등)에 따라 의무거치기간이 5년에서 15년까지 존재하는 것이다. 또한 보험사는 위험보험료나 계약유지비, 운용수수료, 최저연금적립금보증비용 등은 꼬박꼬박 계약자 적립금에서 매월 떼어가기 때문에 의무거치기간이 더 길면 길수록 보험사 입장에서는 실보다 득이 많다고 본다.

그렇다면 왜 외국계 생보사의 변액연금보험 상품들은 거의 대부분 의무거치기간이 국내 토종생보사 상품의 5년보다 긴 7년을 설정해 뒀을까? 이유야 각 회사별로 있겠지만 외국계 생보사를 잘 살펴보면 답이 나와 있다. 우리나라에 진출해있는 대표적인 외국계생보사들은 푸르덴셜, ING, MET, PCA, AIG, 알리안츠, HSBC, 에이스생명 등인데 100% 서구 선진국들의 다국적 회사들이다. 이 회사들은 이미 우리나라보다도 많게는 십 수년 전에 고령화사회에 진입한 나라에 소속되어 있어서 변액연금 투자에 대해 많은 경험을 했을 것이다. 그러면서 터득한 노하우 중 하나가 의무거치기간은 7년 정도는 돼야 고객들 원금보장도 하고 보험사 입장에서는 손해보지 않겠다는 것이고 그렇게 터득한 노하우를 적용한 상품이 우리나라에 들어오게 된 것이 아닐까 생각된다.

그런데 왜 국내 생보사들은 아직도 의무거치기간이 대부분 5년일까? 이 의무거치기간이 곧 5년에서 7년으로 국내 상품들도 변경될 것이라고 많은 전문가들이 예상하지만, 아직 국내사들이 생각할 때 아직까지 우리나라는 서구 선진국보다는 덜 고령화된 사회로서 감당할 수 있다고 판단했을 것이다. 상품들의 의무거치기간을 살펴보면 이미 빅3 중 한 회사의 상품은 의무거치기간이 7년이다. 이렇듯 국내사들도 점차 의무거치기간을 늘려갈 추세인 것은 분명한 것 같다.

둘째
부부형연금지급 방식의 유무

국내계 변액연금보험(VA)은 거의 모든 상품들이 연금지급 형태에 부부형연금지급 방식이 있다. 그러나 외국계 상품은 연금지급 시 부부형을 지원하는 상품은 한 곳 이외에는 찾아보기 힘들다. 앞에서도 밝혔듯이 이미 외국계 상품의 경우 대부분 서구 선진국에서 국내사보다 앞선 연금지급에 대한 많은 경험을 통하여 국내에 도입됐기 때문에 부부형연금지급 기능을 포함하여 판매하는 것이 보험사입장에서는 다소 부담스럽다는 속뜻이 아닐까? 이에 반해서 국내계 각 상품은 약간의 차이가 있지만 대부분 부부형연금지급 방식을 지원한다.

종신 부부형연금지급 방식이라는 것은 부부 중 한 명이 주피보험자로 해서 연금을 수령하다가 향후 이 주피보험자가 사망하게 되면 종피보험자인 배우자가 주피가 받던 연금을 계속 이어서 안정적으로 수급할 수 있는 기능으로써 고령사회에 있어서 사후 배우자를 배려한 아주 좋은 기능이라 할 수 있다. 종신 부부형연금지급 기능이 없는 경우는 피보험자가 종신연금 수령 중 사망하면 남아 있는 보증기간의 나머지 기간을 상속인에게 지급하고 보증기간이 끝나면 연금계약은 자동 소멸된다. 이렇듯 부부형 연금지급 방법은 부부 중 누가 몇 세까지 살 수 있을지 도무지 감 잡을 수 없는 고령사회에서 배우자를 잃고도 경제적으로 평생 안정된 생활을 할 수 있도록 지원해주는 좋은 제도가 아닐까 생각된다.

결국 외국계 변액연금보험이 부부형 연금지급 기능을 거의 지원하지 않는다는 것은 보험사 입장에서 그런 기능을 지원한다는 것이 별로 득이 되지 못한다는 것과 소비자들에게 별 필요가 없어서 아예 뺀 것 두 가지 중의 하나일 것이다.

5. 연금지급예시표의 연금액에 대한 현실적 평가

필자가 운영하는 인터넷 카페에서 회원들의 은퇴설계를 하다 보면 미래 20~30년 후의 연금수령액을 산정하는 과정에서 대부분의 회원들은 20~30년 후 현재가치로 월 200만 원 또는 300만 원의 노후자금이 필요하다고 말하며 이에 맞는 설계를 요청해온다. 그리고 그 자금을 마련하기 위해서는 얼마를 언제까지 투자해야 하는지에 관심이 집중된다. 그러면서 대부분 변액연금보험 설계서상의 연금예시표를 기준으로 이 정도 투자하면 될 것 아니냐고 주장한다. 하지만 그 연금지급예시표는 현재의 가치와는 차이가 많고 여러 가지 모순이 있다. 그래서 변액연금보험 연금지급예시표상의 연금액이 현실과 어떻게 다른 모순이 있는지 자세히 알아보기로 하자.

변액연금보험 연금지급예시표 샘플

(공시이율 : 2012년 06월 4.6%, 단위: 원)

투자수익률	연금개시시점의 일시금	개인연금형(20년보증)	부부연금형
0%	18,000,000	1,020,000	990,0000
4.0%	27,980,000	1,590,000	1,550,000
8.0%	81,340,000	4,620,000	4,510,000

위 표는 국내 변액연금보험 상품들의 가입설계서나 상품요약서 등에 나와있는 연금지급예시표에 대한 것을 샘플로 작성한 것이다. 일반 소비자가 봤을 때 이 정도면 은퇴준비가 충분할 것으로 예상하지만 그것은 큰 오해다. 그러면 여기에 어떤 모순이 있는지 자세히 알아보자.

첫째
변액연금보험 연금지급예시표는 미래가치이며 현재가치가 아니다.

예시표상의 금액은 매월 받는 연금액이 아니며 매년 받는 연금액이다. 그리고 그 수치는 미래가치 즉 현재가치가 아니므로 물가상승률을 감안했을 때 기간과 물가상승률에 따라 현재가치로 반 토막이 날 수도 있다. 예를 들어서 위 표에서 8% 수익률로 개인연금형으로 수령했을 때 1년에 462만 원을 준다고 했는데 이것은 20년 후라고 가정해서 현재부터 물가상승률 3.5%를 감안하여 계산하면 현재가치로 약 200만 원이 된다. 반 토막도 더 났다. 결국은 연금 예시표상의 미래가치를 그대로 믿고서 이 정도 받는다고 생각한다면 큰 오산인 것이다.

둘째
현재의 공시이율로 계산되었으므로 언제든 변경된다.

예시표에 나와 있는 현재의 공시이율은 4.6%이다. 이 의미는 연금개시 시점의 일시금(8%, 81,340,000원)을 종신토록 계속적으로 4.6%로 부리 했을 때 나올 수 있는 연금액이라는 것이다. 지금으로부터 20년 후부터 시작해서 계속적으로 4.6%의 공시이율이 나올 수 있을까? 예시표상의 현실적인 허수라 할 수 있는 사항이다.

셋째
연금개시 후에도 연금액은 계속 줄어들 수 있다.

연금개시 후에도 물가상승률에 의해서 화폐가치가 하락하게 되므로 시간이 가면 갈수록 연금예시표에 나와 있는 연금액은 쪼그라들 수밖에 없다는 것은 자명하다.

위 내용으로 봤을 때 연금예시표를 그냥 예시표로 봐야지 그대로 믿어서는 안 될 것이다.

6. 변액연금보험이 의무거치기간을 두는 이유

국내 모든 변액연금보험은 계약 이후 일정한 보험료 납입기간이 지나면 의무적으로 5년, 7년, 10년의 의무거치기간을 지나야 비로소 연금개시가 되는 구조로 이루어져 있다. 여기서 의무거치기간은 단순한 거치기간과 달리 이 기간에 가입자는 보험료 납입을 할 수 없게 된다. 조사한 바에 의하면 이 의무거치기간은 상품마다 상당히 많은 차이가 있는 것으로 나타나는데 대부분의 국내계 상품은 5년, 외국계 상품은 7년의 의무거치기간을 기본으로 책정하며 각 상품별 조건에 따라 최대 10년 이상 15년까지 장기간 의무거치기간을 책정한 상품도 더러 존재한다.

많은 가입자들이 그냥 몇 년 이상 계속 묻어두면 즉 거치시키면 거치기간만큼 적립액을 늘릴 수 있는 좋은 투자기간이라고 생각하여 크게 신경 쓰지 않고 의무거치기간이 짧고 긴 것에 대해 별 거부감이 없는 것 같다. 가입자의 투자수익을 극대화시키기 위해서 의무거치기간을 둘까? 아니면 보험사의 수익과 위험 리스크를 헷지하기 위해서일까? 보험사들은 왜 변액연금보험에 의무거치기간을 두는지 한번 알아보자.

첫째
연금개시 전까지 기납입보험료를 보장하기 위해서……

보험사 입장에서는 거치기간 동안 각종 사업비와 수수료 즉 최저연금적립금보증비용, 유지비, 위험보험료 등의 안정적인 수익을 올릴 수 있는 요인도 있겠지만 의무거치기간을 두는 가장 큰 이유는 원금보장을 하기 위한 것이라 생각한다.

변액연금보험 상품의 최근 트랜드는 최저연금적립금으로 기납입보험료의 100%, 130%, 200% 등 원금 이상 보장하는 기능들을 제공하는 것이다. 이렇다 보니 보험사도 가입자의 연금개시 시 주식시장이 폭락한다거나 하는 불안한 금융시장의 상황이 발생한다면 가입자에게 기납입보험료의 원금 이상을 보상해줘야 하는 위험을 안고 있다. 이렇다 보니 보험사 입장에서는 이 리스크를 헷지하기 위한 방법이 필요할 것이다. 그중 한가지 방법이 최소 5년 이상의 기간 동안 추가납입보험료를 포함한 일체의 보험료를 납입 못하게 정지시켜서 기납입보험료가 더 이상 늘어나지 않게 해놓고 5년 이상 투자활동을 한다면 원금 이상의 보장내용을 확보할 수 있다는 계산을 하고 있는 것이다. 그래서 보장 비율(100%, 130%, 200% 등등)에 따라 의무거치기간이 5년에서 15년까지 존재하는 것이다.

둘째

연금지급 재원(계약자적립금)이 급격히 늘어나는 것을 방지하기 위해서……

연금개시 연령이 되어 연금을 지급하기 위해서는 연금개시 직전 계약자적립금 등을 재원으로 하여 가입자의 연금지급액을 결정하게 된다. 만약 연금개시 직전에 보험료를 납입할 수 있게 한다면 가입자가 무리해서 추가납입을 통해서 계약자적립금을 단기간에 끌어올릴 수 있게 됨으로써 보험사로서는 연금지급액이 갑자기 늘어나는 위험을 안게 될 것이고, 반대로 연금개시 직전에 목돈을 추가납입 하였는데 폭락하여 원금손실이 발생했다면 이 역시도 보험사가 원금보장을 해줘야 하므로 보험사의 리스크가 상당히 클 수 있다. 따라서 이러한 것을 방지하기 위해서 의무거치기간을 설정하여 보험료 납입이나 추가납입을 못하게 하는 것으로 추정된다.

7. 내게 가장 적합한 변액연금보험은?

수많은 변액연금보험 중에서 내게 가장 맞는 변액연금보험(VA)은 어떤 것일까? 가입자나 가입을 검토하는 소비자들이라면 이렇게 한번쯤 고민해봤을 것이다. 요즘 인터넷 카페 회원이나 고객들을 대상으로 상담을 진행하다 보면 "가장 좋은 변액연금보험은 뭡니까?" "가장 좋은 상품 하나 추천해주세요."라는 질문을 많이 받는다. 이렇게 변액연금보험을 단순히 판매상품으로 여기는 질문이 가장 난감하다. 그러나 가입자 입장에서 보면 지금까지 모두 그렇게 해왔으니까 그런 질문이 이상할 리 없는 것이다.

그러면 어떤 상품이 가장 좋을까? 소문난 맛집의 음식처럼 별표 개수로 점수를 매겨서 별이 가장 많은 상품이 가장 좋은 것일까? 변액연금보험은 투자성향이 다양하고 수십 개의 기능도 상품별로 다양하게 차이가 나는 실적배당형 상품이므로 이렇게 음식점처럼 단순하게 별표를 매겨서 처리할 수 없다고 생각한다. 또한 변액연금보험의 연금기능이나 보장내용, 가입에 대한 기능이 서로 상이하기 때문에 순위를 매겨서 어떤 상품이 최고라고 단정지을 수 없으며 개인의 투자성향과 재무적 환경 그리고 은퇴목표나 계획이 모두 다르기 때문에 어떤 한 상품이 모든 사람들에게 가장 좋은 상품이라고 할 수 없다는 것이다.

실제로 수십 개의 변액연금보험 각 상품을 분석해본 결과 각각 장단점을 모두 가지고 있기 때문에 특정한 기능에서 좋은 점이 있다고 해서 재무적 상황과 환경이 서로 다른 가입자들에게 모두 최고의 상품이라고 할 수 없다. 이것은 일반적으로 뛰어난 변액연금보험이라고 하더라도 가입자의 재무적 환경이나 투자성향 등 여러 가지 재무적/투자적 관점에서 보면 최악의 상품이 될 수도 있다는 점이다.

따라서 가장 좋은 변액연금보험을 선택해야겠다면 자신의 재무환경과 투자성향, 은퇴계획 등을 잘 감안해서 그 상황에 가장 맞는 상품을 선택하면 된다. 하지만 이런 작업을 통해 가입자 대부분이 직접 분석에 의해서 적절한 상품을 결정하기는 정말 어렵기 때문에 가능하면 이런 작업을 전문가에게 의뢰하는 것이 최선의 방법이다. 한가지 안타까운 것은 많은 가입자들이 이런 점을 간과하고 대수롭지 않게 자신의 주관적인 생각으로 섣부른 선택을 하거나 주변 지인의 반강제적인 권유(?)로 인해 많은 피해를 보는 점이다.

결론적으로 내게 가장 좋은 변액연금보험이라는 것은 자신의 재무적 환경에 가장 잘 맞는 상품이 가장 좋은 상품이 아닐까 생각한다.

8. 피보험자를 아내로 할 경우와 남편으로 할 경우 차이점

일반적으로 변액연금보험(VA)을 가입할 때 가능하면 보험대상자(피보험자)를 아내로 해야 유리하다고 하는데 과연 이 말처럼 유리한지? 아닌지? 또는 어떤 차이가 있는지 구체적으로 알아보자.

아내와 남편의 연령을 동일하다는 전제 하에 동일한 보험료로 동일한 변액연금보험에 가입한다면 어떤 차이가 있을까?

대략적으로 두 가지 차이점이 있다고 본다.

첫째

투자수익률의 차이가 있다.

변액연금보험 자체가 보험 상품이기 때문에 가입자가 납입하는 보험료에서 일정부분은 피보험자의 사망 등을 보장하기 위한 비용으로 차감하는데 이것을 위험보험료라고 한다. 위험보험료는 피보험자의 성별, 연령별로 산정하게 되는데 적용기준이 경험생명표의 생명표와 사망표이다. 우리나라의 경우 여성이 남성보다 보통 6~8세 정도 더 오래 살기 때문에 동일한 조건에서 어떤 보험 상품에 가입하더라도 여성이 남성보다 보험료가 더 저렴하다. 마찬가지로 변액연금보험에 있어서도 피보험자가 남성보다 여성인 경우 위험보험료가 더 저렴해진다. 가입자가 납입하는 보험료는 100% 모두 특별계정(펀드)에 투입되는 것이 아니라 사업비와 위험보험료 등을 차감한 나머지가 특별계정에 투입되고 또한 매월 위험보험료가 적립금에서 차감되기 때문에 여성이 피보험자인 경우 장기로 유지해야 하는 변액연금보험 속성상 향후 투자수익률의 차이가 날 것으로 예상된다. 정확한 차이를 비교하기 위해서 남녀 각각 동일한 조건으로 분석해본 결과 예상 외로 생각했던 것만큼 차이가 그렇게 크지 않다. 약 30년 동안 유지했을 경우 6%의 수익률로 계산해보면 여성을 피보험자로 지정한 경우가 남성을 지정한 경우보다 해지환급금이 약 0.2% 정도 더 높게 나왔다. 물론 남편의 연령이 평균적으로 3~4세 높다고 가정하고 8% 수익률로 계산했을 때는 그 차이가 더 날 수 있지만 우려할만한 수치는 아닐 것으로 예상된다.

결론적으로 이 정도 수치라면 우리가 일반적으로 생각했던 것만큼 차이가 크지 않지만, 한 푼이라도 더 받을 수 있다는 것은 입증된 셈이다.

둘째

연금수령 기간에 차이가 있다.

통상적으로 여성이 남성보다 평균수명으로 계산했을 때 6~8년 정도 더 오래 살 수 있다고 보기 때문에 피보험자가 여성인 경우가 남성인 경우보다 가입자 입장에서는 더 많은 기간 동안 연금을 수령할 수 있다는 계산이다. 개인 종신형인 경우 일반적으로 10년, 20년의 보증기간 안에 연금을 받다가 피보험자가 사망하면 수령한 연금을 뺀 나머지 보증기간 동안의 연금을 배우자나 상속자에게 지급하고 연금계약이 소멸되는 구조이다. 따라서 남성보다 여성이 더 오래 살수 있는 확률이 높기 때문에 한 가정으로 생각한다면 여성이 피보험자로 지정된 경우가 기간적으로 연금을 더 받아낼 수 있다는 계산이다.

남녀연금수령기간 비교

부인이 피보험자일경우 연금을 더 받을 수 있는 기간

▲ 연금개시 ▲ 10년보증 ▲ 20년보증 ▲ 남편사망 ▲ 부인사망

　현재 대부분의 가입자들이 연금개시 시점을 60세에서 65세 정도로 결정하기 때문에 10년, 20년 보증 받으면 길어야 85세이다. 보험사 입장에서 생각해 보자. 보통 남편보다 부인이 더 오래 살기 때문에 보험사 입장에서는 남편보다는 부인이 피보험자로 지정되어 있다면 아무래도 더 많은 연금을 지급할 확률이 높다. 이는 곧 가입자의 이득이 되는 것이다. 보증기간을 넘어서 아내가 남편보다 평균 6년을 더 살았다고 하고 월 평균 1백만 원의 연금을 수령했다

면 6년동안 7,200만 원을 더 수령할 수 있다는 계산이다.

하지만 보험사는 그냥 앉아서 손해보지 않는다. 아내의 평균수명이 남편보다 더 길기 때문에 보험사 입장에서 보면 아내가 연금지급에 대한 위험이 더 높다고 할 수 있으므로 남편보다 연금액수에 대해서는 낮을 수 있다. 반대로 남편의 연금수령액이 더 높을 수 있다는 것이다.

결론적으로 아내를 피보험자로 지정하게 되면 연금수령기간이 더 길어질 수 있다는 것은 맞으나, 그럴 경우 연금액이 줄어들 수 있다는 단점이 있다는 것이다. 따라서 아내를 피보험자로 지정하는 것이 남편을 지정하는 것보다 연금액상으로 봤을 때 아주 큰 이득은 없는 것 같다. 다만 참고적으로 보면 피보험자를 지정할 때 부부의 동등한 은퇴설계 차원에서 기존 은퇴준비 자산이 부족한 쪽(주로 아내)으로 지정하는 것이 가장 현명할 것이라 생각한다.

9. 단기납입 하는 형태로 가장 유리한 설계방안

변액연금보험(VA)을 검토하는 사람들 대부분은 비슷한 경우도 있지만 재무적 상황과 은퇴목표가 거의 다르다. 매월 소액으로 20~30년간 장기간 납입하길 원하는 사람들이 있는가 하면 단기에 빨리 납입하고 연금을 수령하고자 하는 사람들도 있듯이 대부분 검토하는 사람들 입장에서 보면 모두 계획이 다른 것이다. 그러면

3~7년 정도의 단기간 납입을 하고 빨리 연금을 수령하고자 하는 가입자는 어떤 형태의 상품이 가장 적절할까? 단기간 납입하고 연금을 수령하길 원하는 사람들은 다음의 조건을 최대한 만족하는 상품을 선택하면 보다 더 유리한 연금설계가 되지 않을까 생각한다.

첫째
추가납입 기능이 가장 우수한 상품

장기간 납입도 자체 수익률을 높이기 위해서는 보험료의 추가납입이 반드시 필요하지만 단기납인 경우는 더 필요한 조건이라 할 수 있다. 은퇴목적과 계획에 따라 차이가 있겠지만 보통 보험료를 단기에 납입해서 원하는 연금을 수령하기 위해서는 고액의 보험료를 납입해야만 가능할 것이다. 이때 보험사가 떼어가는 비용을 최대한 절감해서 자체 수익률을 높일 수 있는 방법이 바로 추가납입이기 때문에 우선적으로 생각해야 할 변액연금보험은 추가납입 기능이 가장 우수해야 할 것이다. 대부분의 변액연금보험이 연간 기본보험료의 200%까지 추가납입이 가능함으로 이 범위에서 추가납입을 잘 활용한다면 여건과 수익률에 따라 최대5% 정도의 수익률을 더 높일 수 있다는 시뮬레이션을 통한 예상을 할 수 있다. 특히 추가납입 방법에 있어서도 매월 기본보험료를 납입하듯이 추가납입을 병행할 수 있는 정기추가납입 방법 이외에 여윳돈이 생길 때마다 즉시이체를 통한 추가납입을 하는 방법을 다양하게 활용할 수 있는 상품이라면 가장 적절한 선택이라 할 수 있다.

둘째
의무거치기간이 최대한 짧은 상품

우리나라 변액연금보험 상품 중 가장 짧게 납입 가능한 기간은 3년이다. 몇몇 상품들이 3년납을 허용하지만 의무거치기간은 각 상품별로 차이가 많다. 최소 7년부터 12년까지로 차이가 나는데 변액연금보험은 10년 이상이어야만 비과세 혜택이 주어짐으로써 최소 7년은 거치시켜주는 것이 좋다. 그렇다면 의무거치기간이 짧은 것이 좋을까? 아니면 긴 것이 좋을까? 거치기간을 길게 해야만 하는 특별한 경우도 있겠지만 거치투자와는 별개로 보험료 납입에 대해서 제한 받을 수 있는 의무거치기간은 너무 긴 것보다 가능하면 짧은 것이 좋다라고 생각한다.

셋째
저렴한 사업비의 상품

장기납입이나 단기납입이나 보험 상품은 역시 선취사업비가 문제다. 따라서 단기납입 하는 변액연금보험도 사업비가 가장 저렴한 상품을 설계하는 것이 가장 유리한 형태가 아닐까 생각한다.

10. 장기 납입하는 형태로 가장 유리한 설계방안

10년 이내의 단기간에 납입을 끝내고 싶어하는 가입자들은 주로 고액계약으로 짧고 굵게 납입하는 형태가 많고, 10년 이상 장기간 납입을 원하는 가입자들은 소액으로 길고 가늘게 가는 형태가 대부분인 것 같다. 보통 20~30년간 장기간 납입하여 연금을 수령한다면 어떤 형태의 변액연금보험을 선택해야만 가장 적정한 선택이 될까? 다음의 조건을 최대한 만족하는 상품을 선택한다면 보다 더 유리한 설계가 되지 않을까 생각한다.

첫째

기본보험료를 최대한 낮은 소액으로 납입이 가능한 상품

일반적으로 20~30년 이상 장기간 납입하기를 원하는 설계는 주로 월 30만 원 미만의 소액으로 납입하는 형태일 것이다. 개인별 재무목적에 따라 다르겠지만 장기간 납입하기 위해서는 최소 월 기본보험료로 부담 없는 10만 원선까지는 가능해야 하는데 일부 상품은 월 20만 원 이상을 최소 기본보험료로 책정하므로 월 10만 원부터 가능한지 잘 확인할 필요가 있다. 특히 매달 10만 원의 기본보험료를 납입하는 경우 추가납입이 1년 기본보험료의 200%까지(240만 원) 또는 매월 20만 원까지 총 합계 30만 원까지 가능하기 때문에 부담 없는 소액으로 재무계획에 맞게 장기간 납입하는 방안이 필요한 가입자들에게는 10만 원을 최소 기본보험료로 지원하는 상품을 선택하는 것이 다소 유리할 수 있다.

둘째

납입기간이 최대한 긴 상품

국내 주요 변액연금보험을 분석해본 결과 납입기간을 제한하는 상품이 많다. 어떤 상품은 납입기간이 최대 15년까지만 가능하고 또 어떤 상품은 최대 20년까지만 납입이 가능하다고 하여 납입기간을 제한해서 가입자를 받아들인다. 이유야 여러 가지가 있겠지만 보험사 입장에서는 납입기간을 한정함으로써 기본보험료를 높이는 효과로 매출을 극대화할 수 있거나 또는 납입기간에만 추가납입이 가능하게 함으로써 연금개시 직전에 연금지급재원이 급격히 불어나 원금보장에 대한 리스크를 줄이기 위한 것이 아닐까 예상해 본다. 아무튼 요즘 최저연금적립금으로 기납입보험료의 100% 이상을 보장하는 상품이 봇물을 이루면서 납입기간을 제한하는 경향이 두드러지는 것 같다. 결국은 소액으로 납입하는 형태로 바람직한 설계는 길게 납입하는 것이라고 한다면 납입기간이 최대한 긴 상품을 선택하는 것이 가장 적정한 설계방안이라 할 수 있다.

셋째
정기추가납입을 최대한 활용할 수 있는 상품

단기납입이든 장기납입이든 기본보험료와 같은 개념으로 매월 지정된 날에 추가납입보험료를 자동이체 방식으로 정기적으로 납입하는 기능을 지원하는 상품을 선택하는 것이 가입자 입장에서는 사업비를 줄이면서 상품 자체의 수익률을 높일 수 있는 방법으로 아주 유리하다고 생각한다. 상품에 따라 다르지만 정기추가납입을 잘 활용하면 7~10년의 납입기간에는 사업비를 절반 이하로 최대한 줄일 수 있고 10년 이상이 지났을 경우 정기추납으로 인해 부담스러워지는 위험보험료와 사업비 등을 줄일 수 있기 때문에 정기추가납입을 최대한 활용할 수 있는 상품이라면 장기납입 하는 형태로도 가입자입장에서는 아주 유리할 수 있다.

넷째
의무거치기간이 최대한 짧은 상품

국내 변액연금보험은 상품에 따라 일정한 납입기간이 끝나면 의무적으로 5년 이상을 의무적으로 거치해야 연금개시를 할 수 있는 구조이다. 이러한 의무거치기간에는 보험료 납입이 불가하므로 기간이 길다면 장기간 납입하는 형태로는 불리할 수밖에 없다. 따라서 변액연금보험을 장기간 납입하는 형태로 가장 유리한 설계를 하려면 의무거치기간이 최대한 짧은 상품이 유리하다.

다섯째
가능하면 우량사 상품

단기납입의 형태나 장기납입을 하는 형태나 변액연금보험은 적게는 10년에서 많게는 40~50년 정도를 우리의 인생 대부분을 함께 해야 하는 상품이라 할 수 있다. 따라서 보험사가 어려움에 빠지거나 연금운영 환경이 바뀌게 된다면 가입자의 재무계획에 큰 혼선이 올 수 있기 때문에 가능하면 외부적 환경에 덜 위험하며 영향을 덜 받는 우량사의 상품을 선택하는 것이 바람직하다.

여섯째

펀드수수료 및 최저연금적립금보증비용(GMAB)이 저렴한 상품

10년 이상 장기간 동안 투자하다 보면 계약자적립금의 규모가 상당히 커질 수 있어 적립식펀드처럼 후취 수수료가 부담될 수 있다. 특히 최근 출시된 기납입보험료를 100% 이상 보장한다는 상품들을 분석해보면 특별계정운용수탁보수 이외에 GMAB가 연 1%에 육박하는 상품들이 존재한다. 이렇게 되면 기납입보험료 원금 이상을 보장받기 위한 비용으로 지불하는 부담이 커서 장기투자를 하더라도 그 비용으로 인해서 수익률 증가에 큰 도움이 되지 못한다. 그리고 20~30년 이상 장기투자 하는 상품이라면 원금 이상 보장받는다는 것이 큰 의미가 없을 수 있기 때문에 과도한 수수료나 비용을 지불하는 상품은 가급적 기피하는 것이 바람직하다.

11. 고액보험료 납입의 형태로 가장 유리한 설계방안

월 기본보험료 50만 원 이상 고액으로 납입하는 경우 어떤 형태의 변액연금보험 설계가 가장 유리한지 알아보자.

첫째

보험료를 최대한 많이 할인해주는 상품

보험료가 월 50만 원 이상의 고액계약인 경우 상품별로 차이가 있지만 대부분 기본보험료의 0.5%에서 2.5%까지 할인 받을 수 있다. 여기에 보험료 결제를 자동이체 서비스로 신청할 경우 추가로 1% 정도를 더 할인해주는 상품이 있기 때문에 이럴 경우 최대 보험료 할인율은 3.5%나 된다. 수익률로 따졌을 때 3.5%라는 숫자는 엄청난 규모가 아닐 수 없다. 납입보험료의 3.5%를 할인해준다는 것은 월 납입보험료에서 3.5%를 제외한 금액만 보험료로 납부하면 된다는 것이다. 할인 받지 못하는 계약보다 한 푼이라도 할인 받는 계약이 그만큼 투자수익이 올라갈 수 있기 때문에 소액은 물론이고 고액보험료의 경우도 가능하면 더 많이 할인을 받는 형태의 상품이면 좋을 것이다. 최근 1%라도 더 받으려고 위험을 무릅쓰고 시중은행에서 저축은행으로 이리저리 알아보는 것에 비하면 이 할인율은 가입자에게 상당히 높은 수익이라 생각된다.

둘째

사업비가 가장 저렴한 상품

고액이든 소액이든지 간에 보험 상품은 역시 선취사업비가 문제다. 특히 고액의 경우 사업비가 저렴하다면 그 규모가 더 커 보일 수 있으므로 사업비가 가장 저렴한 상품을 설계하는 것이 가장 유리한 형태가 아닐까 생각한다.

셋째

최대한 짧은 납입기간을 지원하는 상품

고액계약자들은 짧고 굵게 납입한다는 것이 일반적인 특성이다. 특히 고액계약자들은 어느 정도 연령도 있거니와 특성상 단기납입을 선호하고 수백만 원 이상 고액의 보험료를 10년 내외로 최대한 짧은 기간에 집중적으로 납입한 이후 일정시점부터 연금 수령을 원하는 형태가 많다. 물론 예외적으로 20년 이상 납입하는 계약자도 있지만 대부분 고액납입자들은 10년 내외의 짧은 기간을 선호하는 경향인 것 같다. 이럴 때 고액가입자가 선택할 수 있는 납입기간은 10년 이내의 짧은 기간임으로 가능하면 변액연금보험의 납입기간이 3년납, 5년납, 7년납 등을 모두 지원하는 상품형태가 유리하다.

넷째
거치기간 중 수수료가 최대한 저렴한 상품

고액 납입자들은 주로 단기납입으로 가입하기를 원하기 때문에 이에 따라 거치기간이 길어지는 것이 특징이다. 따라서 거치기간 중 운용수수료나 여러 가지 변액연금보험의 총수수료(GMAB, GMDB 등)가 상대적으로 저렴한 상품이 아무래도 가입자에게 유리할 것이다. 특히 거치기간 중에는 계약자적립금 규모가 꽤 크게 형성되기 때문에 납입기간에는 약간의 수수료차이가 크게 영향이 없는 것처럼 보이지만 이 거치기간에는 약간의 수수료 차이라도 계약자적립금의 증감에 상당히 큰 영향을 미칠 수 있다. 이러한 상황으로 볼 때 장기로 거치하는 형태로서는 거치기간 중 총 수수료가 보다 저렴한 상품이 더 유리할 수밖에 없다.

다섯째

추가납입 방법이 다양한 상품

추가납입 방법은 크게 두 가지로 요약할 수 있다. 첫째는 여윳돈이 생길 때마다 즉시 추가납입 할 수 있는 즉시추가납입방법이고 둘째는 매월 기본보험료를 자동이체로 납입하듯이 지정된 날짜에 자동이체로 추가납입 하는 정기추가납입 방법이다. 물론 소액가입자들도 필요하겠지만 고액가입자들로서도 사업비를 줄이는 효과로 상품자체의 수익률을 올릴 수 있기 때문에 가능하면 이 두 가지 방식을 모두 지원하는 상품을 선택하는 것이 유리하다. 특히 고액가입자 입장에서 잘 선택해야 할 사항이 보험료 할인을 받는 것이 유리한지 아니면 정기추가납입으로 사업비를 줄이는 것이 더 이득인지 잘 판단할 필요가 있다.

12. 소액보험료 납입의 형태로 가장 유리한 설계방안

필자의 고객 중 변액연금보험 가입자들을 보험료 규모로 분석해 보면 거의 대부분이 50만 원 이하의 소액납입의 계약 건이다. 이렇게 변액연금보험 가입자들의 대부분을 차지하고 있는 소액계약자들에게 가장 유리한 변액연금보험 설계방안은 무엇인지 알아보자.

첫째

기본보험료를 최대한 낮은 금액으로 납입이 가능한 상품

우리 주변에는 현 경제상황이 어려운 형편이지만 소액이라도 노후준비를 위해서 변액연금보험에 가입하기를 희망하는 서민들이 꽤 많다. 하지만 변액연금보험 가입 조건이 최소 월 20만 원 이상으로 한정한 상품들이 많기 때문에 위와 같은 서민들에게는 그림의 떡이 아닐까 생각된다. 특히 매달 10만 원의 기본보험료를 납입하는 경우 추가납입이 1년 기본보험료의 200%까지(240만 원) 또는 매월 20만 원까지 총 합계 30만 원까지 가능하기 때문에 부담 없는 소액으로 재무계획에 맞게 장기간 납입하는 방안이 필요한 서민들에게는 10만 원을 최소 기본보험료로 지원하는 상품을 선택하는 것이 유리할 것이다.

둘째

납입기간의 연장/축소가 가능한 상품

소액계약자의 경우 장기납입을 하기 위해서 처음부터 납입기간을 무작정 길게 할 수 있지만 그에 대한 부담도 클 것이다. 따라서 일정기간으로 납입기간을 설정하고 향후 재무상황에 맞게 그 납입기간을 연장 또는 축소할 수 있다면 가장 좋은 설계가 될 수 있다.

셋째

연금개시 연령의 연장/축소가 가능한 상품

변액연금보험은 가입 시점부터 연금개시 연령을 결정하고 계약하기 때문에 향후 길게는 수십 년 후에 그 연금개시 연령은 가입자의 재무상황과 맞지 않을 수 있다. 이때 그 연금개시 연령을 연장하거나 축소하는 등 조정이 가능해야 하는데 그러한 조건을 변경 가능한 상품이라면 소액으로 장기간 납입을 원하는 가입자에게 유리한 설계방안이라 할 수 있다.

넷째

납입기간이 최대한 긴 상품

대부분 변액연금보험의 보험료를 소액으로 납입해서는 만족할만한 연금을 수령할 수 없다는 계산이다. 따라서 이럴 때는 납입기간을 최대한 길게 가져가는 형태를 취해야만 어느 정도 만족할만한 연금을 수령할 수 있기 때문에 납입기간을 최대한 길게 허용하는 상품이 유리하다. 하지만 국내 판매 중인 변액연금보험 중에는 납입기간을 일정기간으로 한정해 놓은 상품들이 많다. 어떤 상품은 납입기간이 최대 15년까지만 가능하고 또 어떤 상품은 최대 20년까지만 납입이 가능하다고 하여 납입기간을 제한해서 가입자를 받아들인다. 이유야 여러 가지가 있겠지만 보험사 입장에서는 납입기간을 한정함으로써 기본보험료를 높이는 효과로 매출을 극대화할 수 있거나 또는 납입기간에만 추가납입이 가능하게 함으로써 연금개시 직전에 연금지급재원이 급격히 불어나 원금보장에 대한 리스크를 줄이기 위한 것이 아닐까 예상해 본다. 아무튼 요즘 최저연금 적립금으로 기납입보험료의 100% 이상을 보장하는 상품이 봇물을 이루면서 납입기간을 제한하는 경향이 두드러지는 것 같다. 결

국은 소액으로 납입하는 형태로 바람직한 설계는 길게 납입하는 것
이라고 한다면 납입기간이 최대한 긴 상품을 선택하는 것이 좀 더
유리할 수 있는 설계방안이라 할 수 있다.

다섯째
정기추가납입기능이 지원되는 상품

변액연금보험을 소액으로 납입하는 가입자들은 기본보험료를 최
저인 10만 원으로 하면서 여기에 정기추가납입 금액으로 20만 원
을 추가한다면 변액연금보험의 가장 큰 단점이라고 할 수 있는 과
대한 선취사업비를 대폭 줄이면서 장기간 납입할 수 있기 때문에
가장 효율적인 투자를 할 수 있다고 생각한다. 고액이든 소액이든
기본보험료와 같은 개념으로 매월 지정된 날에 추가납입보험료를
자동이체 방식으로 정기적으로 납입하는 기능을 지원하는 상품을
선택하는 것이 가입자 입장에서는 사업비를 줄이면서 상품 자체의
수익률을 높일 수 있는 방법으로 아주 유리하다고 생각한다. 상품
에 따라 다르지만 정기추가납입을 잘 활용하면 7~10년의 납입기
간에는 사업비를 최대한 절반 이하로 줄일 수 있고 10년 이상이 지
났을 경우 정기추납으로 인해 부담스러워지는 위험보험료와 사업비
등을 줄일 수 있기 때문에 정기추가납입을 최대한 활용할 수 있는
상품이라면 장기납입하는 형태로도 가입자 입장에서는 꽤 유리할
수 있다.

여섯째

의무거치기간이 가장 짧은 상품

국내 변액연금보험은 상품에 따라 일정한 납입기간이 끝나면 의무적으로 5년 이상을 거치해야 연금개시를 할 수 있는 구조이다. 이러한 의무거치기간에는 보험료 납입이 불가하므로 기간이 길다면 장기간 납입하는 형태로는 불리할 수밖에 없다. 따라서 변액연금보험을 장기간 납입하는 형태로 가장 유리한 설계를 하려면 의무거치기간이 최대한 짧은 상품이 유리하다.

일곱째

가능하면 우량사 상품

단기납입의 형태나 장기납입을 하는 형태나 변액연금보험은 적게는 10년에서 많게는 40~50년 정도를 우리의 인생 대부분을 함께해야 하는 상품이라 할 수 있다. 따라서 보험사가 어려움에 빠지거나 연금운영 환경이 바뀌게 된다면 가입자의 재무계획에 큰 혼선이 올 수 있기 때문에 가능하면 외부적 환경에 덜 위험하며 영향을 덜 받는 우량사의 상품을 선택하는 것이 바람직하다.

13. 변액연금보험 중도인출 수수료의 숨겨진 비밀

변액유니버셜보험이나 변액연금보험 등 변액보험의 유동성 기능 중 가장 대표적인 기능이 바로 중도인출과 납입중지 기능이라 할 수 있다. 이러한 유동성 기능은 다른 금융상품에서는 찾아볼 수 없는 변액보험의 가장 큰 장점중의 하나라고 할 수 있다. 특히 그중에서 중도인출이라는 것은 가입 후 1개월 뒤부터 자신의 해지환급금내에서 일부 자금을 인출할 수 있는 기능을 의미하는데, 편리한 기능 뒤에 숨어 있는 수수료의 비밀에 대해서 자세히 분석해 보자.

먼저 변액연금보험의 중도인출의 기능에 대해 정리해 보면 다음과 같다.

① 해지환급금의 50% 범위 내에서 연 12회 인출이 가능하다.
② 인출 후 계약자적립금은 구좌당 300만 원 또는 500만 원 이하가 되지 않아야 한다.
③ 제1보험기간 중 계약일 이후 만 1개월 또는 1년 경과시점부터 가능하다.
④ 인출수수료는 인출금액의 0.1% 또는 2,000원 중 적은 금액으로 하며 계약자적립금에서 차감한다.

각 상품별로 약간의 차이는 있겠지만 대부분 위 조건 정도로 중도인출을 허용하고 있으며 내용만으로는 상당히 괜찮은 기능이라 할 수 있다. 계약 중간에 내가 납입한 자금을 인출해서 사용할 수 있는 기능만큼은 변액상품의 아주 좋은 기능인 것만은 틀림없는 사실이다. 그러나 좋은 기능이기는 하지만 이 기능을 사용한 대가로 지불할 숨겨진 수수료가 너무 과다하다고 생각한다. 대부분의 변액연금보험 상품이 아무리 많은 금액을 인출하더라도 1회 인출 수수료가 최대 2,000원이라고 하는데 가입자는 이것만 지불하면 끝나는 것일까? 왜 보험사가 껌 값 정도인 2,000원만 받고 그냥 순순히 돈을 인출해가도록 허용할까? 액면 그대로 보면 단순하게 1회 중도인출 수수료 2,000원만 지불하면 된다. 이것은 가입설계서나 약관에 그렇게 나오기 때문에 틀린 설명은 아니다.

그러나 변액연금보험 상품자체의 구조를 잘 살펴보면 중도인출 수수료는 최소한 인출금액의 10% 이상은 된다고 생각하는데 그 이유는 가입자가 보험료를 납입할 때 이미 보험료의 10% 정도는 사업비로 보험사가 선취로 가져가기 때문이다. 물론 특별계정에 투입한 보험료가 수익률이 높아서 그러한 선취사업비를 만회했다면 수수료가 없을 수도 있으나 단기간에 수익을 쉽게 낼 수 없는 변액연금보험 구조상 쉽지 않을 것이다. 따라서 가입자가 해지환급금의 50%를 가입 후 단기에 중도인출 한다면 이미 선차감한 사업비로 인해 사실상 인출금액의 10% 이상은 중도인출 수수료로 떼인 것으로 생각해야 한다. 보험사 입장에서는 아무리 중도인출이 많아도 이미 사업비를 선취로 떼어갔기 때문에 전혀 손해가 아니다. 하지만 가입자 입장에서는 수익률이 선취사업비 이상으로 높지 않은 상황에서 중도인출을 하게 된다면 표면적으로는 1회 최대 수수료가 2,000원이지만 엄밀히 따지면 총수수료가 인출금액의 10%가 넘기 때문에 손해가 크다는 점을 절대 간과해서는 안 된다. 거기다가 중도인출 하는 금액은 후입선출방식(Last In First Out)으로 나중에 납입한 보험료를 먼저 인출하기 때문에 투자기간별 계산에 의한 간접적인 영향을 받는 수수료는 더욱 크리라 여겨진다.

결국 이러한 이유로 인하여 가입 초기나 10년 이내에 목돈이 필요하다고 시도 때도 없이 중도인출을 적극적으로 활용하는 전략보다는 자신의 수익률이 높은 상황하에서 정말 꼭 필요한 상태가 아니라면 활용하지 않는 것이 좋겠다고 생각한다.

14. 연금지급 방식 중 개인형과 부부형의 차이점

변액연금보험(VA)은 가입하여 일정한 보험료 납입기간과 의무 거치기간이 경과되면 연금을 수령할 수 있다. 이때 연금을 수령하는 방법에는 종신연금형(개인형, 부부형)과 확정연금형, 상속연금형, 실적연금형 등으로 크게 나눌 수 있지만 모든 상품이 이런 연금지급 방식을 모두 지원하지는 않으며 각 상품별로 지원방식에 다소 차이가 난다. 특히 부부형연금지급 방식은 외국계 상품은 거의 지원하지 않는다는 점이 특징이다. 이 연금지급 방식 중에서 종신연금형의 두 가지 즉 개인형과 부부형에 대한 차이점을 자세히 알아보자.

① 종신개인연금형
말 그대로 개인이 종신토록 연금을 지급받을 수 있는 개인연금형으로 보험대상자가 1명이며 이 피보험자가 연금지급의 대상자가 된

다. 연금개시 후 종신토록 연금을 받다가 사망한다면 보증지급기간 (10년, 20년, 100세)에 따라 잔여 보증지급기간이 남아 있다면 이어서 상속자가 잔여기간 동안 계속적으로 연금을 받을 수 있다. 물론 보증지급기간이 끝나면 계약은 자동 소멸된다.

② 종신부부연금형

부부연금형은 부부 모두가 종신토록 연금을 받을 수 있는 연금형태이다. 보험대상자는 주피보험자와 종피보험자 2명으로 주피는 본인 종피는 배우자로 또는 반대로 주피는 배우자 종피는 본인으로 지정된다. 주피가 연금을 받다가 사망했을 때 종피가 생존해 있다면 주피가 받던 연금을 종피가 사망할 때까지 이어서 연금을 받을 수 있다. 물론 주피보다 종피가 먼저 사망했다면 주피가 사망했을 때 계약은 소멸된다.

종신연금형(개인연금형, 부부연금형) 비교

구분	개인연금형	부부연금형
보험대상자	주피보험자	주피보험자, 종피보험자
연금개시후 보험대상자 사망	상속자가 잔여 보증지급기간(10년, 20년, 100세) 동안 계속적으로 연금수령	주피사망: 종피가 계속적으로 연금을 수령 종피사망:상속자가 잔여 보증지급 기간 (10년,20년, 100세)동안 계속적으로 연금수령

평생 혼자 살아갈 독신이라면 개인형을 선택해도 되겠지만, 기혼자라면 가정환경에 맞게 또는 재무상황에 맞게 개인형과 부부형 중 적절한 형태를 선택해야 한다.

15. 변액연금보험 고액할인과 추가납입설계와의 비교

국내에 판매되고 있는 주요 변액연금보험은 납입보험료 액수에 따라 보험료를 일정한 비율로 할인해주는 기능이 있다. 작게는 납입보험료의 0.3%에서 많게는 2% 이상까지 그 할인 폭이 다양하지만 모든 상품을 할인해주는 것은 아니다. 일부 상품은 자동이체로 보험료를 납부할 때에만 일부 할인해주며, 또 다른 상품의 경우는 대부분 보험료가 50만 원 이상인 경우 차등 적용하여 보험료를 할인해준다. 여기에서 자동이체로 보험료를 납부할 경우 중복할인을 받을 수 있기 때문에 고액으로 가입하기 희망하는 가입자들은 이런 할인 기능을 십분 활용한다면 그만큼 수익률이 올라갈 수 있다. 그렇다면 고액보험료로 할인 받는 방법과 할인 받지 못하는 소액보험료로 추가납입을 활용하는 방법 중 어떤 방법이 사업비 절감차원에서 가입자에게 더 유리할까? 얼핏 수치상으로만 봐서는 우열을 가리기 힘든 상황이라 실제적인 데이터를 입력하여 분석해보기로 하자.

고액보험료와 소액보험료(추가납입 병행) 예시자료

구분		고액보험료	소액보험료+추가납입
月보험료	기본보험료	1,200,000원	400,000원
	추가납입보험료		800,000원
	합계	1,200,000원	1,200,000원
할인율	기본할인율	1.2%	
사업비	기본사업비	10.0%	
	추가납입사업비		2.5%

① 고액보험료의 경우

기본보험료 1,200,000원에서 고액할인 1.2%를 받으면 납입보험료는 1,185,600원이다. 총 할인 받는 금액은 14,400원이며 총 할인율은 1.2%가 된다. 또한 사업비는 기본보험료의 10%인 120,000원이다.

② 소액보험료에 추가납입을 병행한 경우

기본보험료 400,000원의 보험료 할인은 없으며, 추가납입보험료에 대한 사업비는 2.5%(20,000원)이므로 총 할인 받는 금액은 60,000원이며 총 할인율은 5.0%가 된다. 또한 사업비는 기본보험료(40,000원)와 추가납입보험료(20,000원)을 합치면 60,000원이 된다.

위와 같이 동일한 보험료(120만 원)를 납입한다고 가정하면 고액할인보다는 추가납입을 최대한 활용하는 방법이 비용을 절약하는 차원에서 훨씬 유리하다는 결과이다.

16. 변액연금보험의 확정연금지급형 분석

변액연금보험의 연금지급형태는 종신연금형, 확정연금형, 상속연금형, 실적연금형으로 나눌 수 있는데 대부분 종신연금형에 대해서는 관심도가 높으나 확정연금형에 대해서는 관심이 떨어지는 것 같다. 확정연금형이라는 것은 제1보험기간(보험료납입기간+거치기간)이 지나면 연금지급이 개시되는 시점부터 특정기간을 지정해서 확정된 기간만큼만 연금을 수령할 수 있는 형태이다.

이 확정연금형은 거의 모든 변액연금보험 상품들이 연금지급 방식으로 지원하고 있으며 일반적으로 5년, 10년, 15년, 20년 등의 기간을 선택할 수 있다. 주로 증권사에서 판매되는 연금펀드나 기타 연금저축 상품들의 주요 연금지급 형태이기도 하다.

연금개시 전에 각 상품별 지정된 확정기간을 선택하게 되면 연금지급 개시시의 계약자적립금을 연금지급재원으로 하여 확정기간 동안 연금액을 지급받을 수 있다. 물론 확정기간 동안 연금을 지급받고 나면 계약은 소멸되며 확정기간에 피보험자가 사망한다면 잔여기간 동안 미지급된 연금액을 상속자가 계속 받을 수 있다.

변액연금보험의 연금지급형태 예시

(공시이율 : 2012년 06월 4.6%, 단위: 만원)

투자수익률	연금개시시점의 일시금	확정연금			
		5년	10년	15년	20년
0%	10,000	2,172	1,208	891	737
4.0%	21,176	4,601	2,558	1,888	1,562
8.0%	88,771	19,724	10,724	7,917	6,548

확정연금형의 장점과 단점에 대해 알아보자.

① 확정연금형의 장점

변액연금보험의 확정연금형은 가입자가 원하는 기간(5년, 10년, 15년, 20년 등)을 선택해서 그 기간 동안만 집중적으로 연금을 지급받겠다는 것으로써 가입자의 여러 가지 특성과 환경을 고려하여 직접 결정할 수 있는 점이 장점이라고 할 수 있다. 예를 들면 가입시점에는 가입자가 건강할지 모르지만 향후 연금개시 시점이 다가왔을 때 혹시 가입자가 건강상 또는 여러 가지 이유로 일정기간 이상 살 수 없을 것 같다는 판단이 서면 종신연금형보다는 확정연금형을 선택해서 일정 기간 동안 집중적으로 연금을 수령하는 것이 더 효율적이라 할 수 있다. 따라서 가입자에게 이러한 아주 특별한 사정이 있다면 분명 이 방식은 적은 금액으로 평생 연금을 수령하는 종신연금형 방식보다 훨씬 유리할 수 있다.

② 확정연금형의 단점

확정연금형은 가입자가 결정한 일정기간만 연금을 지급받은 방식으로서 그 기간이 끝난 이후에는 연금을 받을 수 없는 방식으로 단기간에 많은 연금을 받아서 보다 더 풍족한 노후를 보낼 수 있겠지만 자칫 장수를 하게 된다면 그 위험은 이루 말할 수 없이 크다고할 것이다. 예를 들면 변액연금보험을 가입하는 대부분의 가입자들은 대개 연금개시나이를 60세 또는 65세 정도로 예정하고 있는데향후 연금지급이 개시된다면 확정연금형의 가장 긴 기간이 20년이므로 결국 연금을 지급받을 수 있는 최대 나이는 85세이다. 그렇다면 현재의 평균수명이 80세 정도임으로 지금 연금 개시하는 가입자들은 큰 문제가 없겠지만 지금 가입하는 20~30대 가입자들이 연금을 수령할 시점의 평균수명이 100세가 된다면 이 방식은 장수에 대한 리스크가 크다고 할 수 있다.

17. 변액연금보험의 실적형 연금지급 방식 분석

변액연금보험의 연금지급 형태에서 우리가 주로 관심을 가지는 방식은 평생연금을 지급받을 수 있는 종신형 방식이다. 이 종신형(개인, 부부형) 연금지급 방식은 굳이 높은 사업비와 수수료를 내가면서 변액연금보험 같은 연금보험을 가입하는 주요 요인이기도 하다. 그렇다면 이 종신형 연금지급 방식은 단점은 없을까? 대부분의 변액연금보험이 연금을 개시하기 전까지는 특별계정에서 주식 및 채권 등에 투자되기 때문에 저금리와 물가상승률을 극복하고 초과수익을 올려줄 수 있다고 생각한다. 하지만 변액연금보험의 구조는 연금지급이 개시되기 직전에 특별계정에서 일반계정으로 넘어오며 이때부터는 일반계정에서 공시이율로 부리 되기 때문에 수십 년 이상 연금을 지급받게 되어 있다면 화폐가치 하락으로 인해서 실수령 연금액의 가치는 시간이 가면 갈수록 하락할 수밖에 없을 것이다. 이러한 부분이 종신형연금지급 방식의 단점이라고 할 수 있다. 연금개시 후에 이러한 단점을 극복하기 위해서 일부 변액연금보험의 경우는 연금지급 방식으로 실적형의 기능을 지원하고 있다. 특히 요즘은 적극적으로 연금액을 늘릴 수 있는 실적형 전문 변액연금보험도 출시되어 있어서 가입자로서는 선택의 폭이 더욱 넓어졌다고 할수 있다. 따라서 변액연금보험의 연금지급형태 중 실적형에 대해 장단점을 한번 생각해 보도록 하자. 실적형은 연금개시 후에도 계약자적립금을 일반계정으로 이관하지 않고 계속 특별계정에서 투자운용 하면서 내가 받는 연금액을 높일 수 있도록 초과수익을 추구하는 연금지급 방식이다. 물론 투자결과에 따라 수익이 날 수도 있고 손실을 볼 수도 있어 노후에 안정적으로 연금을 지급 받아야 하는 입장에서는 선택에 신중하여야 하나, 연금개시 이후에도 적극적으로 연금액을 높이고자 하는 성향의 가입자에게는 적절할 수 있기 때문에 자신의 투자성향과 여러 가지 재무적 환경을 고려하여충분히 검토할 필요가 있다고 생각한다.

① 실적형 연금지급 방식의 장점

대부분의 가입자가 향후 노후에 지급받기 원하는 연금액을 충족하기 위해서는 현재 많은 보험료를 납부하여야 가능할 것이다. 하지만 우리의 현실은 노후를 준비하기 위해서 그렇게 여유롭지 않기 때문에 자신의 재무적 환경에서 최소한의 보험료를 납부하는 것이가장 최선의 선택일 것이다. 이렇다 보니 향후 받을 수 있는 연금액이 미래가치로 만족할만한 수준이 아닐 수 있고 이 부족한 연금을종신토록 받는다는 것이 그다지 큰 의미가 없을 수도 있다.

실적형은 연금개시 이후에 계속적으로 펀드투자 활동을 통해 계약자적립금을 늘려서 지급받을 수 있는 연금액을 늘릴 수 있으며 채권과 주식을 적절히 분산투자 하는 펀드를 선택한다면 장기적으로 공시이율보다 높은 수익률을 기대할 수 있는 장점이 있다. 여기에 실적형의 최대 리스크인 연금지급재원의 손실 및 금융시장의 폭락에 대한 최저연금지급보증에 대한 장치가 있다면 더 효과적으로 이 기능을 활용하여 연금지급액을 높일 수 있다.

따라서 일부에서 주장하듯이 실적형 변액연금보험 자체가 모든 가입자에게 불리하거나 나쁜 것은 아니며, 자신의 투자성향과 환경에 맞는 가입자에게는 종신형보다 더 효과적일 수 있다고 생각한다.

② 실적형 연금지급 방식의 단점

첫째
연금지급이 종신토록 보장되지 못한다.

실적형은 매년 실적에 따라 연금지급액이 결정됨으로써 투자실적이 저조하여 손실을 본다면 다음에 지급받는 연금액이 대폭 깎일 수 있으며 반대로 투자수익이 높다면 더 많은 연금을 지급 받을 수 있다. 따라서 투자실적이 극히 저조하다면 최악의 경우 연금지급재원이 바닥나 언제든지 연금지급이 중단될 수 있는 단점이 있기 때문에 종신토록 연금지급이 보장될 수 없다. 노후에 연금을 안정적으로 받아야 하는 연금 수급자 입장에서는 상당히 리스크가 큰 부분이다.

둘째

실적을 낼 수 있을지 의문이다.

투자결과에 따라 연금수령액을 더 늘릴 수 있다는 점은 분명 실적형의 장점이지만 손실을 본다면 가입자 입장에서는 연금액이 줄어들거나 그 손실 폭이 크다면 조기에 연금지급이 중단될 위험을 안고 있다. 보험사에서는 이러한 단점을 극복하고자 최저연금지급보증에 대한 기능을 추가하여 연금손실이 나더라도 최저 기준을 정해서 그 이하가 되더라도 보증해주고 있다. 하지만 그에 대한 보증비용을 별도로 차감하는데 그 비용이 만만치 않다. 또한 이러한 보증제도를 시행함에 있어서 보험사는 자신들의 위험관리 차원에서 연금개시 후 주식투입 비율 30% 이하의 펀드로 구성할 수밖에 없는 관계로 과연 높은 수수료와 낮은 주식투입 비율로 실질적인 연금액을 높일 수 있는지 의문이다.

셋째

가입 시점의 경험생명표와는 전혀 관계없다.

우리가 변액연금보험을 가입하는 이유 중 한가지가 바로 가입 시점의 경험생명표를 적용 받아 향후 종신형연금을 수령할 때 평균수명 증가로 인해서 유리한 연금을 받을 수 있다는 점 때문이다. 하지만 실적형은 경험생명표와는 전혀 관계없이 순수하게 내 적립금의 투자수익률과 지급기간에 따라 연금액이 결정되기 때문에 변액연금보험 가입 시의 장점을 살릴 수 없다는 것이 단점일 수 있다.

18. 변액연금보험과 연금보험의 차이점

　주식시장 침체기에는 변액연금보험보다 공시이율로 부리 되는 연금보험에 관심이 쏠리는 것 같다. 대부분 변액연금보험은 주식시장이 폭락하면 원금손실이 막대한 위험상품이라는 이유 때문에 안전하게 원금손실 없이 은행이율 정도의 공시이율로 굴러가는 연금보험이 더 유리할 수 있다는 생각인 것이다. 하지만 이러한 리스크는 2~3년 저축이나 투자하는 상품은 가능할 수 있으나 장기적인 관점에서 보면 연금보험의 저금리 리스크는 변액연금보험의 투자 리스크보다 훨씬 크다 할 수 있다.

　단기적으로 등락의 기복이 심하지만 장기적으로 주식과 채권 등에 분산투자 하기 때문에 안전하면서 높은 투자수익률을 올릴 수 있다는 변액연금보험과 안전하지만 저금리에 물가 상승률 정도의 금리를 20년 이상 유지할 수 있는 연금보험 중 어떤 것이 더 위험할까? 장기적으로 저금리로 저축한다는 것과 주식시장이 폭락할 수 있다는 것 두 가지를 보면 얼핏 보기에는 후자가 훨씬 위험하다고 생각할 수 있지만, 변액연금보험은 주식에만 투자하는 상품이 아니라 국공채 등에 골고루 분산투자하고 있기 때문에 더 안전할 수 있다.(주요 변액연금보험의 펀드는 주식 50% 이하, 국공채 등의 채권 50% 이상 등에 분산투자 되고 있음)

　2008년 글로벌 외환위기 상황에서의 주식시장 폭락기에 주식형펀드가 반 토막 날 때도 변액연금보험의 수익률은 -20% 내외에서 더 이상 하락하지 않았던 것은 변액연금보험의 펀드가 국공채 및 유동성자산에 70% 이하로 투자하는 분산투자의 효과 때문이다. 물론 변액보험이라고 모두 같은 상품은 아니다. 변액연금보험과 변액유니버셜보험이 대표적인데 차이가 많다. 변액유니버셜보험은 펀드의 주식투입 비율이 최대 90% 정도 투자되는 고위험저축상품으로서 변액연금보험하고는 투자목적이 좀 다른 목돈마련용이라 위험성이 변액연금보험보다 상당히 높다고 할 수 있다. 이런 상품은 주식폭락기에 주식형펀드와 마찬가지로 위험이 많이 노출되어 있어서 일반인들이 변액보험 하면 위험한 상품으로 생각하는 것 같다.

변액연금보험과 연금보험 비교

구분	변액연금보험	연금보험
연금지급형태	종신, 확정, 상속, 실적	종신, 확정, 상속
투자손실 책임	계약자	회사
투자형태	특별계정(펀드)	일반계정(공시이율)
세제혜택	10년이상 비과세	
추가납입	원금 200% 가능	
원금보장기능	있음	없음
예금자보호여부	×	○

이러한 분산투자 된 변액연금보험보다 공시이율의 연금보험이 더 안전할까? 현재 공시이율이 4%대이지만 과거와 현재의 이율을 비교해보면서 미래의 이율을 예상해보면 공시이율은 계속 내려갈 수밖에 없을 것이고, 10년 이후의 장기적인 관점에서는 이율이

1~2%대 이하로 떨어질 수 있다는 것이 금융학자들의 공통된 견해이다. 따라서 이러한 상황으로 봤을 때 수십 년 뒤의 은퇴준비를 위한 상품으로 연금보험이 적합하다고 할 수는 없을 것이다.

19. 변액연금보험 기납입보험료 200% 보장의 불편한 진실

최근 출시되는 변액연금보험 상품들의 광고내용을 보면 기납입보험료의 100%를 보장한다는 문구는 거의 볼 수 없다는 것이 공통적이다. 대신 원금의 최대 200% 또는 최대 300%까지 보장한다는 광고 카피가 자주 나오는 것이 특징이다. 가입을 검토하는 소비자 입장에서는 귀가 솔깃할 수밖에 없는 문구이지만 그 보장에 대한 이면을 면밀히 들여다보면 가입자에게 결코 유리한 조건이 아니라는 것을 알 수 있을 것이다.

필자는 개인적으로 장기투자 하는 입장에서 과도한 보장을 제시하는 상품을 별로 권하고 싶지 않다. 장기투자로 인해 원금의 얼마를 보장해준다는 것 자체가 그렇게 큰 의미가 없기 때문이다. 아마 이러한 상품들은 가입자의 투자손실에 대한 감성을 자극하여 판매를 극대화하기 위한 것일 것이다. 그리고 가만히 들여다보면 보험사 입장에서는 어딘가에서 그 보장에 대한 비용을 빼가거나 보장을 위한 구조적인 조치를 취하고 있지 않을까? 그래서 기납입보험료의 200% 보장의 상품에는 어떠한 내용이 내재해 있는지 분석해 보자.

연금개시까지 계약을 유지할 경우 기납입보험료의 200%까지 보장해주는 상품의 대부분은 스텝별 단계라고 해서 3단계 또는 4단계 스텝을 설정하여 투자결과가 각 스텝별로 설정된 보증금액을 달성하면 그 보증금액을 최저연금적립금으로 보증해주는 구조이다. 예를 들면,

    스텝0: 100%(기본보험료 합계액)
    스텝1: 120%(기본보험료 합계액)
    스텝2: 150%(기본보험료 합계액)
    스텝3: 180%(기본보험료 합계액)
    스텝4: 200%(기본보험료 합계액)

연금개시 전 3~5년 전까지 기납입한 보험료 대비 위 스텝단계를 넘는다면 그 스텝에서 지정한 보증금액을 최저연금적립금으로 재조정하여 보증해준다고 하는데 얼핏 봐서는 꽤 좋은 제도인 듯 보인다. 그러나 그 기능의 속을 들여다보면 200% 보장에 대한 실체가 어느 것인지 알 수가 있다.

일부 상품의 경우 각 스텝을 넘어가면 계약자적립금의 일정비율(20%~60%)을 스텝별로 차 등을 둬서 채권형펀드로 의무적으로 옮겨서 특별계정을 운용한다는 점과 특정 스텝을 넘어가면 다음 스텝까지의 계약자적립금을 채권형펀드로 강제로 편입시키는 것이 의무사항이기 때문에 가입자 입장에서는 자유롭게 펀드변경 기능 등을 활용하여 금융시장 상황에 맞게 계약자적립금을 더 불릴 수 있도록 활용하기가 어렵고 그만큼 채권투자 비중이 높아지기 때문에 원하는 기대수익률을 달성하기가 어려워지는 단점이 있다. 이것을 도표로 작성해보면 다음과 같다.

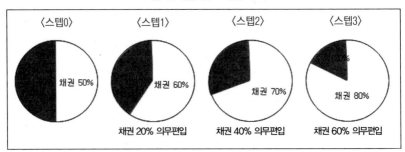

스텝 단계별 펀드비율 예시

〈스텝0〉　　　　〈스텝1〉　　　　〈스텝2〉　　　　〈스텝3〉

채권 50%　　　　채권 60%　　　　채권 70%　　　　채권 80%

채권 20% 의무편입　　채권 40% 의무편입　　채권 60% 의무편입

　일부 상품이 각 스텝별로 최대 200%까지 또는 300%까지 기납입보험료를 최저연금적립금으로 보증해주겠다고 하지만 특정 스텝을 달성하면 점차 채권비중을 높여서 보험사로서는 기납입보험료 보장에 대한 보험사의 위험을 줄이려는 전략이 숨겨져 있는 것 같다. 안전하게 내 적립금을 지켜주는 위험관리적 기능이라 생각하면 괜찮아 보이지만, 일부의 상품은 각 스텝을 초과하면 할수록 채권비중이 높아져서 수익률이 얼마나 나올지 혼란스럽다. 사실 이러한 방법은 가입자가 조금만 신경 쓴다면 충분히 실행할 수 있는 위험관리 방법으로서 기본보장 상품보다 더 높은 비용을 지불하면서까지 펀드운영을 강제적으로 제한 당하는 방법이 가입자에게 유리한지 잘 생각해야 할 사항이다. 또한 강제적으로 펀드의 채권투입비율을 높임으로써 상대적으로 주식투입 비율이 낮아진다는 것은 수익률이 높지 않아 상위 스텝으로 넘어가기가 쉽지 않을 수 있다.

　이러한 점을 보험사는 내심 계산하고 있지 않을까? 200% 보장이라는 강력한 광고 카피를 사용할 수 있으면서 이렇게 보장해줘도 손해나지 않는 구조적 시스템이라 할 수 있으므로 보험사 입장에서는 일석이조가 아닐 수 없을 것이다.

20. 변액연금보험 연금지급 방식의 선택시점

변액연금보험 가입에 대한 상담을 진행하다 보면 자주 나오는 질문 중의 하나가 연금지급 방식을 언제 선택하느냐인 것 같다. 대부분 가입자들은 가입 시점에 연금지급 방식을 결정하는 것으로 알고 있기 때문에 이런 질문이 많이 나오는 것 같다. 변액연금보험의 연금지급 방식은 종신형(개인형, 부부형), 확정기간형(5년, 10년, 15년, 20년), 상속형, 실적형 등으로 나눌 수 있으며 가입자가 선택한 연금지급 방식으로 연금개시 연령이 되면 연금을 수령할 수 있다.

하지만 이 연금지급 방식은 가입 시점에는 선택할 필요가 없으며 연금지급 전까지 선택하면 된다. 사실 가입 시점에 이 연금지급 방식을 결정한다는 것은 아무런 의미가 없다. 우리의 재무환경과 건강 등이 수십 년 뒤에는 너무나도 많이 바뀔 수 있기 때문이다. 연금개시 약 1년 전쯤 연금지급 방식으로 어떤 방식을 선택하겠느냐고 보험사에서 가입자에게 통보가 되면 그때 결정하면 된다.

또한 보험사별로 약간의 차이가 있겠지만 대부분 아직 연금이 개시되지 않았다면 연금지급 방식을 변경할 수 있으므로 연금개시 전날까지 연금개시방식을 변경하면 된다. 그러나 한번이라도 연금을 받았다면 연금지급 방식의 변경이 불가하다.

따라서 가입 시점에 어떤 연금지급 방식을 결정할까 고민하지 말고 어떤 연금지급 방식을 지원하는지 정도만 확인할 필요가 있으며 연금개시 전까지 충분한 시간을 가지고 자신과 가정에 가장 효율적인 연금지급 방식을 결정하면 된다.

21. 변액연금보험 가입 이후 계약변경이 가능한가?

변액연금보험 가입자들 사이에서 가입 당시의 공통적인 고민거리 중 하나가 연금개시 연령이나 납입기간 결정인 것 같다. 모두들 가입 시점에 한번 이러한 사항을 결정하면 계속 유지해야만 할 것이라고 생각하기 때문이다. 연금개시 연령의 경우 자신의 상황에 맞게 선택해야 한다고 하지만 사실 예상은 할 수 있으나 실제로 자신이 50세에 은퇴할지 60세에 은퇴할지 지금 상황으로서는 절대 확실하지 않기 때문에 더더욱 애매한 것이라 생각할 것이다.

또한 납입기간의 경우도 10년, 20년, 연금개시-5세납 등을 선택하는데 이만저만 걱정이 아닐 수 없다. 20년, 30년의 납입기간을 결정하고 계약했다가 중도에 납입이 어려운 상황이 발생하면 어떻게 될까 하는 걱정이 앞설 수밖에 없다. 물론 자신의 경제적 여건과 은퇴계획에 맞게 위 사항들을 결정하면 되겠지만 이렇게 할까 저렇게 할까 가입자 입장에서는 여간 신경 쓰이는 것이 아닌 것이다. 하지만 기본적인 납입기간이나 연금개시 연령을 자신의 은퇴계획과 재무적 환경에 최대한 근접하게 결정한다면 중간에 이러한 납입기간이나 연금개시연령 등의 재무적 변동사항이 발생하더라도 큰 부담이 없다고 생각한다. 이유는 가입 시점에 결정한 납입기간이나 연금개시연령 등을 잘못 결정했다고 생각한다면 보험유지기간 중 일정부분 계약변경을 할 수 있기 때문이다.

물론 모든 상품과 모든 조건이 다 변경된다는 것은 아니지만, 일반적인 선에서 변경이 가능하다. 또한 각 보험사 상품별로 차이가 있겠지만 일반적으로 가입 시점의 설계기준에 부합할 경우 납입기간이나 연금개시 연령에 대해서 변경이 가능하다라고 할 수 있다.(단, 변경불가인 보험사가 다수임) 좀 더 세부적으로 알아보자.

첫째

납입기간 변경

보통 납입기간의 변경은 계약 당시의 가입조건(설계기준)에 맞으면서 10년 이상 납입의 조건을 만족할 때 계약변경으로 납입기간을 늘리거나 줄이는 것으로 조정할 수 있다.

둘째

연금개시연령 변경

연금개시 연령을 앞으로 당길 경우는 기납입보험료보다 계약자적립금이 많을 때 가능하고 가입 당시의 가입조건 즉 설계기준에 적합해야 단축으로 계약변경이 가능하다. 연금개시 연령을 뒤로 늘릴 경우는 주 계약만 있어야 하고 특약이 없는 상태에서 가입 당시의 가입조건 특히 의무거치기간을 해하지 않는 범위에서 적합하면 계약변경으로 일정기간 연장이 가능하다.

따라서 가입 시점에 결정한 납입기간이나 연금개시 연령은 중도에 어느 정도 계약변경을 통해 조정할 수 있기 때문에 너무 고민할 필요가 없다고 생각한다. 다만, 변경불가인 보험사가 다수임으로 이러한 기능이 가능한지 잘 확인할 필요가 있다.

22. 변액연금보험 우편청약은 불법행위이다.

필자의 사무실은 서울 서초동 서초역 부근에 있다. 하지만 필자를 선택한 소중한 고객들은 서울과 수도권은 물론 강원도, 경상도, 전라도를 비롯해서 부산, 광주, 목포, 여수, 대구, 대전, 춘천, 전주, 군산, 제주, 울산, 포항 등 전국 모든 주요지역에 분포하고 있다. 육로가 연결된 곳은 물론 제주지역은 항공편으로 필자가 직접 방문하여 상품설명과 변액보험의 기능활용 및 투자유의사항 등을 설명하고 가입 이후 향후 투자관리는 어떤 방식으로 진행해야 하는지 등등 약 1시간 정도 의견을 나눈 후 청약서에 자필서명을 받는다.

하지만 많은 상담회원들의 질문에 당황스럽지 않을 수 없다. 부산에 살고 있는 어떤 회원은 변액보험 가입을 위해 방문하겠다고 하자 다른 곳의 설계사는 우편으로 청약이 가능하다고 하는데 굳이 서울에서 먼 이곳까지 올 필요가 있느냐며 우편으로 서명해서 보내는 방식을 제안해왔던 것이다. 사실 먼 지역의 경우 직접 방문하지 않고 간단하게 우편으로 청약서나 상품설명서 등에 서명할 곳과 기재할 곳을 체크해서 주고 받을 수도 있지만, 변액보험은 원칙적으로 계약자와 보험대상자를 만나지 않고 청약처리 하는 것은 불법임과 동시에 상황에 따라 계약효력을 장담할 수 없어서 필자는 절대로 이 방식으로 청약을 진행하지 않는다. 일단 업무진행상 간편하고 쉽다고 해서 이러한 불법, 편법의 방식을 사용해서는 안되겠다고 생각한다. 변액연금보험 청약방식을 우편으로 처리해서는 안 되는 이유는 다음과 같다.

첫째

우편청약은 불법이다.

일부 보장성 보험이나 저축보험은 TM이나 우편판매가 가능하지만 변액연금보험이나 변액유니버셜보험은 우편판매를 할 수 없는 투자형 보험 상품으로서 반드시 담당설계사가 계약자와 보험대상자를 직접 대면하고 약관의 주요내용 및 상품설명서 등을 설명하고 자필서명을 받아야 하는 상품이다. 또한 해당보험사에 그 면담 결과 즉 보험대상자의 상황이나 면담 일시와 면담장소 등을 작성한 보고서를 제출하여야만 정식으로 청약서 접수가 이뤄지고 이러한 과정을 심사과정이나 모니터링 과정에서 재차 확인작업까지 하는 등 어찌 보면 상당히 가입절차가 복잡하고 까다로운 상품이다. 하지만 좀 복잡하고 비용이 많이 들어간다는 이유로 이러한 상품모집에 대한 적법한 규정을 무시하고 업무를 쉽게 처리하기 위해서 우편청약 방법으로 대체한다면 모든 것을 허위로 보고할 수밖에 없는 것이다. 이러한 사항을 잘 알고 있는 필자로서는 거짓보고를 할 수 없으며 규정을 어길 수 없다.

둘째

연금지급 등 보험보장을 못 받을 수 있다.

담당설계사가 직접 대면하고 상품의 주요내용에 대해 충분한 설명을 한 후 청약서에 계약자 및 보험대상자가 자필서명을 한다면 가입한 보험에 대한 보장을 못 받을 하등의 이유가 없다. 하지만 우편청약의 경우 이러한 부분이 자칫 올바르지 않은 절차로 인해 자필서명이나 기재내용이 잘못된다면 알릴 의무나 자필서명의무 위반으로 인해서 보험보장(사망, 연금)이 제한될 소지가 있다. 보험사는 신규보험가입이나 보험료 받는 것은 아주 쉽게 쉽게 잘 처리해준다. 하지만 보험금 지급이나 보장해줘야 할 건에 대해서는 가입할 때와는 달리 무지 인색하다는 점을 잘 기억해야 한다. 가입건의 허점을 알게 된다면 보험사가 순순히 보장해 줄지는 100% 보장할 수 없다.

23. 일시납 변액연금보험의 적절한 가입 시기

일반적으로 한꺼번에 목돈을 투자하는 거치식 또는 일시납 변액연금보험은 매달 쪼개서 납입하는 적립식 변액연금보험에 비해 사업비가 저렴한 것과 저가에 매입할 수 있는 투자 시기를 잘만 선택한다면 큰 투자수익을 달성할 수 있다는 메리트가 있다. 하지만 반대로 투자 시기를 잘못 판단하여 단기에 수익률이 큰 폭으로 하락할 위험도 높다는 단점도 지니고 있다.

적립식 변액연금보험의 경우 짧게는 몇 년에서 길게는 20년 이상 장기로 분산투자하기 때문에 좋은 가입 시기가 별도로 존재하지 않아 부담 없이 시작할 수 있지만 일시납 변액연금보험의 경우 목돈을 일시에 납입(투자)하기 때문에 투자에 문외한인 일반인들로서는 적절한 가입 시기를 결정하는 것은 결코 쉽지 않은 것이 사실이다.

그래도 일시납 변액연금보험의 가장 적절한 가입 시기를 뽑으라면 그 시기는 언제일까? 답은 의외로 쉽다. 주식을 저가에 매일 할 수 있는 시기에 가입하면 된다. 하지만 이렇게 말하기는 쉬워도 그 시기를 정확히 선택한다는 것은 정말 어려운 일이다. 조물주가 아닌 이상 가입 직후 주식시장이 떨어질지 올라갈지 알 수 없는 것이다.

또한 가입 이후 즉시 펀드에 투자되는 것이 아니라 변액보험 특성상 계약일 이후 15일이 지난 후 납입보험료가 특별계정(펀드)에 투입되기 때문에 주식의 직접투자처럼 즉시 투자되는 것도 아니니 투자의 세계에서 오늘 내일을 예상하기도 쉽지 않은 상황이므로 2주 뒤를 예상한다는 것은 정말 어렵다고 할 수 있다. 그래서 일시납 변액연금보험의 적절한 가입 시기는 별도로 없다는 것이 더 현실적인 답이다.

다만 가입 이후 단기적으로 내려갈지 올라갈지 아무도 예상하지 못하기 때문에 별도의 적절한 가입 시기는 없으나, 10년 이상 장기

투자 한다는 차원에서 보면 과거의 사례에서 보여주듯이 금융시장은 상승할 수밖에 없다는 경험을 믿고 투자해야 한다고 생각한다. 그래도 조금이라도 더 수익을 낼 수 있는 가입 시기를 꼽으라면 최고점의 활황시장보다는 저가매입이 가능한 침체기가 장기투자의 힘에 의해서 좀 더 유리하다고 본다.

일시납 변액연금보험의 경우는 저가로 매입할 수 있는 침체기에 가입하는 것이 일단 유리하겠지만 현재의 상황이 낮은지 높은지 좀처럼 예상하기 어렵기 때문에 이럴 경우 평균분할매수 방법을 활용할 것을 추천한다. 일시납처럼 목돈을 한꺼번에 투자 시 가입 이후 주식시장이 폭등한다면 두말없이 투자수익이 높아지겠지만 그 상태에서 더 폭락하면 낭패를 볼 수 있는 위험을 안고 있기 때문이다. 따라서 투자금을 일정기간(3개월, 6개월, 12개월 등) 동안 나눠서 펀드에 투자하는 평균분할매수 기능을 활용한다면 이러한 위험을 어느 정도 해결하면서 안전하게 투자수익을 올릴 수 있다고 생각한다.

24. 적립식 변액연금보험 기본보험료 책정기준

변액연금보험의 보험료는 납입기간에 반드시 납입해야 할 기본보험료와 이외에 추가로 기본보험료의 200% 범위에서 납입할 수 있는 추가납입보험료로 구성된다. 이렇듯 기본보험료 외에 추가로 보험료를 납입할 수 있기 때문에 가입자 입장에서는 기본보험료 규모를 어떻게 결정해야 하는지가 항상 고민거리가 되곤 한다.

이럴 때 보통은 담당설계사가 지정해주는 금액과 또는 현재의 투자가능 금액으로 결정하는 경우가 대부분이다. 각각의 가입자에게 특수한 상황이 있기 마련이지만, 그래도 변액연금보험의 기본보험료를 책정하려면 어느 정도 기준이 있어야 한다고 생각하며, 변액연금보험의 기본보험료(적립식)를 책정할 수 있는 구체적인 기준은 다음과 같다.

먼저, 기본보험료를 책정하기 위해서는 현재의 총 납입가능금액을 산정해야 한다. 변액연금보험을 가입하기 위해서 현실적인 재무상황을 최대한 반영하여 얼마의 보험료를 노후연금 준비를 위해 투자할 수 있는지 그 금액을 결정하는 것이다. 그 납입가능 금액이 결정되면 납입기간에 따라 다를 수 있지만 기본보험료는 납입가능금액의 50% 선이 적당하다. 그리고 납입가능금액의 나머지 50%는 추가납입보험료로 결정하여 추가납입을 실행한다. 그렇게 되면 나머지 추납가능금액(1/3)은 납입 여력으로 남겨둬서 장기납입기간에 남아 있는 납입여력금액을 사용함으로써 화폐가치 하락 등에 대비해야 한다. 예제를 통해 자세히 알아보자.

[가입자 연령]: 35세(여)
[월 납입 가능 금액]: 50만 원
[납입기간]: 10년
[연금개시 연령]: 65세

기본보험료 책정기준 예제

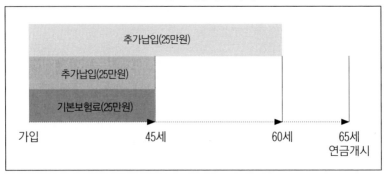

이런 상황이라면 기본보험료는 월 납입 가능 금액(50만 원)의 50%인 25만 원으로 책정하고 나머지 25만 원은 추가납입금액으로 책정한다. 그리고 남아 있는 잉여추가납입금액(25만 원)은 향후 납입해야 할 기간이나 거치기간에 화폐가치 하락에 따른 수입증가로 인한 납입금액의 증액용도로 활용하는 것이 바람직하다.

이런 기준으로 기본보험료를 책정한다면 사업비 절감과 수입증가에 따른 보험료 추가납입에 대한 부분 등을 동시에 해결할 수 있으며 가입자의 납입보험료에 대한 유동성 해결도 가능하다고 생각한다.

변액연금보험 가입을 검토하는 고객들의 고민거리 중 하나가 연금개시 연령을 언제로 결정하느냐는 것이다. 앞으로 어떻게 될지 모르는 상황에서 변액연금의 특성상 연금개시 연령을 가입 시 결정해야 하기 때문이다. 연금개시 연령은 각 개인의 은퇴계획과 재무적 환경 등이 모두 다르기 때문에 어떤 공식에 의해서 결정하기 어렵다고 할 수 있다. 그러나 최소한 기본적인 결정기준을 참고로 한다면 좀 더 쉽게 자신만의 연금개시 연령을 결정할 수 있을 것이다. 따라서 연금개시 연령을 결정할 때 참조해야 할 몇 가지를 언급해 보자.

첫째
예상 은퇴시점에 맞춰라.

연금개시가 되어야 할 시점은 보통 그때부터는 다른 경제활동에 따른 소득이 없는 상황에서 순수한 연금액으로만 생활할 수밖에 없는 시기를 말한다. 물론 특수한 상황에서 연금도 받으면서 기타 소득도 있는 상황이라면 좋겠지만 대부분은 소득이 없는 노후를 보장받기 위한 상품이기 때문이다. 이때 예상 은퇴시점은 각 가입자의 개인상황에 따라 다르기 때문에 보편적인 상황보다는 개인의 상황과 환경을 더 중요한 판단자료로 삼아야 한다. 예를 들어 공무원이면 어느 정도 정년까지 직업이 보장된 상황으로 정년퇴임 시점을 연금개시 연령으로 결정하는 것이 좋겠고, 일반 직장인이라면 특수한 상황에 맞게 언제까지는 경제활동을 하는데 큰 문제가 없다는 시점 이후로 연금개시 연령을 결정할 수 있다.

둘째
효율적인 투자기간 이후로 결정하라.

연금개시 연령을 예상은퇴시점에 맞추는데 이때 간과해서는 안되는 것이 투자기간이다. 변액연금보험이라는 것은 보험사가 선취로 사업비를 약 10년간은 10% 정도, 그 이후는 약 1.5%에서 5% 정도를 비용으로 떼어가는 구조이기 때문에 10~15년 정도 투자를 한다 해도 큰 투자수익을 기대할 수 없는 상품구조이다. 따라서 연금개시 연령을 결정할 때 가입 이후 최소한 15년에서 20년 이상의 투자기간이 경과한 후 연금개시 연령을 결정하는 것이 투자에 있어서 가장 효율적인 설계이다. 이러한 효율적인 투자기간을 배제하고 액면 그대로 가입 이후 10~15년 후를 연금개시 연령으로 결정한다면 기대수익률이 떨어지는 아주 비효율적인 구조라 할 수 있다. 또한 변액연금보험의 구조상 20년 이내에는 투자수익률이 완만히 상승하다가 20년이 넘어가면 비로소 급격히 투자수익률이 늘어가는 형태의 상품으로서 효율적인 투자를 위한다면 투자기간을 잘 검토하여 연금개시 연령을 결정해야 한다.

셋째
남이 결정한 시기를 따라 하지 마라.

가끔가다가 연금개시 연령을 결정하기 어려워하는 고객들 중에 남들하고 비슷하게 연금개시 연령을 결정하려는 경우가 있다. 앞으로 20~30년 뒤를 예상하고 결정해야 하는 어려움이 있지만 자신의 중요한 은퇴플랜을 남의 계획에 맞춰서는 성공하기 어려울 수 있다. 가능하면 자신의 재무적 환경과 투자계획 등을 폭넓게 고려한 다음에 연금개시 연령을 결정할 것을 권유한다.

26. 변액연금보험의 사업비를 50% 절감하는 방법

변액연금보험의 가장 큰 위험은 과다한 사업비라는 것에 이의를 제기하는 사람은 거의 없을 것이다. 하지만 그렇다고 해서 보험 상품 중 변액연금보험만 유독 사업비가 과다한 것은 아니며 모든 보험 상품의 경우 보장성보험이든 저축성상품이든 간에 보험사가 떼어가는 사업비는 과다한 것이 일반적이다. 그렇다면 변액연금보험의 가입자 입장에서 이렇게 높은 사업비에 대한 리스크를 줄이기 위한 위험관리 방법은 없는 것일까? 보험사도 이익을 남기기 위한 기업이기 때문에 그 상품의 사업비를 몽땅 없앨 수 없지만, 가입자 입장에서 과다한 사업비를 적정한 수준으로 줄일 수 있는 방법이 있다. 가입자가 상품자체의 설계를 통해서 변액연금보험의 사업비를 절약할 수 있는 방법에 대해 알아보자.

첫째

사업비가 가장 저렴한 상품을 선택하는 방법

아주 간단하다. 모든 상품을 비교해서 사업비가 가장 저렴한 상품을 선택하면 된다. 하지만 이 방법은 약간의 사업비를 줄일 수는 있어도 많은 부분을 해결할 수 없다. 왜냐하면 대부분의 변액연금보험 상품을 분석해보면 10년간 납입할 경우 평균적으로 10%에서 12% 정도의 사업비가 책정되어 있어서 가장 저렴한 상품을 선택한다고 했더라도 그 효과가 1~2% 수준으로 매우 미미하기 때문이다. 또한 대형우량사보다 중소형사의 상품이 약간 더 저렴하므로 대형사를 원하는 가입자에게는 적정할 수 없다. 특히 방카슈랑스를 통해서 가입하면 1~2% 정도 더 저렴하므로 이 방법도 고려해봐야겠지만 가입 후 관리를 해줄 담당자가 없다는 점이 걸린다. 요즘은 보험사도 이러한 사업비에 대한 부담 때문에 각 상품별 차이가 거의 없을 정도로 비슷해지고 있는 추세이기 때문에 이 방법은 사업비를 1~2% 정도 줄일 수는 있어도 효과는 크지 않다고 할 수 있다.

둘째

추가납입을 최대한 활용한 방법

현재의 상황에서는 사업비를 50% 절약할 수 있는 방법으로 가장 바람직한 방법이다. 판매 중인 주요 변액연금보험의 납입보험료에 대한 사업비를 조사해보면 기본보험료는 10%~12% 정도의 사업비가 책정되는데 반해서 추가납입보험료는 2.5%~4.5% 정도로 상대적으로 저렴한 수준이다. 기본보험료를 낮추고 추가납입을 적극적으로 활용한다면 10년간 납입보험료의 10%에 달하는 사업비를 어느 정도 적정한 수준으로 해결해줄 수 있는 방법이라 할 수 있다. 예를 들어보자. 월 90만 원의 기본보험료를 납입하는 계약은 사업비가 매월 10%인 9만 원을 지불해야 한다. 하지만 기본보험료를 월 30만 원으로 하고 정기추가납입을 60만 원의 형태(총 월 보험료 90만 원)로 한다면 위 방식의 사업비에 절반인45,000원(30만 원의 10%인 30,000원과 60만 원의 2.5%인 15,000원)만 지불하면 된다. 정기추가납입을 활용한다면 쉽게 사업비를 절반으로 줄일 수 있다.

27. 변액연금보험의 추가납입을 위한 효율적 전략

변액연금보험이나 연금보험을 가입할 때 가입자 입장에서 비용적으로 가장 이상적인 방법은 기본보험료를 적게 가져가면서 추가납입을 적극적으로 활용하는 것이 효율적이라는 것을 대부분 잘 알고 있는 내용이다. 반대로 보험사 입장에서 변액연금보험 등 연금보험을 판매할 때 가장 이상적인 형태는 뭘까? 필자는 월납 기본보험료가 크고 추가납입보험료가 없는 것을 보험사가 가장 반길 것이라 추측해 본다.

일반적으로 기본보험료에 추가 납입하는 보험료는 사업비가 절반 이하로 저렴해서 가입자입장에서는 투자수익률을 올리는 데 있어 유리하다는 것이 중론이다. 이렇기 때문에 보험사 입장에서는 추가납입이 많다는 것이 사업비 수익이 높은 기본보험료가 내려가는 것 때문에 그리 반가울 리가 없는 것이다. 아마도 추가납입 기능이 없다면 가입자의 연금수령 예상목표액에 따라 기본보험료가 올라가거나 신규로 추가계약이 나올 수밖에 없기 때문에 보험사는 즐거울 따름일 것이다.

경쟁상 어쩔 수 없는 상황이라 그런지 변액연금보험의 모든 상품이 연 기본보험료 총액의 200%까지 추가납입 할 수 있는 기능을 지원한다. 하지만 문제는 그 기능은 비슷하나 자세히 뜯어보면 추가납입 방법은 상품별로 차이가 많다. 요즘은 많이 개선되었지만 어떤 상품은 지점에 나와서 신청서를 제출하고 추가납입을 해야 한다거나 매월 전화로 추가납입이체를 신청해야 하는 등 가입자가 쉽게 추가납입 하는 것을 꺼리는 듯한 번거로운 방법을 사용하는 상품이 있는가 하면, 반대로 쉽게 단 한 번의 신청으로 일정기간 정기로 추가납입을 자동이체로 신청할 수 있도록 가입자를 배려하는 상품도 있다. 하지만 아직도 일부 변액연금보험 상품의 추가납입 방법은 전자인 번거로운 절차에 의한 방식을 주로 사용한다는 것이다.

이렇다 보니 정작 최소의 기본보험료에 +∂로 추가납입 계획을 가지고 가입하였다가 이렇게 번거롭고 불편한 추가납입방법의 실상을 파악하고 힘들어 하는 경우가 많다. 솔직히 몇 번 정도는 방문하거나 전화로 신청하는 방법을 사용해서 추가납입을 실행할 수 있지만 보험료 납입기간 동안 수십 년 이상을 이렇게 한다는 것이 어디 쉬울까? 가끔씩 추가 납입하는 가입자들은 큰 문제가 없겠지만 추가납입을 정기적으로 하는 가입자들에게는 곤욕이 아닐 수 없다.

따라서 추가납입을 정기적인 납입으로 잘 활용하기를 원하는 가입 예비자들은 가입 전에 이러한 추가납입방법을 꼼꼼히 잘 살펴서 가입해야만 상품 선택에 대한 후회 없이 은퇴준비를 성공하는데 도움이 되지 않을까 생각한다.

28. 변액연금보험 가입자가 수익률을 높일 수 있는 방법

변액연금보험은 납입보험료에서 일부 사업비를 차감한 후 나머지를 선택한 펀드에 투입하면 위탁 자산운용사가 대신 투자운용해주는 간접투자상품이다. 그리고 변액연금보험은 어떤 상품을 가입해서 어떤 펀드를 선택하느냐에 따라 수익률의 편차가 있을 수 있고, 단기적인 투자기간의 관점에서 보면 상품별로 큰 수익률 차이도 날 수 있을 것이다. 그리고 이 차이는 10년 이상의 장기적인 관점에서 봤을 때는 그 편차가 더 벌어질 수도 있다고 생각한다. 한마디로 어떻게 운영하느냐에 따라서 그 결과가 클 수 있다는 것이다. 그렇기 때문에 변액연금보험이라는 것이 가입자가 관리를 소홀히 하여 그냥 방치한다면 수익률이 상대적으로 낮아질 수도 있는 상품이다. 그렇다면 가입자 입장에서 자신의 변액연금보험(VA)의 수익률을 높이기 위한 방법은 없을까? 당연히 있다. 무조건 보험사에만 맡겨서는 안되고 가입자도 수익률을 올릴 수 있는 방법을 적극적으로 활용할 필요가 있다. 그 방법은 다음과 같다.

첫째
자산배분에 의한 펀드변경

주식시장이 하락기로 접어들것 같다면 안전한 국공채펀드로 변경해서 적립금의 폭락에 대한 리스크를 줄이다가 반대로 주식시장이 저평가된 상황이며 향후 상승기로 접어들것 같다면 주식투입 비율이 높은 펀드로 다시 변경하여 고수익을 추구하는 것이 펀드변경의 주요 포인트일 것이다. 하지만 이러한 말은 아주 흔한 말로서 그럴싸하지만 100% 시장의 흐름을 정확히 맞추기란 결코 쉽지 않다. 이런 상황을 잘 판단하기란 정말 어려운 일이다. 주가가 내려갈지 올라갈지 정확히 100% 맞출 수 있는 사람은 아무도 없기 때문이다. 이걸 100% 맞춰낸다면 이미 떼 부자가 되었을 것이다. 하지만 100%가 아니라 30~40% 또는 10%만이라도 맞출 수 있다면 리스크를 어느 정도 헷지 할 수 있기 때문에 가입자들도 가입만 하고 보험료 납입만 할 것이 아니라 많은 공부를 해야 한다. 담당설계사의 도움을 받는 것도 중요하겠지만 설계사들도 단지 보조적인 역할이지 투자실적에 대한 리스크를 책임지고 관리를 할 수는 없다. 따라서 투자에 대한 모든 책임은 가입자 자신에게 있기 때문에 가장 좋은 방법은 가입자 자신이 스스로 공부를 해서 경제 및 투자 시장에 대한 큰 흐름을 어느 정도는 읽을 줄 알게 됨으로써 일정한 자산배분 하에서 또는 장기적인 관점에서 펀드변경에 대한 타이밍을 어느 정도 스스로 결정하는 것이 가장 효율적이라 생각한다. 그렇지만 여기서 경계해야 할 것은 단타 위주의 단기적인 수익률 제고를 위한 것이 아니라 장기적인 투자관점에서 생각하는 자산배분에 의한 펀드변경을 의미한다.

둘째

추가납입을 최대한 활용하는 설계방법

대부분의 변액연금보험 상품들이 기본보험료의 200%까지 추가납입을 할 수 있기 때문에 이 방법을 잘 활용한다면 사업비를 대폭 줄이면서 보험료를 납부할 수 있으므로 가입자 입장에서 수익률을 높이는 방법이라 할 수 있다. 다시 한 번 추가납입설계에 대한 내용을 설명하면, 매월 납입하는 기본보험료는 약 10년간 사업비가 대략 10% 정도 함으로써 납입보험료가 100만 원이라면 10만 원은 사업비로 차감하고 나머지 90만 원만 특별계정에 투입되어 투자운용 되는 구조다. 사업비라는 것은 보험사가 해당 보험 상품을 운용하기 위한 비용으로써 보통 사업비는 신계약비, 유지비, 수금비로 이루어져 있다. 이 비용을 다 합쳐서 10%라면 추가납입보험료의 사업비중에서 신계약비가 빠지게 되며 사업비중 신계약비가 가장 규모가 큼으로 추가납입보험료의 사업비 비중은 그만큼 줄어들어 상품자체 수익률이 올라갈 것이다.

결국 신계약비는 상품마다 다르지만 보통 7년~10년간 차감함으로 추가납입을 정기적으로 꾸준히 할 경우 7~10년간 사업비가 절반 이하로 줄어드는 효과로 수익률이 증가할 수 있다.

셋째

중도해지 없이 유지하는 방법

보험이라는 상품은 단기에 중도해지 시 손해가 많다는 것 때문에 이 방법은 수익률을 높이는 방법보다는 손실을 줄이는 방법이 더 맞을지도 모른다. 따라서 중도해지 없이 연금개시 전까지 계속 유지하는 것은 손실을 줄이면서 수익률을 높이는 방법이 아닐까 생각한다. 일반적으로 보장성 보험의 경우 10년간 유지할 확률은 대략 30% 정도라고 하니 저축성 보험의 경우 유지확률이 더 떨어지면 떨어졌지 보장성 보험보다 높지 않을 것이기 때문에 중도해지를 함으로써 손해를 본 변액연금보험 가입자는 엄청날 것이라 예상된다. 보장성 보험은 그 기간 동안 보장이라도 받아서 피해가 그렇게 크지 않을 수 있지만 저축성 보험은 그 손실에 대한 피해가 상당히 크다. 따라서 변액연금보험의 경우 중도해지 없이 연금개시 전까지 잘 유지하는 것이 가입자 입장에서 수익률을 높이는 방법이 아닐까 생각한다.

넷째

효율적인 설계

이 방법은 직접적인 수익률을 올릴 수 있는 것보다 간접적으로 수익률을 올릴 수 있는 방법이라 할 수 있다. 즉 변액연금보험을 가입하기 전 자신의 투자성향과 연금설계 등에 대해서 충분한 검토와 분석을 실행하며 자신에게 가장 효율적인 설계를 마련하여 그에 맞는 상품을 선택하고 보험료, 납입기간, 연금개시연령 등의 적정한 내용으로 가입했다면 이것이야말로 변심에 의한 단기 해지손해율을 낮추고 군더더기가 거의 없이 투자운용 될 수 있으므로 장기투자 하는데 큰 힘이 될 수 있다고 본다. 따라서 효율적인 설계야말로 간접적으로 수익률을 높이는 아주 좋은 방법이라 생각한다.

29. 변액연금보험 추가납입기능의 활용에 대한 분석

추가납입이라는 기능은 기본보험료 외에 추가로 기본보험료 납입기간이나 거치기간(의무거치기간 제외)에 보험료를 납입할 수 있는 것을 말한다. 보통 변액연금보험 상품들은 기본보험료의 200%까지 추가납입을 허용하나 납입가능기간이나 규모 등에 있어서는 다소 차이가 있다. 또한 이러한 추가납입기능은 목돈을 일시에 납입할 수 있는 즉시추가납입과 일정기간 동안 정기적으로 추가납입 할 수 있는 정기추가납입의 두 가지로 나뉜다. 변액연금보험 같은 이러한 장기투자 상품은 비용적인 면과 수익률 제고 등 효율적 투자를 하기 위해서는 반드시 추가납입기능을 활용할 수 있어야 하므로 이러한 추가납입 기능을 활용하여 상황별로 어떻게 실행해야 하는지 자세히 알아보자.

첫째
주식시장이 하락이나 폭락했을 때 즉시 추가납입 하는 방법

전 세계적으로 주식시장의 낙폭이 크거나 상승장에서 잠깐 일시적으로 주가가 빠졌을 때 또는 횡보장에서 주가가 하락했을 때 추가납입(이하 추납)을 재빠르게 하는 방법이다. 이 타이밍을 어느 정도 잡을 수 있는 능력이 된다면 목돈을 즉시 추가납입 하면 된다. 하지만 그 타이밍을 잡기가 정말 쉽지 않을 것이다. 간혹 잡을 수도 있지만 절반은 실패를 할 수 있다. 일반 변액연금보험 가입자가 이러한 매매타이밍을 잡는 추가납입방법을 활용하는 것은 권장하지 않는다. 다만 직접투자에 경험이 많다면 가능할 수도 있다. 이러한 방법보다는 이런 상황에 직면했을 때 위험을 줄이면서 추가납입 할 수 있는 평균분할투자 기능을 활용하는 것을 권장한다. 직접투자의 고수라 할 수 있는 선수들도 아무리 좋은 투자 시점이 왔다 하더라도 한꺼번에 올인 하는 무리수는 두지 않을 것이다. 이러한 점에서 일반 변액연금보험 투자자라면 타이밍을 잡더라도 일정기간(3개월, 6개월, 12개월)으로 분산해서 추가납입 한다면 손실 폭을 줄이면서 좀 더 안정적으로 투자할 수 있는 방법이라 생각한다. 인터넷뱅킹이나 ARS 그리고 보험사 영업장 방문하여 처리할 수 있다.

둘째

주식시황과는 관계없이 여유자금이 생길 때마다 추가 납입하는 방법

어느 정도 여윳돈이 생기면 바로 추가납입 함으로써 금융시장의 크고 작은 변화에 흔들림 없이 꾸준히 즉시추가납입을 실행한다면 장기적으로는 큰 도움이 될 수 있다. 단기적으로 타이밍을 잡는다는 것은 보통 쉬운 일이 아니며 일반 변액연금보험 가입자도 마찬가지일 것이다. 괜히 타이밍 잡다가 본업에 소홀해질 수도 있다는 점.

에서 비 추천하며 차라리 이 방법이 현실적이라고 생각한다. 이러한 방법은 금융시장의 잔바람에 흔들림 없이 여윳돈이 생길 때마다 추가납입을 하게 되니 변액연금보험의 기본보험료가 매월 결제일에 자동으로 납입되는 것과 비슷하다. 금융상품 투자경험이 없는 가입자나 초보자에게 적합한 방법이지만 매회 추가납입을 위한 절차를 진행해야 하므로 약간 번거로울 수 있다. 인터넷뱅킹이나 ARS 그리고 보험사 영업장 방문하여 처리할 수 있다.

셋째
매월 기본보험료처럼 정기로 자동추가납입 하는 방법

이 방법은 변액연금보험 계약 시 매월 납입하고자 하는 총 보험료의 1/3 정도만 기본보험료로 계약하고 나머지 2/3는 정기추가납입 보험료로 납입하는 형태이다. 그러므로 이 방식은 가입자 입장에서는 추납보험료가 매월 자동이체 됨으로 인해서 사용상 불편한 점이 거의 없다는 점이 최대 장점이다. 이렇게 된다면 사업비는 확 줄이면서 총 보험료를 기본보험료로 계약한 것과 똑같이 투자하여 투자효과를 볼 수 있음으로써 가입자 입장에서는 아주 좋은 방식이라 할 수 있다. 매매타이밍을 별도로 잡을 필요도 없고 신경 쓸 일도 없이 납입할 수 있으므로 상당히 좋은 방법이다. 하지만 이 기능은 모든 상품이 지원하지 않으므로 잘 확인할 필요가 있다. 모든 상품이 정기추가납입을 허용한다면 매달 100만 원을 변액연금보험으로 납입하고자 하는 계약자는 40만 원 정도를 기본보험료로 계약하고 매월 정기추가납입으로 60만 원을 납입하는 방법(기본보험료40만 원 + 정기추납60만 원)을 사용할 것이 뻔하다. 이유는 월 보험료 100만 원으로 가입하면 보험사가 약100,000원 정도의 사업비를 매월 떼어가는데 비해서 기본보험료40만 원 + 정기추납60만 원의 방식을 사용하면 매월 보험사가 떼어가는 사업비는 55,000원(추납사업비 2.5%)으로 확 줄기 때문이다. 정기추가납입 방식을 십분 활용하여 한 푼이라도 아끼려고 하는 가입자 입장에서는 꽤 득이 될 것이다. 가입자 입장에서는 정기추납을 한다면 매월 추가납입 신청을 하지 않아도 계속적으로 기본보험료 납입처럼 계좌에서 자동이체 됨으로 매월 신경 쓰지 않고 쉽게 진행할 수 있다. 또한 금융시장의 상황에 흔들림 없이 꾸준히 유지할 수 있어 초보자나 변액연금보험 투자수익을 더 올리기 위한 가입자에게는 상당히 유리한 방법이다. 이 역시 인터넷뱅킹이나 ARS 그리고 보험사 영업장 방문하여 처리할 수 있다.

30. 변액연금보험의 펀드변경 활용방안

변액연금보험, 변액유니버셜보험 등 변액보험에는 다른 투자상품과는 달리 투자중인 펀드를 1년에 12번 자유롭게 변경할 수 있는 펀드변경이라는 특별한 기능이 있다. 물론 엄브렐라펀드에도 제한적이지만 이러한 펀드변경 기능이 있기는 하지만 펀드종류나 기능적인 면에서 변액보험의 펀드변경 기능에 비할 바가 아니다. 또한 우리나라에서는 이러한 엄브렐라 펀드가 거의 활성화되지 못하고 있는 상황이다. 변액연금보험에 있어 이러한 펀드변경 기능은 투자자의 수익률을 높이거나 적립금을 지켜줄 아주 중요한 기능이라 할 수 있다. 하지만 심히 우려가 되는 것은 일부 보험설계사들이 변액연금보험을 판매하면서 마치 주식투자 전문가인 것처럼 가입만 하면 펀드변경을 모두 알아서 해주겠다는 식으로 고객에게 제안한다는 것이다. 대부분 주식시장이 대세하락기로 접어들것 같으면 안정적인 채권형으로 갈아타고 대세상승기가 예상되면 공격적인 주식형으로 갈아타면 된다고 얘기하는데 이론상으로는 전혀 문제가 없으나 주식투자에 어느 정도 경험이 있는 사람들이라면 그런 말을 쉽게 할 수 없을 것이다. 설계사들이 펀드변경 시점을 정확히 파악해서 가입자의 펀드변경을 도와줄 수 있을까? 진짜 그런 사람이 있다면 증권사 펀드매니저나 주식직접투자를 하는 곳으로 직업을 바꾸는 것이 좋겠다. 이유는 그렇게 주가가 내리고 올라가는 시점을 잘 맞출 수 있는 실력이 있다면 대박 날 수 있을 테니까.

주가가 오를지 내릴지 그 아무도 정확히 맞출 수 없는 것이 현실이다. 내공이 쌓여 있는 설계사라면 어느 정도 적절한 방안을 제시할 수도 있지만 결코 100% 맞출 수 없는 것이다. 다시 한 번 생각해보면 우리가 적립식투자를 하는 기본생각으로 돌아가야 한다. 장기간 적립식 투자를 하는 것은 주식시장이나 금융시장에 대한 변동리스크를 줄이면서 분할매수 하기 위한 것이 아닌가? 전문가들은 대부분 변액연금보험처럼 장기간으로 납입기간을 설정하게 되면 장기간 분할매수 함으로써 흔히 얘기하는 DCA(Dollar Cost

Average)효과로 평균매입단가를 낮출 수 있어서 주가폭락이나 장기침체에 대비할 수 있다고 주장하며 가능하면 투자위험을 크게 낮출 수 있는 장기 적립식 투자상품이 바람직한 투자방법이라고 권장한다.

　장기투자 하는 중간에 섣불리 미리 장을 예상하고 위험을 없애겠다는 취지로 함부로 펀드변경을 행하다가는 오히려 저가매수 할 수 있는 기회만 잃게 될 수 있다는 것이다. 그렇게 되면 장기분산투자의 효과가 오히려 낮아질 수도 있다. 그렇기 때문에 적립식 변액연금보험의 경우 일정한 기간이 지나 목표로 한 계약자 적립금이 쌓이기 전에는 잔바람에 흔들려 괜히 비용만 낭비하는 경우가 없어야 할 것이다. 따라서 어느 정도 금융시장이나 주식시장에 대한 투자경험과 장기적인 식견이 있는 고수 이외에는 초보자가 매매타이밍을 잡듯이 변액연금보험의 펀드변경을 적극적으로 활용하여 수익률 효과를 보겠다는 것은 현실적으로 쉽지 않은 방법이라는 것을 알리고자 한다.

　그렇다면 변액연금보험의 펀드변경 기능이 필요 없는 것일까? 절대 그렇지 않다. 변액연금보험의 펀드변경 기능을 활용할 수 있는 방법은 이 기능을 통해 수익을 더 올리고자 하는 것도 필요하지만 내 적립금과 투자금을 지키는 방법으로 활용하는 것도 필요하다. 적립식 변액연금보험은 최소한 수년 이상 지난 상태에서 어느 정도 계약자적립금이 쌓였을 때나 기납입보험료보다 투자수익률이 높을 때부터 펀드변경에 대해 관심을 가져볼 만하다. 즉 어느 정도 일정기간이 경과한 후 목표로 한 투자수익률을 달성했다면 적립금을 지키기 위한 펀드변경 기능을 활용하는 것이 좋겠다는 것이다. 예를 들면 일정기간 이상 투자한 결과 기납입보험료보다 높은 투자수익률을 달성하였거나 투자수익목표를 초과했다면 채권형 등의 펀드로 계약자적립금을 옮겨서 안정적인 투자수익을 올릴 수 있도록 하고 계속 납입하는 기본보험료와 추가납입 보험료는 공격적인 펀드에 계속 투자하여 장기분할 매수할 수 있도록 운용하는 것이다. 이렇듯 쌓여 있는 적립금을 안정적으로 운용하면서 납입하는 보험료로는 계속적으로 공격적인 펀드에 투자하는 방식을 병행하는 것이 펀드변경 기능을 활용할 수 있는 최상의 방법이 아닐까 생각한다. 물론 모든 상품이 위의 기능을 모두 지원하는 것은 아니기 때문에 선택적이라 할 수 있다.

　결과적으로 가입자별 투자성향에 따라 차이는 있겠지만 납입 후 일정한 계약자적립금이 쌓이기 전까지는 펀드변경 기능을 활용하는 것은 바람직하지 않을 수 있으며 목표로 한 수익률이나 계약자적립금이 쌓였다면 자산배분 하에서 그리고 방어적인 측면에서 또는 수익률 제고를 위해서 적극적으로 위의 방식을 활용하는 것이 좋겠다는 생각이다. 이런 식의 투자금 지키기 전략을 사용할 수 있는 것은 연금상품 중 변액연금보험이 유일하기 때문에 펀드변경 기능을 활용하여 가입자 별 목표와 전략을 수립하여 투자할 수 있다면 변액연금보험의 펀드변경 기능을 가장 잘 활용하는 방법이 아닐까 생각한다.

31. 변액연금보험의 사업비 50% 절감효과분석

추가납입을 최대한 활용하면 10년 이내의 사업비를 최대 50% 정도 절약할 수 있는 설계가 될 수 있다. 그러면 이렇게 변액연금보험의 사업비를 50% 절감해서 가입하면 얼마나 많은 금전적인 효과가 있는지 알아보자.

① 변액연금보험 가입예시

1. 가입자 연령: 35세(남)

2. 납입보험료: 90만 원(기본보험료 30만 원+추가납입보험료 60만 원)

3. 납입기간: 10년

4. 연금개시: 65세

5. 사업비율(10년): 기본보험료(10%), 추가납입보험료(2.5%)

변액연금보험 가입예시표

② 사업비 절감효과 분석

추가납입 기능을 활용하지 않고 기본보험료만 월 90만 원을 납입한다면 사업비가 10%임으로 매월 9만 원의 사업비를 부담해야한다. 하지만 추가납입 기능을 활용하여 기본보험료를 30만 원으로 하고 추가납입보험료를 60만 원으로 한다면 월 사업비는 기본보험료(3만 원)+추가납입보험료(1.5만 원)임으로 매월 45,000원만 부담하면 된다. 위와 같이 추가납입기능을 활용하면 정확히 사업비를 50% 절감할 수 있다는 계산이다.

사업비 계산표

구분	보험료		사업비 분석		
			사업비율	사업비	합계
기본보험료설계	기본보험료	900,000	10.0%	90,000	90,000
	추가납입보험료		2.5%		
50%절감설계	기본보험료	300,000	10.0%	30,000	45,000
	추가납입보험료	600,000	2.5%	15,000	

그렇다면 위 조건 하에서 월 45,000원의 사업비를 절감한 형태의 변액연금보험에 투자한다면 그 효과는 어느 정도인지 계산해보자. 변액연금보험의 보험료에서 사업비를 월 45,000원 절감한다는 것은 매월 특별계정에 45,000원을 더 투입해서 펀드에 투자한다는 것과 같은 의미이다. 따라서 월 45,000원을 연 6% 월 복리의 투자수익률로 10년을 투자하고 20년간 거치한다고 가정하면 그 투자가치가 얼마나 되는지 알아보면 절감효과를 알 수 있을 것이다. 월 45,000원을 연 6% 월 복리의 투자수익률로 10년을 투자하면

7,374,570원이며 이 돈을 다시 연 6%의 투자수익률로 25년간 거치시키면 연금개시 직전에 연금지급재원으로 31,650,703원을 더 높일 수 있다는 계산이다. 이 금액은 총 납입보험료의 약 30%에 달하는 꽤 큰 규모인 것이다.

결론적으로 연금개시 연령과 거치기간에 따라 그 절감효과의 차이가 약간 있을 수 있지만 위 계산에 의하면 사업비 절감효과는 상당히 크다 할 수 있다.

32. 부부형으로 가입 시 중도에 이혼한다면 어떻게 처리될까?

기혼자의 경우 변액연금보험 가입 시 처음부터 본인을 주피보험자로 그리고 배우자는 종피보험자로 지정하여 부부형으로 가입하는 경우가 흔히 있다. 이렇게 부부형으로 가입해서 연금개시 전에 두 명 중 한 명이 어떤 문제가 발생했을 때 배우자가 계속적으로 보장받을 수 있기 때문에 가끔 이 부부형을 선호하는 고객들도 있다. 하지만 생각하고 싶지 않은 돌발 상황이 있다. 바로 부부가 이혼하는 경우다.

변액연금보험을 부부형으로 가입한 부부가 이혼한 경우 이 보험계약은 어떻게 처리해야 할까? 일반적으로 이혼할 경우 재산분할 하듯이 변액연금보험의 보장을 반으로 쪼개서 서로 가져갈 수 있을까? 아니면 서로 합의하에 아내나 남편에게 명의이전 해줄 수 있을까? 이러한 경우에는 재산 나누듯이 할 수 없는 것이 변액연금보험의 특징이다. 연금개시 전 즉 제1보험기간이라면 그냥 해지해서 해지환급금을 반으로 나눠서 가져가는 방법이 가장 간편하다. 이혼하는 경우 재산분할 시 해지환급금이 발생하는 보험은 무조건 해지하여 해지환급금을 재산분할비율로 나눠야 하는 것이 이혼에 관한 법률이다.

하지만 이러한 방법은 최악의 방법으로 손실이 너무나 크기 때문에 만약 이혼하는 경우가 발생한다면 다음의 방법을 사용하는 것이 가장 효율적인 방법이 아닐까 생각한다. 변액연금보험 부부형으로 가입 후 이혼한다면 이 보험의 모든 권한은 주피보험자에게 있다. 주피가 모든 권한을 가지고 있으며 이러한 경우 종피는 소멸되며 주피의 개인형으로 전환되어 계속 유지해나갈 수 있다. 따라서 해지하여 해지환급금을 반으로 나눠가지는 것보다는 주피보험가가 개인형으로 전환하여 유지하는 방법을 추천한다. 변액연금보험 부부형의 경우 주피보험자는 거의 아내로 해서 가입하기 때문에 아내에게 매우 유리한 상황이다. 부부형으로 가입하는 가입자들의 입장에서는 생각해보고 싶지 않은 경우지만 그래도 사람의 일이라는 것이 한치 앞을 모르는 것이기 때문에 알고는 있어야 할 것이다.

33. 사실혼인 경우 부부형 변액연금보험에 가입할 수 있을까?

대부분의 외국계 상품은 제외하고 국내계 변액연금보험은 각 상품별로 정도의 차이가 있지만 제1보험기간에 본인과 배우자가 보장

받을 수 있는 부부형으로 가입이 가능하다. 앞서 언급했듯이 개인형으로 가입 시 연금개시 전 주피보험자가 사망하면 계약이 소멸되어 남아있는 배우자가 별도의 변액연금보험을 가입하지 않는 한 은퇴준비 계획에 차질이 올 수 있다. 이러한 점에 있어서 모든 상품이 그렇지 않지만 부부형은 주피보험자가 사망하더라도 종피가 이어서 계속적으로 계약을 유지하여 배우자의 여생에 큰 도움이 될 수도 있다. 이러한 이유 때문에 많은 기혼자 중에서 한 상품으로 가입하려는 사람들은 개인형보다는 부부형을 선호하는 것 같다. 연금개시 전까지 평균적으로 생존할 확률이 높지만 사람의 앞날은 어떻게 될지 아무도 모르기 때문일 것이다.

그런데 부부형 가입에 한가지 문제점이 있다. 그것은 같이 산다고 하더라도 법적으로 미혼자인 사실혼인 경우는 안되고, 반드시 혼인신고를 한 법적인 부부만 가능하다는 것이다. 사실 우리 주변에 보면 여러 가지 사유로 인해 결혼을 했음에도 불구하고 혼인신고를 뒤로 미루고 법적으로 남남으로 사는 부부들이 꽤 있다.

이 같이 법적으로는 남남인 부부가 부부형으로 가입할 수 있을까? 당연히 가입은 할 수 있다. 가입 시 보험사는 "아무것도 묻지도 따지지도 않습니다."라는 광고 멘트처럼 부부증빙서류를 요구하지도 않고 그냥 친절히 받아준다. 가입자 입장에서는 1년 뒤에 혼인신고 할 거니까 괜찮겠지 라는 생각으로 쉽게 생각할 수 있을 것이다. 여기서 보험사의 철칙을 잘 이해해야 한다. "들어올 땐 쉽게 들어올 수 있지만(보험료) 나갈 땐 쉽게 못나간다(보험금)."

법적으로 부부가 아닌 부부가 변액연금보험 부부형으로 가입하고 1년이나 2년 뒤 혼인신고 하고 나서 아무런 문제가 없겠지 라고 생각할 수 있다. 하지만 정작 보험의 보장(사망, 연금)을 받는 사항이 발생하면 보험사는 알릴 의무위반이나 허위가입으로 간주해서 보장해줄 수 없다고 할 수 있다는 점을 명심해야 한다. 일반적으로 쉽게 생각할 수 있겠지만 보험사는 보험금지급에 그렇게 호락호락하지 않다는 것이다.

34. 변액연금보험 납입보험료의 특별계정 투입시기

계약자가 납입하는 변액연금보험의 보험료는 언제 특별계정(펀드)에 투입되는지 알아보자. 일반적으로 보험료를 납입하는 방법에는 가입 시 납입하는 1회보험료(적립식, 일시납)와 2회 이후 납입보험료 그리고 추가납입보험료 등으로 나눌 수 있는데 각각 특별계정에 투입되는 시점이 다르기 때문에 투자시점을 결정하고자 하는 계약자들은 잘 확인할 필요가 있다. 특히 일시납(거치식)이나 목돈을 일시에 추가 납입하는 경우에 조금이라도 투자 타이밍을 염두에 두고 투자하려는 가입자들은 각별히 신경 써서 투입시점을 확인해야 한다.

납입보험료의 특별계정 투입시기를 다음의 세 경우로 나눠서 알아보자.

① 제1회 보험료의 특별계정 투입(월납, 일시납)

변액연금보험을 처음 가입할 때 납입하는 제1회보험료는 납입하면 즉시 특별계정(펀드)에 투입되지 않는다. 청약철회기간(15일) 동안 일반계정에 잔류하다가 청약철회기간이 끝나면 그 다음날 특별계정에 투입된다. 단, 청약철회기간이 지난 후 승낙된 건의 경우에는 승낙일에 특별계정으로 투입된다. 청약철회기간(15일) 동안에는 가입자의 청약철회 신청이 있으면 즉시 보험료를 돌려줘야 하기 때문에 특별계정에 투입하지 않고 일반계정에 잔류시키는 것이다.

② 제2회이후 보험료의 특별계정 투입(월납)

이 경우는 계약일과 보험료 자동이체일간의 차이에 따라 약간 복잡하다. "납입기일(납입응당일)" 2일 이전에 보험료를 납입한 경우에는 "납입기일"에 투입되며 "납입기일"전일 이후에 납입한 경우에는 [납입일+제2영업일]에 특별계정으로 투입된다. 여기서 납입기일(납입응당일)이라는 것은 보험료 자동이체일이 아니라 계약일을 의미한다. 따라서 자동이체일을 기준으로 특별계정에 투입되는 것이 아니라 계약일을 기준으로 한다는 점을 필히 기억하기 바란다.

③ 추가납입보험료의 특별계정 투입

추가납입보험료는 비교적 간단하다. 보험료를 추가납입 하게 되면 [납입일+제2영업일]에 특별계정으로 투입된다. 예를 들어서 월요일에 추가납입하게 되면 수요일에 투입되는 것이다.

35. 변액연금보험 연금지급 방식 선택전략

고객과 상담을 하다 보면 변액연금보험의 가입자 입장에서는 20~30년 뒤의 먼 미래에 받게 될 연금지급 방식에 대해 상당히 관심이 많다. 선택하려면 아직도 많이 기다려야 하는데도 불구하고 은퇴시점을 예상하며 아주 진지하게 자신들의 연금지급 방식에 대해 상상을 하곤 한다. 종신형의 10년보증형과 20년보증형 중 어떤 것을 선택해야 하는가 또는 확정형이냐 상속형이냐 등등 어떤 방식을 선택해야 본인에게 유리한지 가입 시점에 관심이 대단하다.

가입 시점에 연금지급 방식을 염두에 두고 가입하기 때문이 아닌가 생각된다. 하지만 현재 생각하고 있는 연금지급 방식은 연금지급 개시 전까지 수십 년간 가입자 본인과 가정에 어떤 환경변화가 생길지 모르기 때문에 연금지급개시 전까지 천천히 상황변화에 따라 생각하여 결정하는 것이 올바른 방법이다. 이와 같이 향후 연금개시 시 연금지급 방식에 관심이 많은 관계로 다음과 같이 주요 연금지급 방식에 따라 어떤 유형의 가입자가 선택해야 효율적인지 자세히 연구해보자.

① 종신형

종신형은 피보험자가 사망할 때까지 평생 연금을 지급받을 수 있는 방법으로서, 제1보험기간 즉 연금개시 전까지 피보험자의 상황이 큰 질병이나 사고 없이 건강하고 부모 및 조부모 등 조상 대대로 특별히 단명(短命)하는 집안이 아니라면 일반적으로 종신형을 선택하는 것이 효율적이라고 할 수 있다. 통계상으로 그만큼 장수할 수 있는 확률이 높기 때문에 평생 지급받는 것이 아무래도 유리하다고 볼 수 있기 때문이다.

② 확정기간형

가입 시점부터 연금개시 전까지는 보통 20~30년 정도의 아주 긴 시간이 필요하다. 이 기간 동안 우리의 몸과 재무적/비재무적 관점에서 주변에 어떤 상황변화가 올지 모르기 때문에 그 상황에 맞게 연금지급 방식을 선택해야 한다. 확정기간형은 특정기간(5~20년) 동안 연금을 수령하는 방법으로써 혹시 이 긴 제1보험기간 동안 상황의 변화 즉 중대한 질병에 걸리거나 사고로 인해 단명할 상황이라면 이 방식을 선택하는 것이 바람직하다. 또한 조상대대로 장수(長壽)보다는 단명 하는 집안이라면 아무래도 종신형보다는 확정기간형을 선택하여 특정기간 동안 연금액을 집중적으로 받는 것이 유리하다고 할 수 있다. 그리고 평생 조금씩 받는 것보다 일정기간 동안 많은 연금을 집중적으로 받고자 하는 가입자들도 이 방식을 선택하는 것이 좋다고 생각한다.

③ 상속형

상속형 연금지급 방식은 연금개시 시의 연금지급재원인 계약자적립금을 기준으로 공시이율로 계산한 이자를 연금으로 지급하다가 피보험자가 사망하면 상속인에게 사망 당시의 상속연금책임준비금을 지급하는 방식으로써 후손에게 또는 배우자에게 원금 대부분을 상속하고자 하는 경우에 선택하는 방식이다. 지금 가입 시점에 노후준비를 하기 위해서 가입하는 마당에 왜 이 방식을 선택할까 하고 생각할 수 있지만 앞으로 수십 년간 주변에 어떤 상황변화가 올지 모르기 때문에 상황변화에 따라 선택여부를 신중히 검토할 필요가 있다. 이 방식이 필요한 경우는 살다 보니 연금수령은 거의 필요 없어서 대부분을 후손에게 상속할 필요가 있는 경우에 적당하다.

④ 실적형

실적형은 연금개시 후에도 종신형이나 확정형, 상속형처럼 계약자적립금을 일반계정으로 이관하지 않고 계속 특별계정에서 투자운용 하면서 내가 받는 연금액을 높일 수 있도록 초과수익을 추구하는 연금지급 방식이다. 물론 투자결과에 따라 수익이 날 수도 있고 손실을 볼 수도 있어서 노후에 안정적으로 연금을 지급 받아야 하는 입장에서는 이 방식을 선택하는 데 있어서 신중해야 할 필요가 있다. 하지만 연금개시 이후에도 적극적으로 연금액을 높이고자 하는 적극적 성향의 가입자에게는 적절할 수 있기 때문에 자신의 투자성향과 여러 가지 재무적 환경을 고려하여 충분히 검토할 필요가 있다고 생각한다. 또한 60~70세가 넘어서도 정상적으로 투자상황을 판단할 수 있는 능력이 되어 고령에도 충분히 투자관리가 가능하여 평생은 아니지만 조금이라도 연금액을 높여서 받고자 하는 가입자라면 필요할 수 있다.

몇 년 전 2008년 글로벌 외환위기에 환율이 치솟으면서 역외해외펀드에 투자했던 투자자들이 많은 손실을 봤고 현재도 환헷지 상품인 KIKO 등의 피해로 사회적으로 문제가 심각한 상황이다. 실례로 어느 투자자가 모은행원의 권유로 환헷지를 한다는 역외펀드에 투자했다가 2008년말 환율이 1,400원대로 폭등하고 해외주가는 대폭락하는 상황이 발생하자 원금은커녕 되레 환율변동에 따른 손실액을 물어내야 하는 웃지 못할 상황을 우리는 신문기사를 통해 종종 봐왔다. 이렇듯 역외펀드는 환율변동 리스크에 노출되어 있어 이러한 리스크를 잘 모르고 가입했다가는 상당히 큰 피해를 볼 수 있다고 한다.

그렇다면 변액보험 즉 변액연금보험이나 변액유니버셜보험 등은 어떻게 환율변동에 대한 리스크를 헷지 할까? 변액연금보험이나 변액유니버셜보험의 펀드구성을 잘 살펴보면 브릭스펀드나 중국펀드 또는 미국펀드 등 해외펀드가 편입되어 있는 상품이 많이 존재한다. 또한 가입자들도 분산투자 차원에서 일부를 브릭스펀드나 아시아펀드 등의 해외펀드를 선택하는 경우가 많은 것이 사실이다. 하지만 변액연금보험의 가입자들이나 가입예정인 사람들은 전혀 걱정하지 않아도 된다.

필자가 조사한 바에 의하면 국내 변액보험의 역외해외펀드의 환헷지 방법은 정말 단순하다는 것이다. 국내 변액연금보험이나 변액유니버셜보험에 편입된 해외펀드들은 거의 대부분이 재간접펀드로 구성되어 있기 때문에 환율변동에 대한 직접적인 영향을 받지 않으므로 별도의 환헷지가 필요 없다는 것이다. 재간접펀드라는 것은 변액보험 내에 설정된 펀드가 다른 수익증권(펀드)에 투자하는 방식을 의미한다.

따라서 변액연금보험 가입자들은 투자한 펀드가 환율변동에 어떻게 대처하는지 별도로 신경 쓰지 않아도 된다는 것이다. 그리고 환율이라는 것이 금융시장 환경에 따라 오를 수도 있고 내릴 수도 있기 때문에 전문가들의 조언에 의하면 일정기간이 지난 다음에 평가를 해보면 거의 제자리에 와있다고 한다. 이 말의 의미는 괜히 환율변동에 대한 리스크를 헷지 하겠다고 또 다른 리스크를 만들 필요가 없다는 것이다. 다만 변액연금보험이나 변액유니버셜보험의 해외펀드는 거의 재간접펀드로 구성되기 때문에 수수료가 이중으로 부과될 수 있다는 점이 무시 못할 위험으로 작용하고 있다. 상품 특성상 장기투자를 해야 하는 상황에서 이중수수료는 가입자에게 상당한 부담으로 돌아올 수 있기 때문이다.

아무튼 예외적인 상품도 있겠지만 대부분의 변액연금보험이나 변액유니버셜보험이 환율변동에 대한 리스크를 헷지 할 수 있는 방법은 재간접펀드투자 이외에는 별도의 해결책이 없다는 것이 결론이다.

37. 변액연금보험은 예금자보호가 필요 없다.

변액유니버셜보험이나 변액연금보험은 간접투자상품으로 예금자보호법의 적용대상이 아니다. 이렇듯 변액보험은 예금자보호가 적용되지 않다 보니 변액연금보험 가입자 입장에서는 해당 상품의 판매 보험사가 파산이나 부도가 나게 되면 투자금은 고스란히 휴지조각이 되는 것이 아닌지 걱정할만하다.

하지만 변액연금보험 가입자가 납입한 보험료는 모두 보험사가 맡아서 투자활동을 하는 것이 아니라 보험료에서 일부 사업비만 차감하고 나머지는 특별계정에 투입하는데 이 자금은 시중은행과 같은 수탁사에게 맡겨서 관리하므로 큰 걱정을 하지 않아도 된다. 즉, 변액보험은 구조적으로 보험사나 자산운용사 등이 자금을 불법적으로 유용할 수 없도록 수탁사에게 맡겨서 법적으로 엄격하게 분리 보관하고 있는 형태이다.

따라서 해당 보험사나 자산운용사가 망하더라도 변액보험 가입자는 보험사에서 내 자산을 돌려받지 못한다면 수탁사에서 내 자산을 돌려받을 수 있는 안전한 구조로 이뤄져 있기 때문에 별도의 예금자보호가 필요 없는 것이다. 또한 예금자보호는 1인 5천만 원까지 보호가 되지만 변액보험의 경우는 1억이든 2억이든 한도가 정해져 있지 않기 때문에 고액투자자나 장기투자자 입장에서는 더 유리하다 할 수 있다. 가령 예금자보호대상은 일반 연금보험에 일시납으로 1억원을 거치시켰다가 보험사가 부도나면 예금자보호는 가능하나 5천만 원까지만 보호가 가능하므로 이만저만 손해가 아닐 수 없으나, 변액연금보험에 1억원을 거치 시켰다면 수탁사에 고스란히 그 1억원에 해당하는 자산이 예치되어 있기 때문에 보험사가 부도날 걱정을 하지 않아도 된다.

결론적으로 변액연금보험의 투자자산은 보험사의 자산과 분리되어 수탁사(은행)가 보관하고 있기 때문에 예금자보호가 필요 없다. 따라서 보험사가 망하더라도 변액연금보험 투자자의 자산은 투자기간 동안은 해당 상품의 수탁사에서 찾을 수 있기 때문에 변액연금보험은 예금자보호제도보다 더 안전한 것이라 할 수 있다. 물론 보험사와 수탁사가 동시에 망한다면 별 수 없겠으나 그럴 확률은 대한민국이 부도나는 사태가 아닐까?

38. 고위험 변액연금보험과 저위험 변액연금보험

변액연금보험 중에서 고위험 상품과 저위험 상품은 어떤 것일까? 우리는 보통 주식투입 비율이 높은 상품을 고위험 상품이라 한다. 맞는 말이다. 변액보험을 예로 들면 변액유니버셜보험의 경우 편입된 성장형펀드나 주식형펀드의 경우 대부분 주식투입 비율이 최대 90%까지 투자가 가능함으로 고위험상품(High Risk)이라고 하며 변액연금보험의 경우 대부분 주식투입 비율이 50% 내외이므로 중간정도의 위험상품(Middle Risk)이라고 한다.

그렇다면 변액연금보험은 모두 중간위험 상품일까? 그렇지 않다. 변액연금보험 중에서도 High Risk상품과 Middle Risk상품이 있다고 생각한다. 변액연금보험에 주식투입 비율이 50%가 넘고 90%까지 투자가 가능한 주식형펀드가 편입된 상품이 있어서라기보다는 회사 자체의 부실 때문에 부도나 파산 위험성 때문이다. 30대 가입자가 변액연금보험에 가입하여 종신형 연금을 받으면서 보장을 받으려면 적어도 50~60년 정도는 유지해야 하는 초장기 상품이다. 이렇게 오랜 기간 유지하기 위해서는 보험사의 우량성 및 건전성 등이 아주 중요하다는 것이다.

혹자는 투자기간 중 보험사가 망하면 수탁사에서 투자금을 찾아갈 수 있는데 무슨 걱정이냐고 할지 모르지만 문제는 연금개시 이후라 생각한다. 연금개시 전까지는 가입자가 투자한 자금을 일부 사업비를 제외한 대부분을 수탁사가 보관하게 되는 구조로서 보험사가 망하더라도 가입자는 수탁사에서 투자자산을 보장받을 수 있어서 보험사가 부실하더라도 큰 문제가 없다고 할 수 있다. 하지만 연금개시 이후에도 실적형으로 운용되는 실적연금형을 제외한 종신형연금지급 방식이나 상속형 그리고 확정기간형 등은 연금지급재원이 되는 투자자산이 일반계정 즉 보험사로 이관되어 보험사 관할로 되며 이 연금지급재원을 토대로 가입자의 연금을 지급하게 되는 것이다.

보험사가 수십 년 이상 가입자가 사망할 때까지(부부형의 경우 더 오랜 시간이 걸릴 수 있음) 연금지급을 보장하려면 일반적으로 우량 보험사보다는 비우량 보험사가 위험성이 더 크다고 볼 수 있다. 그래서 주식투입 비율이 높은 펀드가 편입된 변액연금보험을 고위험 상품이라고 하지만 우량사 상품이냐 비우량사 상품이냐에 따라서도 고위험상품, 저위험상품으로 평가할 수 있다고 생각한다.

39. 가입 이후 국적이 바뀌면 계속 보장받을 수 있을까?

변액연금보험이나 일반연금보험 가입자가 보험료 납입 중이나 연금개시 이후 이민을 가게 되어 국적이 바뀔 경우 어떻게 될까? 계속 보장을 받을 수 있을지 아니면 보장받지 못할지 이민이나 해외이주를 생각하는 가입자 입장에서는 궁금할 것이다.

결론을 먼저 이야기하면 국내에서 가입 후 국적이 바뀔 경우는 보험사별로 처리절차 등 약간의 차이는 있겠지만 일반적으로 사망보장이나 연금보장을 계약서 대로 계속 보장 받는 것에 전혀 문제가 없다는 것이다. 기존 계약중인 보험의 보험료를 계속적으로 납입하여 계약을 유지할 수 있으며 또한 보험유지 중 사망보장과 연금보장의 경우 해외거주 가입자서비스인 해외송금서비스를 이용하여 계속적으로 보장받을 수 있다. 가령 해지환급금, 만기보험금, 사망보험금, 연금지급금 등의 보장은 국적이 바뀌기 전이나 바뀐 후나 가입 시의 보장내용이 변경되는 것 없이 계속적으로 보장받을 수 있다는 것이다.

이때 필요한 서류는 보험금청구 및 송금요청서(시민권자 - 보험금청구 및 송금요청서를 해당 국가의 공증을 받아서 제출 필요, 영주권자 - 보험금청구 및 송금요청서를 해당 영사관의 공증을 받아서 제출 필요), 예금통장 사본, 신분증 사본 등이다. 위 서류 세가지를 국내 보험사 본점으로 보내면 된다.(발송 수수료는 본인 부담)

따라서 머지않아 해외 이민을 생각하고 있는 일반인들도 부담 없이 변액연금보험이나 연금보험을 가입하더라도 향후 연금수령 등의 보장 받는 것에는 전혀 문제가 없다.

40. 적립식 변액연금보험의 투자 적기는 언제인가?

적립식이라는 것은 매월 또는 매 분기, 매년 등 일정한 주기를 두고 저축이나 투자하는 방식이며 이에 반대되는 것이 거치식 또는 일시납으로써 한번에 목돈을 일시납입 하거나 거치시키는 것을 의미한다.

먼저 일시납 변액연금보험의 투자 적기는 자신이 저점의 타이밍을 잡았다거나 주가지수가 낮을 때 가입하는 것이 일단 유리하겠지만 낮은 때를 예상한다는 것은 일반인으로서는 상당히 어려운 것으로서, 이럴 경우는 평균분할 매수 방법을 활용하는 방법이 가장 안전한 투자라고 앞서 언급한 적이 있다. 거치식처럼 목돈을 한꺼번에 투자 시에는 가입 이후 주식시장이 폭등한다면 두말없이 투자수익이 높아지겠지만 폭락하면 낭패를 볼 수 있는 위험을 안고 있기 때문이다. 따라서 투자금을 일정기간(3개월, 6개월, 12개월 등) 동안 나눠서 펀드에 투자하는 평균분할매수 기능을 활용한다면 이러한 위험을 어느 정도 해결하면서 안전하게 투자수익을 올릴 수 있다는 것이다.

그렇다면 적립식 변액연금보험의 투자 적기는 언제인가? 적립식 변액연금보험의 경우는 3년납, 5년납, 10년납, 20년납 등으로 상품자체가 분산투자를 하는 형태이므로 주가지수가 내리던 오르던 또는 저점이든 고점이든 그리고 지금이 호황이든 불황이든 상관없이 별도의 좋은 가입(투자) 적기는 없다고 생각한다. 단지 있다면 은퇴준비를 해야겠다고 생각한 그때가 최고의 가입 적기인 것이다.

따라서 적립식으로 변액연금보험 가입을 검토하고 있다면, 괜히 불필요한 투자 적기를 찾다가 아까운 투자 시간만 허비하지 말고 현재를 가장 좋은 가입 적기로 보고 올바른 설계에 의해서 가입하는 것이 바람직하다.

41. 변액연금보험의 부부형 연금지급 방식은 필요 없나?

변액연금보험에서 부부형 연금지급 방식을 지원하는 상품과 지원하지 않는 상품은 국내계 생보사 상품과 외국계 생보사 상품으로 확연하게 분리되어 있다. 물론 국내계 상품이라고 해서 모두 지원하는 것은 아니며 지원하더라도 지급받던 연금액의 100%가 아니라

50%, 70%로 제한하는 상품도 많다. 대표적인 사례가 모 생명의 변액연금보험이며 이 상품의 부부형연금지급 방식으로서 지급받던 연금액의 70%만 부부형으로 지급하는 조건이다. 또한 외국계 상품 중 모 생명의 일부 상품은 외국계 중에서는 유일하게 종신부부형 연금지급 방식을 지원하지만 이 역시 지급받던 연금액의 50%만 부부형으로 지원하는 등 각 회사별, 상품별로 많은 차이가 있다.

그러면 변액연금보험의 종신형연금지급 방식 중 부부형을 지원하는 상품과 지원하지 않는 상품 중 어느 것이 가입자에게 더 유리할까? 간단히 말하면 이것은 가입자들의 재무적/비재무적 상황에 따라 다를 수 있다. 독신이거나 부부가 각각 변액연금보험을 가입하였다면 부부형연금지급 방식은 필요 없을 것이고 부부 중 한 상품으로 연금설계를 하였다면 부부형연금지급 방식을 지원하는 상품이 유리할 것이다. 따라서 가입자의 여러 가지 상황에 따라서 유리할 수도 있고 불리할 수도 있다는 것이다.

또한 일부에서는 부부형연금지급 방식은 필요 없다고 주장하는데, 과연 정말 필요가 없는지 알아보자. 간혹 상담하다가 가입자에게서 듣는 얘기 중에 "부부형연금지급 방식은 이미 금융선진국에서 필요가 없기 때문에 사용하지 않는 기능이 아닌가?"라는 것이다. 영국, 미국, 네덜란드, 독일 등 금융선진국에서 이 부부형연금지급 방식을 사용해봤으나 거의 필요 없다는 얘기인 것 같다. 또한 여성의 평균수명이 남성보다 더 높기 때문에 아내를 보험대상자로 지정해서 가입하면 남편보다 더 오래 살기 때문에 부부형이 필요 없다고 주장하는 사람들도 있다.

과연 그럴까? 부부형이 필요 없어서 없앤 것이 아니라 보험사에 이득이 안되기 때문에 없앤 것이 아닐까? 부부형 연금지급 방식을 지원하는 상품을 선택하여 향후 부부형연금지급 방식으로 연금을 받는다면 보험사로서는 두 명이 사망할 때까지 보장해야 한다. 개인형은 한 명만 보장하면 되는데 주피, 종피 두 명을 보장하려면 보험사의 위험은 그만큼 상당히 증가할 수 있기 때문에 보험사로서는 불리할 수밖에 없다는 것이다. 그런 이유로 부부형을 없앤 것이 아닐까 생각되게 하는 이유인 것이다. 국내계 생보사들도 점차 부부형 기능을 아예 없애거나 축소하는 경향이다. 이러한 여러 가지 정황을 살펴봤을 때 부부형이 가입자에게 쓸모가 없어서 없앤 것이 아니라 보험사에 득이 되지 못하기 때문에 없앴고 또 없애고 있는 것이라 생각한다.

그리고 평균수명에 근거해서 여성을 피보험자로 지정해서 가입하면 평균적으로 남편보다 더 오래 살 수 있기 때문에 남편이 생존할 때까지 계속 보장받을 수도 있다. 하지만 중도에 아내가 납입 중 또는 연금개시 후 우연한 사고로 사망한다든지 또는 아내가 병을 얻어 단명 한다면 남편은 보장받을 수 있는 길이 없을 것이다. 잘 생각해보면 지금은 젊고 건강해서 잘 모르지만 연금개시 시점인 60~70세 정도에는 보험대상자의 건강이나 신변에 어떤 문제가 생길지 아무도 알 수 없는 일이다.

연금개시 직전에 건강상태를 살펴보니 피보험자가 배우자보다 훨씬 더 오래 살 수 있을 것 같은 상황이라면 부부형이 필요 없고 개인형을 선택해도 무난하겠지만, 그 반대 즉 피보험자가 배우자보다 건강이 좋지 않아 또는 다른 신체적 여건 등의 이유로 단명할 것 같으며 개인형보다 부부형을 선택하는 것이 훨씬 유리하다고 본다.

따라서 종신개인형이 좋은지 종신부부형이 좋은지 등에 대한 것은 연금지급 직전까지 가봐야 어느 정도 결정할 수 있을 것이다. 이런 환경변화에 맞게 선택의 폭을 넓일 수 있다는 차원에서 또는 향후 가입자의 환경이 바뀔 수 있다는 측면에서 부부형연금지급 방식이 있는 변액연금보험이 부부형이 없는 상품보다 가입자에게는 다소 유리하다고 생각한다.

42. 증권거래세는 변액연금보험 수익률의 또 다른 변수다.

증권거래세는 유가증권을 팔 때 지불하는 일종의 매도세이다. 조세특례제한법은 유가증권시장(증권거래소)에서 유가증권을 매도 할 때마다 펀드를 비롯하여 변액연금보험 등의 변액보험에 0.3%(증권거래세 0.15%, 농특세 0.15%)의 증권거래세를 납부하도록 하고 있다. 상황이 이렇다 보니 당연히 주식매매를 많이 하면 할수록 증권거래세는 많이 부과되기 때문에 이 증권거래세는 변액연금보험 투자기간이 길수록 또는 계약자적립금이 높아질수록 수익률을 떨어뜨릴 수 있는 변수가 될 수 있다고 생각한다.

따라서 가입한 변액연금보험 특별계정 내의 펀드는 주식을 팔 때 총 0.3%의 증권거래세를 납부해야만 하므로 세금에 대한 부담은 고스란히 가입자에게 돌아온다. 그렇다면 증권거래세 규모는 얼마나 되는지 예를 들어서 구체적으로 알아보자.

어떤 한 변액연금보험 가입자의 계약자적립금 중 유가증권에 해당(5천만 원)하는 보유종목을 모두 매도하고 다른 종목으로 매수했다면 5천만 원의 0.3%인 15만 원의 증권거래세를 납부해야 한다. 매도 금액의 0.3%라고 가볍게 여길지 모르겠으나 펀드의 효율적인 운용을 위해서 주식을 사고 파는 일이 수시로 일어나야 하기 때문에 가볍게 볼 수 만은 없는 것은 사실이다. 더군다나 변액연금보험의 경우 장기로 유지하는 상품이기 때문에 적립금이 불어나고 매매횟수가 증가하다 보면 장기적으로 가랑비에 옷이 흠뻑 젖는 일이 발생할 수도 있다고 본다.

더 중요한 것은 변액연금보험내 펀드의 증권거래세 부담 때문에 자산운용사가 매도매수를 적절한 시기에 하지 못한다면 이것이야말로 변액연금보험의 수익률을 또 깎아 먹을 수 있는 원인이 될 수 있지 않을까 조심스럽게 생각해 본다.

최근 변액연금보험의 선취사업비가 높다는 것이 사회적 이슈화로 되고 있는 상황에서 향후 일정 투자기간을 넘기면 이러한 증권거래세도 문제시 될 수 있다는 점 잊지 말도록 하자.

43. 변액연금보험 정기추가납입(자동이체)의 실질적 효용성

대부분 변액연금보험에서 지원하는 추가납입방법이라고 한다면 여윳돈이 생기면 자유롭게 추가납입을 할 수 있는 즉시추가납입(자유추가납입)일 것이다. 그러나 일부 보험사가 지원하는 정기추가납입이라는 기능도 있는데 이것은 기본보험료를 자동이체로 납입하듯이 추가납입도 일정기간을 정해놓고 매월 정기적으로 자동이체로 납입할 수 있는 방식이다.

이러한 정기추가납입을 추진하게 되면 어떤 실질적 효용성을 얻을 수 있는지 자세히 알아보자.

첫째
사업비 절감

추가납입보험료는 기본보험료보다 사업비가 저렴해서 이를 잘 활용한다면 10년납입기간 사업비를 최대 50%까지 절감할 수 있다. 자유추가납입을 염두에 두고 기본보험료를 책정하는 경우는 나중에 여유 있을 때 추가납입을 실행할 수도 있고 또는 안 할 수도 있다는 생각으로 가입하기 때문에 실질적으로 사업비절감 효용성이 떨어질 수밖에 상황이다. 하지만 정기추가납입을 계획하고 설계를 하게 되면 기본보험료의 1/3 또는 2/3를 추가납입으로 책정하여 기본보험료를 다운시키기 때문에 실질적인 사업비 절감 효과를 가져올 수 있다.

둘째
유동성 확보

추가납입이라는 것은 가입자의 선택사항이다. 즉 납입하고자 한다면 납입한도 내에서 납입 가능기간에 언제든지 납입할 수 있으며 또는 이유 불문하고 납입을 즉각 중단시킬 수도 있다. 납입을 중단했다고 해서 페널티가 있는 것도 아니다. 예를 들어, 기본보험료를 20만 원으로 책정하고 추가납입으로 30만 원을 납입하는 가입자는 개인적 사정에 의해서 보험료 납입이 어려울 경우 30만 원의 추가납입 부문을 언제든지 납입취소나 중지를 할 수 있다. 보험료납입이 어려운 경제적 상황이 발생된다면 기본보험료 납입만 신경 쓰면 된다는 것이다. 하지만 반대로 기본보험료를 50만 원으로 책정한 가입자는 경제적으로 어려운 상황이 발생된다면 보험료 납입을 중단하거나 감액해야 하는 유동성 위기에 직면하게 된다. 이러한 점에서 적절한 계획하에 정기추가납입을 잘 활용한다면 장기투자 시 발생할 수 있는 유동성 위기를 한결 가볍게 해결할 수 있다고 생각한다.

셋째

계획적 투자

추가납입은 할 수도 있고 안 할 수도 있는 선택적 사항이기 때문에 기본보험료처럼 계획적인 투자가 어려울 수 있다는 점이 단점이다. 여웃돈이 생기면 추가납입 하겠다는 막연한 투자계획을 실행할 수밖에 없는 것이 바로 자유추가납입 방법이다. 반면에 기본보험료처럼 자동으로 매월 지정한 날짜에 보험료를 납입할 수 있는 정기추가납입 방법은 장기적으로 계획적인 투자를 할 수 있다. 장기투자기간 동안 계획적 투자를 하느냐 막연한 투자를 하느냐에 대한 결과는 상당히 크다고 볼 수 있기 때문에 정기추가납입의 효과는 크다고 할 수 있다.

44. 계정전환기능을 활용하면 의무거치기간 없이 연금개시가 가능한가?

최근 어느 고객의 변액연금보험 가입에 대한 상담 중 이런 질문을 받은 적이 있다. "A변액연금보험의 계정전환기능을 활용하면 의무거치기간 없이 바로 연금전환이 가능하지 않겠는가?"라는 질문이었다.

이 상품의 계정전환기능은 계약 후 10년이 지난 상태에서 계약자적립금의 규모가 기납입보험료의 일정규모(예, 130%) 이상이 되었을 때 가입자의 선택에 의해서 특별계정에서 일반계정으로 계약자적립금을 넘겨서 공시이율로 부리 하다가 연금개시 연령이 되면 그 때 연금개시가 되는 옵션사항이다. 이 기능은 일정기간이 지났을 때 목표수익률 이상을 달성했다면 손실을 볼 염려가 없는 안전한 일반계정으로 넘길 수 있는 리스크관리 기능인 것이다.

이렇게 전환이 된다면 일반계정으로 넘어왔으므로 즉시 연금개시가 가능하므로 이 기능을 잘 활용만 한다면 변액연금보험의 의무거치기간 없이 연금개시가 가능하다는 주장이다. 이론적으로 아주 설득력이 있어 보였다. 그러나 보험사가 누구인가? 그 어떤 분야보다도 자신들의 손실에 대한 대비가 철저한 회사라 할 수 있다.

계정전환 된 상품이 비록 일반계정의 연금보험 형태지만, 그전의 변액연금보험의 의무거치기간을 모두 채우고 나서 애초에 규정된 연금개시 연령이 되었을 때만 연금을 지급할 것이다.

약관에 이러한 내용에 대해 자세하게 규정된 것을 못 봤다며 보험사에 질의를 해보라는 고객의 주문에 의해서 이러한 내용을 질의했으나, 역시 계정전환에 의한 변액연금보험은 의무거치기간을 모두 채운 후에 연금개시가 가능하다는 보험사의 답변이 돌아왔다.

다 | 변액연금보험 설계방안

변액연금보험에 대한 가입설계는 가입자 각각의 개인 또는 부부간의 재무적 상황과 경제적 환경에 따라 천차만별이기 때문에 일률적으로 어느 특정상품이 가장 좋은 기능과 훌륭한 상품이라고 판단하여 그 상품을 맹목적으로 추종하고 섣불리 가입해서는 안 된다. 또한 남들이 많이 가입한다고 해서 남을 따라서 가입해서도 안 되는 등 상품에 맞춰서 설계하는 것이 아니라 나의 재무상황에 맞는 상품을 선택하는 것이 바람직하다.

같은 직업 군과 비슷한 연령대에 또는 비슷한 환경에 처해 있는 사람들이라 하더라도 개인적인 경제적 사정이나 환경은 모두 다를 수 있기 때문에 최종적으로 변액연금 설계 시 설계방안이 100% 동일하다고 할 수 없다. 따라서 이곳의 설계방안은 참고용으로만 활용해주기 바란다. 또한 각 직종별 연령별 중복될 수 있으므로 자신에게 가장 잘 맞는 설계방안을 선택하여 참고하여야 한다.

* 아래 모든 설계방안 글은 포괄적인 내용으로써, 개개인의 특성에 따라 그 내용의 일부가 다르게 적용될 수 있음.

* 최선책은 본인의 재무상황에 맞게 선택해야 함.

1. 직장인(대기업群)에게 가장 효율적인 설계방안

① 보험료

같은 기대수익률 하에서 납입(투자)을 얼마나 많이 하느냐에 따라 향후 지급받을 연금액이 결정되기 때문에 은퇴 시 필요로 하는 연금액을 계산하여 그에 맞는 보험료를 결정해야 한다. 하지만 기대연금액을 달성하기 위해서 현실의 재무상황을 무시하여 무작정 납입보험료를 결정해서는 안되며 최우선적으로 현실적인 재무상황에서 가능한 금액이 최대한 반영되어야 한다.

[추천 기본보험료]: 보통 20~50만 원

[기본보험료 규모]: 현재 납입가능금액의 50% 정도

② 납입기간

현재의 수입과 월 잉여금이 풍족하더라도 사기업 특성상 정년이 보장되지 않는 상황이기 때문에 납입기간을 너무 장기간 설정하지 않는 것이 좋겠다. 또한 납입기간은 본인의 안정적인 수입이 보장된 기간으로 설정하되, 소액인 경우 적정한 투자액을 확보하기 위해서 최소한 10년 이상의 납입기간이 필요하다. 가입 시 최소한 10년 이상의 납입기간으로 설정한 경우 100%는 아니지만 향후 경제활동 등의 상황에 따라 납입기간을 선택적으로 변경하여 활용할 수 있기 때문이다.

[추천납입기간]: 10~20년

③ 연금개시연령

본인의 예상은퇴시점이나 특수한 상황에 맞게 연금개시 연령을 설정하는 것이 바람직하다. 다만, 평균수명의 증가에 따른 경제활동기간의 연장 또는 변액연금보험의 효율적인 투자기간(일반적으로 15년 이상)을 고려하여 결정하는 것이 가장 좋은 방법이라 할 수 있다.

[추천연금개시 연령]: 60~65세

④ 계약자 및 피보험자 지정

일반적으로 생명보험사와 협약을 맺은 기업체(대형사 위주)나 공공기관들의 직원들은 직장계약에 따른 단체할인을 받을 수 있다.

대부분 기본보험료의 1%에서 1.5%까지 선취로 보험료 할인을 받을 수 있기 때문에 계약자나 피보험자의 경우는 이러한 할인 혜택을 받을 수 있는 해당기업에 재직 중인 근로자를 지정하는 것이 비용을 절약할 수 있는 방법이다. 또한 부부 중 한 명만 변액연금보험에 가입해야 한다면 비용적으로 봐서는 남편보다 아내를 지정하는 것이 약간 유리하다. 하지만 그보다 우선 고려해야 할 사항은 남편과 아내의 은퇴 준비사항을 검토해보아야 하는데 아내가 전업주부라면 퇴직연금에 가입한 남편보다 여러 가지 면에서 은퇴준비가 부족하므로 가능하면 아내로 피보험자를 지정하여 가입하는 방법이 은퇴설계적 측면에서 보다 더 효율적일 수 있다.

⑤ 연금지급방식

연금지급 방식은 가입 시점에 결정할 사항이 아니고 연금개시 직전 1년 전에 선택할 사항이라 어떤 방식을 선택해야 하는지에 대해서는 당장 고민할 필요가 없다. 다만, 선택할 상품이 어떤 연금지급 방식을 지원하는지는 체크해야 한다.

2 직장인(중소기업群)에게 가장 효율적인 설계방안

① 보험료

기본적으로 동일한 수익률이라면 보험료를 납입한 만큼 향후 지급 받는 연금액이 결정되기 때문에 필요로 하는 연금액을 계산하여 기존 준비 중인 연금자산을 감안한 후 부족한 연금을 마련하기 위한 보험료를 결정해야 한다. 이 직군에 종사하는 근로자들은 아무래도 안정적인 고용보장에서 불리할 수 있으므로 보험료 책정을 좀 더 보수적으로 하는 것이 좋겠다. 따라서 현재 납입할 여력이 충분하다고 하더라도 이직 및 실직 등의 예상치 못한 상황을 고려하여 보험료를 부담 없는 수준으로 책정할 필요가 있다.

[추천 기본보험료]:보통 10~25만 원

[기본보험료 규모]: 현재 납입가능금액의 35~50% 정도

② 납입기간

일부 중소기업 근로자는 직업특성상 공무원처럼 정년보장은 어려우므로 불확실한 경제환경에 따라 실직 및 이직 등의 예상치 못할 위험에 직면해 있다. 이에 보험료 납입기간은 안정적인 수입이 보장된 최소한의 기간으로 설정하되 10~15년 정도의 기간이 적절하며 처음부터 납입기간을 무작정 길게 잡아 부담을 가지는 것보다는 향후 납입기간을 늘려야 할 경우는 계약변경 등을 통하여 납입기간을 늘려가는 전략이 바람직하다. 또한 계약변경이 불가할 경우를 대비해서 미리 그 규모를 예상하여 무리하게 납입기간을 길게 잡는 것보다는 그때 가서 그 상황에 맞게 다른 상품으로 준비할 것을 추천한다.

[추천 납입기간]: 10~15년

※납입기간 이후 거치기간에 추가납입만 활용하는 방법도 고려해볼 만함.

③ 연금개시연령

변액연금보험의 연금개시 연령을 결정할 경우는 최대한 본인의 은퇴시점에 맞춰서 가장 적정한 시기를 결정하는 것이 기본이라 할 수 있다. 언제까지 경제활동을 할 것이며, 언제 은퇴할 계획이라는 인생계획 하에 결정해야 한다. 물론 가입 시 결정한 연금개시 연령은 모두는 아니지만 일정조건 하에서 향후 변경할 수도 있기 때문

에 적정한 연령을 선택하고 사정상 은퇴계획이 변경되는 상황이라면 계약변경을 통하여 개시연령을 조정할 수 있는 방법을 활용할 수도 있다.

　[추천 연금개시 연령]: 60~65세

　④ 계약자 지정

　기업과 보험사가 협약을 맺어 해당기업의 근로자가 그 보험사의 상품에 가입할 경우 직장단체할인을 해주는 경우가 있다. 이 경우도 아무래도 대기업 군보다는 중소기업군 근로자들이 보험료를 할인 받을 수 있는 확률이 떨어진다고 할 수 있다. 일부 보험사 정도만 어느 정도 해당될 수 있기 때문에 할인 여부를 잘 검토하고 비용적인 면을 고려하여 계약자를 지정하는 것이 효율적이다. 또한 할인혜택을 받을 수 없다면 해당상품을 실질적으로 투자관리 나갈 수 있는 사람으로 지정하는 것이 가입 이후의 투자관리를 위해서 바람직하다.

　⑤ 연금지급방식

　연금지급 방식은 가입 시점에 결정할 사항이 아니고 연금개시 직전 1년 전에 선택할 사항이라 어떤 방식을 선택해야 하는지에 대해서는 당장 고민할 필요가 없다. 다만, 선택할 상품이 어떤 연금지급 방식을 지원하는지는 체크해야 한다.

3. 직장인(생산직 관련)에게 가장 효율적인 설계방안

① 보험료

기본적으로 동일한 수익률이라면 보험료를 납입한 만큼 향후 지급 받는 연금액이 결정되기 때문에 필요로 하는 연금액을 계산하여 기존 준비중인 연금자산을 감안하여 부족한 연금을 마련하기 위한 보험료를 결정해야 한다. 이 직군에 종사하는 일부 근로자들은 아무래도 고정수입이 높지 않거나 안정적인 고용보장에서 불리할 수 있으므로 보험료 책정을 좀 더 보수적으로 하는 것이 좋겠다. 따라서 현재 납입할 여력이 충분하다고 하더라도 이직 및 실직 등의 예상치 못한 상황을 고려하여 보험료를 부담 없는 수준으로 책정할 필요가 있다.

[추천 기본보험료]: 보통 10~25만 원

[기본보험료 규모]: 현재 납입가능금액의 35~50% 정도

② 납입기간

일부 생산직 근로자는 직업특성상 공무원처럼 정년보장은 어려우므로 불확실한 경제환경에 따라 실직 및 이직 등의 예상치 못할 위험에 직면해 있다. 이에 보험료 납입기간은 안정적인 수입이 보장된 최소한의 기간으로 설정하되 10~15년 정도의 기간이 적절하며 처음부터 납입기간을 무작정 길게 잡아 부담을 가지는 것보다는 향후 납입기간을 늘려야 할 경우는 계약변경 등을 통하여 납입기간을 늘려가는 전략이 바람직하다. 또한 계약변경이 불가할 경우를

대비해서 미리 그 규모를 예상하여 무리하게 납입기간을 길게 잡는 것보다는 그때 가서 그 상황에 맞게 다른 상품으로 준비할 것을 추천한다.

[추천 납입기간]: 10~15년

※납입기간 이후 거치기간에 추가납입만 활용하는 방법도 고려해볼 만함.

③ 연금개시 연령

변액연금보험의 연금개시 연령을 결정할 경우는 최대한 본인의 은퇴시점에 맞춰서 가장 적정한 시기를 결정하는 것이 기본이라 할 수 있다. 언제까지 경제활동을 할 것이며, 언제 은퇴할 계획이라는 인생계획 하에 결정해야 한다. 물론 가입 시 결정한 연금개시 연령은 모두는 아니지만 일정조건 하에서 향후 변경할 수도 있기 때문에 적정한 연령을 선택하고 사정상 은퇴계획이 변경되는 상황이라면 계약변경을 통하여 개시연령을 조정할 수 있는 방법을 활용할 수도 있다.

[추천 연금개시 연령]: 50~65세

④ 계약자 지정

기업과 보험사가 협약을 맺어 해당기업의 근로자가 그 보험사의 상품에 가입할 경우 직장단체할인을 해주는 경우가 있다. 소속사가 직장단체할인 대상인지 확인하여 할인 받을 수 있다면 그 사람을 계약자나 피보험자로 지정하는 것이 유리하다. 혹시 해당 소속사가 보험사와 협약이 맺어져 있지 않다면 대형사인 경우 해당 보험사 계약이 5건 이상 되면 협약이 가능하므로 담당설계사에게 의뢰하여 협약 가능한지 여부를 확인하자. 또한 할인혜택을 받을 수 없다면 해당상품을 실질적으로 투자관리 나갈 수 있는 사람으로 지정하는 것이 가입 이후의 투자관리를 위해서 바람직하다.

⑤ 연금지급 방식

연금지급 방식은 가입 시점에 결정할 사항이 아니고 연금개시 직전 1년 전에 선택할 사항이라 어떤 방식을 선택해야 하는지에 대해서는 당장 고민할 필요가 없다. 다만, 선택할 상품이 어떤 연금지급 방식을 지원하는지는 체크해야 한다.

4. 직장인(사무직)에게 가장 효율적인 설계방안

① 보험료

은퇴설계 시 현실을 감안한 최적의 보험료를 결정해야 하며 보험료와 납입기간은 월 투자금이 대체적으로 고액이 아니라고 보기 때문에 가늘고 길게 가는 전략 즉 소액으로 길게 납입하는 방법이 필요하다. 현재의 재무적 여건이 더 많은 보험료를 납입할 수 있는 상황이라고 하더라도 이직 및 실직 등의 예상치 못한 상황을 고려하여 보험료를 최소한 부담 없는 수준으로 해야 한다. 마찬가지로 한 번에 한 상품으로 모든 은퇴준비를 완료하겠다는 것은 현실을 무시한 생각으로 바람직하지 않으며, 향후 재무적 상황에 따라 추가로 준비하겠다는 기본적 마음가짐이 필요하다.

[추천 기본보험료]: 보통 10~50만 원

[기본보험료 규모]: 현재 납입가능금액의 50~100% 정도

② 납입기간

사무직 근로자의 경우 기본적으로 고액연봉자 이외에는 보험료와 납입기간을 가늘고 길게 가는 전략이 필요하다. 일반적으로 30만 원 이내의 소액인 경우 납입기간은 최소 20년 이상 책정하는 것이 은퇴 시 어느 정도의 연금액을 충족시킬 수 있다고 생각되며 능력이 된다면 납입기간을 처음부터 20년 이상 초장기로 가입할 수 있겠지만 앞으로 자신의 경제활동이 어떻게 변할지 모르는 불확실한 상황에서 초장기로 계약한다면 자칫 계약유지가 어려울 수도 있다. 물론 이후 조건에 따라 납입기간을 조정할 수 있는 방법도 있지만 조정이 안 될 수도 있다. 따라서 특별한 경우를 제외하고 가능하면 납입기간을 10년 정도로 책정하고 향후 상황에 따라 납입기간을 선택적으로 연장해가는 방법이 바람직하다.

[추천납입기간]: 10 ~20년

※납입기간 이후 거치기간에 추가납입만 활용하는 방법도 고려해볼 만함.

③ 연금개시연령

연금개시 연령을 결정할 경우는 본인의 은퇴시점을 감안하여 가

장 적정한 시기를 선택하는 것이 기본이며, 언제까지 경제활동을 할 것이며, 언제 은퇴할 계획이라는 인생계획(Life Plan) 하에 결정하는 것이 중요하다. 물론 가입 시 결정한 연금개시 연령은 100%는 아니지만 일정조건하에서 향후 계약변경을 통하여 변경할 수도 있기 때문에 부담스럽지 않은 선에서 적정한 연령을 선택하고 사정상 은퇴계획이 변경되는 상황이라면 계약변경을 통하여 개시연령을 조정할 수 있는 방법을 모색하는 것도 추천한다. 변액연금보험의 연금개시 연령은 효율적인 투자기간을 고려한다면 가입 이후 15년은 지난 시점으로 연금개시 연령을 지정하는 것이 가장 바람직하다.

[추천연금개시 연령]: 60~70세

④ 계약자 및 피보험자 지정

일반적으로 생명보험사(대형사 위주)와 협약을 맺은 기업체나 공공기관들의 직원들은 직장계약에 따른 단체할인을 받을 수 있다.

대부분 기본보험료의 1%에서 1.5%까지 선취로 보험료 할인을 받을 수 있기 때문에 계약자나 피보험자의 경우는 이러한 할인 혜택을 받을 수 있는 해당기업에 재직 중인 근로자를 지정하는 것이 비용을 절약할 수 있는 방법이다. 또한 부부 중 한 명만 변액연금보험에 가입해야 한다면 비용적으로 봐서는 남편보다 아내를 지정하는 것이 약간 유리하다. 하지만 그보다 우선 고려해야 할 사항은 남편과 아내의 은퇴 준비사항을 검토해보아야 하는데 아내가 전업주부라면 퇴직연금에 가입한 남편보다 여러 가지 면에서 은퇴준비가 부족하므로 가능하면 아내로 피보험자를 지정하여 가입하는 방법이 은퇴설계적 측면에서 보다 더 효율적일 수 있다.

⑤ 연금지급 방식

연금지급 방식은 가입 시점에 결정할 사항이 아니고 연금개시 직전 1년 전에 선택할 사항이라 어떤 방식을 선택해야 하는지에 대해서는 당장 고민할 필요가 없다. 다만, 선택할 상품이 어떤 연금지급 방식을 지원하는지는 체크해야 한다.

5. 직장인(영업직)에게 가장 효율적인 설계방안

① 보험료

자신의 수입이 일반 사무직 종사자하고 비슷한 경우에는 소액으로 길게 납입하는 보험료 전략이 바람직하나 고수입을 올리는 영업직 종사자의 경우는 고액으로 10년 이내의 단기간에 걸쳐 납입하는 전략을 고려할 필요가 있다. 납입능력이 된다면야 고액으로 길게 납입하는 방법도 괜찮겠으나 고액계약의 특성상 급격한 재무환경의 변화 시 뜻하지 않게 유동성 위기에 빠질 수 있기 때문에 상당히 신중히 결정해야 한다. 이에 앞서 은퇴설계 시 현실을 감안한 최적의 보험료를 결정해야 하며 현재 재무상황상 더 많은 보험료를 납입할 수 있다고 하더라도 이직 및 실직 등의 예상치 못한 상황을 고려하여 보험료를 최소한 부담 없는 수준으로 해야 할 필요가 있다. 마찬가지로 한번에 한 상품으로 모든 은퇴준비를 완료하겠다는 생각은 현실을 무시한 생각으로 바람직하지 않으며, 향후 재무적 상황에 따라 추가로 준비하겠다는 기본적 마음가짐이 필요하다.

[추천 기본보험료]: 10~100만 원

[기본보험료 규모]: 현재 납입가능금액의 50~100% 정도

② 납입기간

각각의 상황에 따라 10년 이상 길게 가는 전략과 10년 이내의 단기납입 하는 전략을 활용해야 한다. 고수익자라면 10년 이내 즉 5년납/7년납 등의 단기납입기간으로 설계한 후 납입기간이나 거치기간에 추가납입을 적극적으로 활용하는 방법이 좋겠고, 반대로 고수익자가 아니라 가늘고 길게 가는 형태가 맞는다면 납입기간을 10년 이상으로 책정하고 향후 재무적 상황에 맞게 20년납 등으로 납입기간을 늘려 잡아 적정한 투자흐름을 확보하는 것이 필요하다. 물론 납입기간을 계약변경에 따라 늘려주는 것은 보험사별 상품별로 모두 가능한 것은 아니기 때문에 설계 시 꼼꼼하게 확인해야 할 사항이다.

[추천납입기간]: 3~20년

③ 연금개시 연령

연금개시 연령을 결정할 경우는 본인의 은퇴시점을 감안하여 가장 적정한 시기를 선택하는 것이 기본이며, 언제까지 경제활동을 할 것이며, 언제 은퇴할 계획이라는 인생계획(Life Plan) 하

에 결정하는 것이 중요하다. 물론 가입 시 결정한 연금개시 연령은 100%는 아니지만 일정조건 하에서 향후 계약변경을 통하여 변경할 수도 있기 때문에 부담스럽지 않은 선에서 적정한 연령을 선택하고 사정상 은퇴계획이 변경되는 상황이라면 계약변경을 통하여 개시연령을 조정할 수 있는 방법을 모색하는 것도 괜찮다. 변액연금보험의 연금개시 연령은 효율적인 투자기간을 고려한다면 가입 이후 15년은 지난 시점으로 연금개시 연령을 지정하는 것이 가장 바람직하다. 특히 영업직의 경우 사무직 등 타 직종보다 자신의 능력 여하에 따라 60세 이상의 고령자라 하더라도 오랜 기간 동안 경제활동이 가능한 특징이 있으므로 가능하다면 연금개시 연령을 타 직종보다 좀 더 늦게 설정하는 것도 필요하다.

[추천연금개시 연령]: 65~70세

④ 계약자 및 피보험자 지정

일반적으로 생명보험사(대형사 위주)와 협약을 맺은 기업체나 공공기관들의 직원들은 직장계약에 따른 단체할인을 받을 수 있다.

대부분 기본보험료의 1%에서 1.5%까지 선취로 보험료 할인을 받을 수 있기 때문에 계약자나 피보험자의 경우는 이러한 할인 혜택을 받을 수 있는 해당 기업에 재직 중인 근로자를 지정하는 것이 비용을 절약할 수 있는 방법이다. 또한 부부 중 한 명만 변액연금보험에 가입해야 한다면 비용적으로 봐서는 남편보다 아내를 지정하는 것이 약간 유리하다. 하지만 그보다 우선 고려해야 할 사항은 남편과 아내의 은퇴 준비사항을 검토해보아야 하는데 아내가 전업주부라면 퇴직연금에 가입한 남편보다 여러 가지 면에서 은퇴준비가 부족하므로 가능하면 아내로 피보험자를 지정하여 가입하는 방법이 은퇴설계적 측면에서 보다 더 효율적일 수 있다.

⑤ 연금지급 방식

연금지급 방식은 가입 시점에 결정할 사항이 아니고 연금개시 직전 1년 전에 선택할 사항이라 어떤 방식을 선택해야 하는지에 대해서는 당장 고민할 필요가 없다. 다만, 선택할 상품이 어떤 연금지급 방식을 지원하는지는 체크해야 한다.

6. 직장인(정규직)에게 가장 효율적인 설계방안

① 보험료

정규직 직장인이라 하더라도 소속회사가 대기업이냐 중소기업이냐에 따라 소득의 편차가 크고 공무원이나 사기업 종사자냐에 따라서도 마찬가지로 차이가 많이 날 수 있다. 따라서 기본적으로 은퇴설계 시 현실을 감안한 최적의 보험료를 결정해야 하며 보험료와 납입기간은 월 투자금이 대체적으로 고액이 아니라고 보기 때문에 가늘고 길게 가는 전략 즉 소액으로 길게 납입하는 방법이 필요하다. 현재의 재무적 여건이 더 많은 보험료를 납입할 수 있는 상황이라고 하더라도 이직 및 실직 등의 예상치 못한 상황을 고려하여 보험료를 최소한 부담 없는 수준으로 해야 한다. 마찬가지로 한번에

한 상품으로 모든 은퇴준비를 완료하겠다는 것은 현실을 무시한 생각으로 바람직하지 않으며, 향후 재무적 상황에 따라 추가로 준비하겠다는 기본적 마음가짐이 필요하다.

[추천 기본보험료]: 보통 20~50만 원

[기본보험료 규모]: 현재 납입가능금액의 50~100% 정도

② 납입기간

정규직이라 하더라도 차이가 많이 날 수 있지만 기본적으로 고액연봉자 이외에는 보험료와 납입기간을 가늘고 길게 가는 전략이 필요하다. 일반적으로 30만 원 이내의 소액인 경우 납입기간은 최소 20년 이상 책정하는 것이 은퇴 시 어느 정도의 연금액을 충족시킬 수 있다고 생각되며 능력이 된다면 납입기간을 처음부터 20년 이상 초장기로 가입할 수 있겠지만 앞으로 자신의 경제활동이 어떻게 변할지 모르는 불확실한 상황에서 초장기로 계약한다면 자칫 계약유지가 어려울 수도 있다. 물론 이후 조건에 따라 납입기간을 조정할 수 있는 방법도 있지만 조정이 안 될 수도 있다. 따라서 특별한 경우를 제외하고 가능하면 납입기간을 10년 정도로 책정하고 향후 상황에 따라 납입기간을 선택적으로 연장해 가는 방법이 바람직하다.

[추천납입기간]: 10 ~20년

※납입기간 이후 거치기간에 추가납입만 활용하는 방법도 고려해볼 만함.

③ 연금개시연령

연금개시 연령을 결정할 경우는 본인의 은퇴시점을 감안하여 가장 적정한 시기를 선택하는 것이 기본이며, 언제까지 경제활동을 할 것이며, 언제 은퇴할 계획이라는 인생계획(Life Plan) 하에 결정하는 것이 중요하다. 물론 가입 시 결정한 연금개시 연령은 100%는 아니지만 일정조건 하에서 향후 계약변경을 통하여 변경할 수도 있기 때문에 부담스럽지 않은 선에서 적정한 연령을 선택하고 사정상 은퇴계획이 변경되는 상황이라면 계약변경을 통하여 개시연령을 조정할 수 있는 방법을 모색하는 것도 괜찮다. 변액연금보험의 연금개시 연령은 효율적인 투자기간을 고려한다면 가입 이후 15년은 지난 시점으로 연금개시 연령을 지정하는 것이 가장 바람직하다.

[추천연금개시 연령]: 60~65세

④ 계약자 및 피보험자 지정

일반적으로 생명보험사(대형사 위주)와 협약을 맺은 기업체나 공공기관들의 직원들은 직장계약에 따른 단체할인을 받을 수 있다.

대부분 기본보험료의 1%에서 1.5%까지 선취로 보험료 할인을 받을 수 있기 때문에 계약자나 피보험자의 경우는 이러한 할인 혜택을 받을 수 있는 해당기업에 재직 중인 근로자를 지정하는 것이 비용을 절약할 수 있는 방법이다. 또한 부부 중 한 명만 변액연금보험에 가입해야 한다면 비용적으로 봐서는 남편보다 아내를 지정하는 것이 약간 유리하다. 하지만 그보다 우선 고려해야 할 사항은 남편과 아내의 은퇴 준비사항을 검토해보아야 하는데 아내가 전업주부라면 퇴직연금에 가입한 남편보다 여러 가지 면에서 은퇴준비가 부족하므로 가능하면 아내로 피보험자를 지정하여 가입하는 방법이 은퇴설계적 측면에서 보다 더 효율적일 수 있다.

⑤ 연금지급 방식

연금지급 방식은 가입 시점에 결정할 사항이 아니고 연금개시 직전 1년 전에 선택할 사항이라 어떤 방식을 선택해야 하는지에 대해서는 당장 고민할 필요가 없다. 다만, 선택할 상품이 어떤 연금지급 방식을 지원하는지는 체크해야 한다.

7. 직장인(계약직)에게 가장 효율적인 설계방안

① 보험료

계약직 근로자의 경우 장기적인 소득창출이 정규직보다 유리하지 못한 상황이므로 자신의 기대연금수령액에 따라 납입보험료와 납입기간을 산정해야 한다. 하지만 계약직 특성상 장기근무를 할 수 있는 여건이 안 될 수 있으므로 보험료는 소극적인 관점에서 책정하는 것이 바람직하다.

[추천 기본보험료]: 보통 10~50만 원

[기본보험료 규모]: 현재 납입가능금액의 50~100% 정도

② 납입기간

두 가지 상황을 가정할 수 있다.

첫째, 장기근무가 어려운 경우 3년, 5년 등 단기납입 하여 초기 투자효과를 최대한 높이고 납입기간 이후 경제적 여력에 따라 추가 납입을 실행하는 경우이다. 이 경우 장기납입 월보험료보다 납입보험료를 높게 책정하여 단기납입 하므로 장기납입에 대한 부담을 줄일 수 있다는 장점이 있다. 단기납입 하므로 월보험료를 어느 정도 높여야 한다는 점이 단점이다.

둘째, 월보험료를 소액으로 책정하고 납입기간을 10년 이상으로 결정하여 부담 없는 수준으로 납입하되 10년이후 경제적 상황에 따라 납입기간 연장을 통해 보험료를 추가납입 할 수 있는 방법으로서 보험료 납입에 부담이 적다는 것이 장점이다.

[추천납입기간]: 3~10년

③ 연금개시연령

연금개시 연령을 결정할 경우는 본인의 은퇴시점을 감안하여 가장 적정한 시기를 선택하는 것이 기본이며, 언제까지 경제활동을 할 것이며, 언제 은퇴할 계획이라는 인생계획(Life Plan) 하에 결정하는 것이 중요하다. 물론 가입 시 결정한 연금개시 연령은 100%는 아니지만 일정조건 하에서 향후 계약변경을 통하여 변경할 수도 있기 때문에 부담스럽지 않은 선에서 적정한 연령을 선택하고 사정상 은퇴계획이 변경되는 상황이라면 계약변경을 통하여 개시연령을 조정할 수 있는 방법을 모색하는 것도 추천한다. 변액연금보험의 연금개시 연령은 효율적인 투자기간을 고려한다면 가입 이후 15년은 지난 시점으로 연금개시 연령을 지정하는 것이 가장 바람직하다.

　[추천연금개시 연령]: 55~70세

④ 계약자 및 피보험자 지정

　계약직의 경우도 소속기업과 보험사가 협약을 맺었다면 소속회사의 근로자가 해당보험사의 변액연금보험에 가입할 경우 직장단체할인을 해주는 경우가 있다. 대부분 기본보험료의 1%에서 1.5%까지 선취로 보험료 할인을 받을 수 있기 때문에 계약자나 피보험자의 경우는 이러한 할인 혜택을 받을 수 있는 해당기업에 재직 중인 근로자를 지정하는 것이 비용을 절약할 수 있는 방법이다. 또한 부부 중 한 명만 변액연금보험에 가입해야 한다면 비용적으로 봐서는 남편보다 아내를 지정하는 것이 약간 유리하다. 하지만 그보다 우선 고려해야 할 사항은 남편과 아내의 은퇴 준비사항을 검토해보아야 하는데 아내가 전업주부라면 퇴직연금에 가입한 남편보다 여러 가지 면에서 은퇴준비가 부족하므로 가능하면 아내로 피보험자를 지정하여 가입하는 방법이 은퇴설계적 측면에서 보다 더 효율적일 수 있다.

⑤ 연금지급 방식

　연금지급 방식은 가입 시점에 결정할 사항이 아니고 연금개시 직전 1년 전에 선택할 사항이라 어떤 방식을 선택해야 하는지에 대해서는 당장 고민할 필요가 없다. 다만, 선택할 상품이 어떤 연금지급 방식을 지원하는지는 체크해야 한다.

8. 공무원에게 가장 효율적인 설계방안

① 보험료

공무원은 정년까지 고용이 보장되며, 수입도 점차 늘어나는 구조로서 가장 안정적인 직업 중 하나임에 틀림없다. 하지만 정년이 보장된 공무원이라 하더라도 일부를 제외하고 대부분이 박봉이라 할 수 있으므로 소액이라도 장기간 불입하여 투자규모를 점차 늘려가는 방법이 적절하며 자신의 기대연금수령액을 결정하고 납입기간과 현실의 소득을 감안하여 납입보험료를 결정해야 한다.

[추천 기본보험료]: 보통 10~35만 원

[기본보험료 규모]: 현재 납입가능금액의 50~100% 정도

② 납입기간

정년이 보장된 공무원의 특성상 특수한 상황이 아니라면 보험료 납입기간을 최대한 길게 하는 형태가 바람직하다.

[추천납입기간]: 20년~연금개시-5세

③ 연금개시연령

연금개시 연령을 결정할 경우는 본인의 은퇴시점을 감안하여 가

장 적정한 시기를 선택하는 것이 기본이며, 언제까지 경제활동을 할 것이며, 언제 은퇴할 계획이라는 인생계획(Life Plan) 하에 결정하는 것이 중요하다. 물론 가입 시 결정한 연금개시 연령은 100%는 아니지만 일정조건하에서 향후 계약변경을 통하여 변경할 수도 있기 때문에 부담스럽지 않은 선에서 적정한 연령을 선택하고 사정상 은퇴계획이 변경되는 상황이라면 계약변경을 통하여 개시 연령을 조정할 수 있는 방법을 모색하는 것도 괜찮다. 변액연금보험의 연금개시 연령은 효율적인 투자기간을 고려한다면 가입 이후 15년은 지난 시점으로 연금개시 연령을 지정하는 것이 가장 바람직하다. 특히 변액연금보험으로 수령하게 될 연금은 연금소득세와는 무관하므로 공무원연금하고 겹치더라도 세금하고는 큰 문제가 없으므로 부담 없이 연금개시 연령을 선택해도 된다.

[추천연금개시 연령]: 55~60세

④ 계약자 및 피보험자 지정

계약자의 소속기관과 보험사가 협약을 맺었다면 소속기관의 근로자가 해당보험사의 변액연금에 가입할 경우 직장단체할인을 해주는 경우가 있다. 대부분의 중앙정부나 지방정부, 시 군 구 공무원들은 직장 단체 할인혜택을 받을 수 있지만 보험사의 경우 대형사 정도만 어느 정도 해당될 수 있기 때문에 할인여부를 잘 검토하여 비용적인 면을 고려하고 상품과 계약자를 지정하는 것이 효율적이다.

⑤ 연금지급 방식

연금지급 방식은 가입 시점에 결정할 사항이 아니고 연금개시 직전 1년 전에 선택할 사항이라 어떤 방식을 선택해야 하는지에 대해서는 당장 고민할 필요가 없다. 다만, 선택할 상품이 어떤 연금지급 방식을 지원하는지는 체크해야 한다.

9. 교사에게 가장 효율적인 설계방안

① 보험료

은퇴설계가 가장 잘 준비되고 있다는 학교 교사라 하더라도 수입은 그리 높다고 할 수 없을 것이다. 따라서 소액이라도 장기간 불입하여 투자규모를 늘려가는 방법이 적절하며 납입보험료는 자신의 기대연금수령액을 결정하고 납입기간과 현실의 소득을 감안하여 적절하게 결정해야 한다. 특히 비용적인 면이나 유동성 면에서 보면 추가납입을 적극적으로 활용할 필요가 있다.

[추천 기본보험료]: 보통 10~35만 원

[기본보험료 규모]: 현재 납입가능금액의 50~100% 정도

② 납입기간

교사는 대부분 정년퇴임 때까지 고용이 보장된 직업이기 때문에 소액인 경우는 가능하면 보험료 납입기간을 최대한 길게 하는 형태가 바람직하다.

[추천납입기간]: 20년~연금개시-5세

③ 연금개시연령

연금개시 연령을 결정할 경우는 본인의 은퇴시점을 감안하여 가장 적정한 시기를 선택하는 것이 기본이며, 언제까지 경제활동을 할 것이며, 언제 은퇴할 계획이라는 인생계획(Life Plan) 하에 결정하는 것이 중요하다. 물론 가입 시 결정한 연금개시 연령은 100%는 아니지만 일정조건 하에서 향후 계약변경을 통하여 변경할 수도 있기 때문에 부담스럽지 않은 선에서 적정한 연령을 선택하고 사정상 은퇴계획이 변경되는 상황이라면 계약변경을 통하여 개시연령을 조정할 수 있는 방법을 모색하는 것도 괜찮다. 변액연금보험의 연금개시 연령은 효율적인 투자기간을 고려한다면 가입 이후 15년은 지난 시점으로 연금개시 연령을 지정하는 것이 가장 바람직하다. 특히 변액연금보험으로 수령하게 될 연금은 연금소득세와는 무관하므로 사학연금과 겹치더라도 세금하고는 큰 문제가 없으므로 부담 없이 연금개시 연령을 선택해도 된다.

[추천연금개시 연령]: 55~60세

④ 계약자 및 피보험자 지정

계약자의 해당 교육청과 보험사가 협약을 맺었다면 교육청의 근로자가 해당보험사의 변액연금에 가입할 경우 직장단체할인을 해주는 경우가 있다. 하지만 보험사의 경우 대형사 정도만 어느 정도 해당될 수 있기 때문에 할인 여부를 잘 검토하여 비용적인 면을 고려하여 상품과 계약자를 선택할 것을 추천한다.

⑤ 연금지급 방식

연금지급 방식은 가입 시점에 결정할 사항이 아니고 연금개시 직전 1년 전에 선택할 사항이라 어떤 방식을 선택해야 하는지에 대해서는 당장 고민할 필요가 없다. 다만, 선택할 상품이 어떤 연금지급 방식을 지원하는지는 체크해야 한다.

10. 직업군인에게 가장 효율적인 설계방안

① 보험료

일부를 제외하고 군인들 대부분의 소득은 박봉이라 할 수 있기 때문에 소액으로 장기불입과 일정기간을 정해서 증액식으로 보험료를 늘려가는 전략이 필요하다. 따라서 소액이라도 장기간 불입하여 투자규모를 늘려가는 방법이 적절하며 납입보험료는 자신의 기대연금수령액을 결정하고 납입기간과 현실의 소득을 감안하여 적절하게 결정해야 한다. 특히 비용적인 면이나 유동성 면에서 보면 추가납입을 적극적으로 활용할 필요가 있다.

[추천 기본보험료]: 보통 10~35만 원

[기본보험료 규모]: 현재 납입가능금액의 50~100% 정도

② 납입기간

직업군인 중 장교의 경우 일정계급(예, 중령)까지는 큰 문제 없이 진급할 수 있겠지만 그 이후는 진급을 장담할 수 없다는 것이 고객

대다수 사람들의 의견이다. 따라서 장교의 경우 무작정 길게 하여 보험료 납입에 대해 부담을 가지는 것보다는 본인의 상황에 맞게 적절한 납입기간을 설정하는 것이 필요하다. 그 외 부사관의 경우는 정년까지 고용이 보장되기 때문에 납입기간을 길게 하더라도 큰 부담이 없을 것이다.

　[추천납입기간]: 10년~연금개시-5세

　③ 연금개시연령

　연금개시 연령을 결정할 경우는 본인의 은퇴시점을 감안하여 가장 적정한 시기를 선택하는 것이 기본이며, 언제까지 경제활동을 할 것이며, 언제 은퇴할 계획이라는 인생계획(Life Plan) 하에 결정하는 것이 중요하다. 물론 가입 시 결정한 연금개시 연령은 100%는 아니지만 일정조건 하에서 향후 계약변경을 통하여 변경할 수도 있기 때문에 부담스럽지 않은 선에서 적정한 연령을 선택하고 사정상 은퇴계획이 변경되는 상황이라면 계약변경을 통하여 개시연령을 조정할 수 있는 방법을 모색하는 것도 괜찮다. 변액연금보험의 연금개시 연령은 효율적인 투자기간을 고려한다면 가입 이후 15년은 지난 시점으로 연금개시 연령을 지정하는 것이 가장 바람직하다. 특히 변액연금보험으로 수령하게 될 연금은 연금소득세와는 무관하므로 군인연금하고 겹치더라도 세금하고는 큰 문제가 없으므로 부담 없이 연금개시 연령을 선택해도 된다.

　[추천연금개시 연령]: 55~60세

④ 계약자 및 피보험자 지정

계약자의 소속기관과 보험사가 협약을 맺었다면 소속기관의 근로자가 해당보험사의 변액연금에 가입할 경우 직장단체할인을 해주는 경우가 있다. 군의 경우도 국방부 소속 각 기관별로 직장단체할인 혜택을 받을 수 있다. 하지만 보험사의 경우 대형사 정도만 어느 정도 해당될 수 있기 때문에 할인 여부를 잘 검토하여 비용적인 면을 고려하고 상품과 계약자를 선택할 것을 추천한다.

⑤ 연금지급 방식

연금지급 방식은 가입 시점에 결정할 사항이 아니고 연금개시 직전 1년 전에 선택할 사항이라 어떤 방식을 선택해야 하는지에 대해서는 당장 고민할 필요가 없다. 다만, 선택할 상품이 어떤 연금지급 방식을 지원하는지는 체크해야 한다.

11. 기혼자에게 가장 효율적인 설계방안

변액연금보험 뿐만 아니라 일반적으로 은퇴준비용 연금보험을 가입할 때에는 기혼이냐 미혼이냐에 따라 각각 설계방향을 다르게 설정할 수 있는데 미혼인 경우는 본인의 상황만 고려해도 되지만, 기혼인 경우는 자신 이외에 배우자까지도 감안한 설계가 진행되어야 한다. 특히, 아내의 경우 남편과 동일 연령이라도 보통 10년은 더 생존한다고 볼 수 있으므로 그에 대한 연금설계가 이뤄져야 할 것이며, 대체적으로 미혼일 때보다 투자기간이 더 짧아질 수 있다는 점을 확인해야 한다. 그리고 향후 연금수령 시 한 사람이 받아서 배우자에게 용돈 주듯이 하는 방법이 좋은지 아니면 따로따로 가입하여 자신이 직접 보험사로부터 연금을 수령하는 것이 좋을지 등에 대해서 신중하게 검토할 필요가 있다.

① 보험료

기혼자인 경우 부부가 따로따로 각각 1개씩 가입하는 경우와 1개로 묶어서 가입하는 경우에 따라 다르게 책정해야 한다. 부부가 1개 상품을 각각 가입할 경우 가정의 투자잉여금을 최대한 반영하여 결정해야 하며, 단일상품으로 가입 시에는 두 명분의 보험료를 합치거나 비용적인 면과 유동성을 확보한다는 점을 고려하여 정기추가납입(자동이체)을 활용하는 형태로 결정하는 것이 유리하다.

[추천 기본보험료]: 보통 10~100만 원

[기본보험료 규모]: 현재 납입가능금액의 50~100% 정도

② 납입기간

기혼자라고 해서 미혼자와 달리 특별한 납입기간이 존재하는 것은 아니며 자신의 직업과 능력 등 현실적인 재정능력 등을 감안하여 적정한 납입기간을 결정해야 한다. 또한 경제활동 가능기간에 비해 무작정 길게 해서도 안되며 그렇다고 너무 짧게 해서도 안 된다. 결국 본인과 배우자의 재무적 상황에 맞게 납입기간을 설정하는 것이 가장 좋은 방법이다. 여기서 직업에 따라 납입기간의 차이

가 날 수 있으므로 직업상 분류된 자료를 참조하기 바란다.

　[추천납입기간]: 3년~연금개시-5세납

　③ 연금개시연령

　연금개시 연령을 결정할 경우는 본인과 배우자의 은퇴시점을 감안하여 가장 적정한 시기를 선택하는 것이 기본이며 언제까지 경제활동을 할 것이며 언제 은퇴할 계획이라는 인생계획(Life Plan) 하에 결정해야 한다. 물론 가입 시 결정한 연금개시 연령은 100%는 아니지만 일정조건 하에서 향후 계약변경을 통하여 변경할 수도 있기 때문에 효율적인 투자기간과 부담스럽지 않은 선에서 적정한 연령을 선택하고 사정상 은퇴계획이 변경되는 상황이라면 계약변경을 통하여 개시연령을 조정할 수 있는 방법을 모색하는 것도 괜찮다. 특히, 맞벌이인 경우는 가장 늦게까지 경제활동을 할 수 있는 사람의 은퇴시점에 맞춰서 연금개시 연령을 결정하는 것도 좋은 방법이다.

　[추천연금개시 연령]: 60~65세

　④ 계약자 및 피보험자 지정

　일반적으로 생명보험사(대형사 위주)와 협약을 맺은 기업체나 공공기관들의 직원들은 직장계약에 따른 단체할인을 받을 수 있다.

　대부분 기본보험료의 1%에서 1.5%까지 선취로 보험료 할인을 받을 수 있기 때문에 계약자나 피보험자의 경우는 이러한 할인혜택을 받을 수 있는 해당기업에 재직 중인 근로자를 지정하는 것이 비용을 절약할 수 있는 효율적인 방법이다. 또한 부부 중 한 명만 변액연금보험에 가입해야 한다면 비용적으로 봐서는 남편보다 아내를 지정하는 것이 약간 유리하다. 하지만 그보다 우선 고려해야 할 사항은 남편과 아내의 은퇴 준비사항을 검토해보아야 하는데 아내가 전업주부라면 퇴직연금에 가입한 남편보다 여러 가지 면에서 은퇴준비가 부족하므로 가능하면 아내로 피보험자를 지정하여 가입하는 방법이 은퇴설계적 측면에서 보다 더 효율적일 수 있다.

⑤ 연금지급 방식

연금지급 방식은 가입 시점에 결정할 사항이 아니고 연금개시 직전 1년 전에 선택할 사항이라 어떤 방식을 선택해야 하는지에 대해서는 당장 고민할 필요가 없다. 다만, 선택할 상품이 어떤 연금지급 방식을 지원하는지는 체크해야 한다.

12. 미혼자에게 가장 효율적인 설계방안

① 보험료

미혼자라 하더라도 본인의 소득수준에 따라 납입보험료가 다를 수 있으며 기본적으로 20년 이상 장기투자 하는 상황이라면 부담 없는 수준(10~30만 원)에서 기본보험료를 결정해야 한다. 다만 장기투자 해야 하는 상황과 취업 전 또는 사회초년생이라면 장기투자 시 화폐가치 하락과 수입의 상승을 감안하여 보험료를 산정할 필요가 있다. 그리고 당연히 비용적인 면과 유동성을 확보한다는 면에서 추가납입도 적극적으로 활용해야 한다.

　[추천 기본보험료]: 보통 10~30만 원

　[기본보험료 규모]: 현재 납입가능금액의 35~50% 정도

② 납입기간

자신의 직업과 능력 등 현실적인 재정능력을 등을 감안하여 적정한 납입기간을 결정해야 한다. 또한 경제활동가능 기간에 비해 무작정 길게 해서도 안 되며 너무 짧게 해서도 안 된다. 결국 본인과 배우자의 재무적 상황에 맞게 납입기간을 설정하는 것이 가장 좋은 방법이다. 여기서 직업에 따라 납입기간의 차이가 날 수 있으므로 직업상 분류된 자료를 참조하기 바란다.

　[추천납입기간]: 10년~연금개시-5세납

③ 연금개시연령

연금개시 연령을 결정할 경우는 본인의 은퇴시점을 감안하여 가장 적정한 시기를 선택하는 것이 기본이며 언제까지 경제활동을 할 것이며 언제 은퇴할 계획이라는 인생계획(Life Plan) 하에 결정해야 한다. 물론 가입 시 결정한 연금개시 연령은 100%는 아니지만 일정조건 하에서 향후 계약변경을 통하여 변경할 수도 있기 때문에 효율적인 투자기간과 부담스럽지 않은 선에서 적정한 연령을 선택하고 사정상 은퇴계획이 변경되는 상황이라면 계약변경을 통하여 개시연령을 조정할 수 있는 방법을 모색하는 것도 괜찮다.

[추천연금개시 연령]: 60~70세

④ 연금지급 방식

연금지급 방식은 가입 시점에 결정할 사항이 아니고 연금개시 직전 1년 전에 선택할 사항이라 어떤 방식을 선택해야 하는지에 대해서는 당장 고민할 필요가 없다. 다만, 선택할 상품이 어떤 연금지급 방식을 지원하는지는 체크해야 한다.

13. 독신자에게 가장 효율적인 설계방안

① 보험료

독신자라 하더라도 본인의 소득수준에 따라 천차만별로 납입보험료가 다를 수 있다. 특히 전문직종사자라면 소득이 높아 투자보험료가 높을 수 있지만, 일반 샐러리맨이라면 부담 없는 수준에서 결정하는 것이 좋다. 또한 20년 이상 장기투자 하는 상황이라면 부담 없는 수준(10~35만 원)에서 기본보험료를 결정할 것과 전문직종사자라면 50~100만 원정도로 단기납입 하는 것도 추천한다. 그리고 당연히 비용적인 면과 유동성을 확보한다는 면에서 추가납입도 적극적으로 활용해야 한다.

[추천 기본보험료]: 보통 10~100만 원

[기본보험료 규모]: 현재 납입가능금액의 50~100% 정도

② 납입기간

독신자라고 해서 특별한 납입기간이 존재하는 것은 아니며 자신의 직업과 능력 등 현실적인 재정능력을 등을 감안하여 적정한 납입기간을 결정해야 한다. 또한 경제활동가능 기간에 비해 무작정길게 해서도 안 되며 너무 짧게 해서도 안 된다. 결국 본인의 재무적 상황에 맞게 납입기간을 설정하는 것이 가장 좋은 방법이다. 여기서 직업에 따라 납입기간의 차이가 날 수 있으므로 직업상 분류된 자료를 참조하기 바란다.

[추천납입기간]: 3년납~연금개시-5세납

③ 연금개시연령

연금개시 연령을 결정할 경우는 본인의 은퇴시점을 감안하여 가장 적정한 시기를 선택하는 것이 기본이며 언제까지 경제활동을 할것이며 언제 은퇴할 계획이라는 인생계획(Life Plan) 하에 결정해야 한다. 물론 가입 시 결정한 연금개시 연령은 100%는 아니지만일정조건 하에서 향후 계약변경을 통하여 변경할 수도 있기 때문에효율적인 투자기간과 부담스럽지 않은 선에서 적정한 연령을 선택하고 사정상 은퇴계획이 변경되는 상황이라면 계약변경을 통하여개시연령을 조정할 수 있는 방법을 모색하는 것도 괜찮다.

[추천연금개시 연령]: 60~70세

④ 연금지급 방식

연금지급 방식은 가입 시점에 결정할 사항이 아니고 연금개시 직전 1년 전에 선택할 사항이라 어떤 방식을 선택해야 하는지에 대해서는 당장 고민할 필요가 없다. 다만, 선택할 상품이 어떤 연금지급 방식을 지원하는지는 체크해야 한다.

14. 자영업자에게 가장 효율적인 설계방안

① 보험료

업종에 따라 또는 사업규모에 따라 수입의 차이가 크기 때문에 최우선적으로 본인의 재무상황에 맞게 설정해야 한다. 수입이 직장인과 비슷한 규모라면 소액(10~50만 원)으로 장기납입 하는 전략이 바람직하나, 고수익을 올리는 상황이라면 고액(100이상)으로 10년 이내의 단기간에 걸쳐 납입하는 방법이 좋다. 여기서 가장 중요한 것은 현실을 감안한 보험료를 산정해야 한다는 것이며 현재 수입의 규모 등으로 더 많은 보험료를 납입할 능력이 되더라도 자영업 특성상 예상치 못한 불확실 상황을 고려하여 부담 없는 수준에서 보험료를 결정해야 한다. 그에 대한 해답은 추가납입기능을 활용하는 것이 가장 좋은 방법이다.

예를 들어, 지금 매월 500만 원을 납입할 수 있는 상황이라도 기본보험료를 200만 원으로 하고 나머지 300만 원을 추가납입으로 처리한다면 불확실한 미래상황에 좋은 유동성으로 대처할 수 있는 방법이다. 마찬가지로 한번에 한 상품으로 모든 은퇴준비를 완료하겠다는 생각은 현실을 무시한 생각으로 바람직하지 않으며, 향후 재무적 상황에 따라 추가로 준비하겠다는 기본적 마음가짐이 필요하다.

[추천 기본보험료]: 보통 20~200만 원

[기본보험료 규모]: 현재 납입가능금액의 50~100% 정도

② 납입기간

각각의 상황에 따라 10년 이상 길게 가는 전략과 10년 이내의 단기납입 하는 전략을 활용하자. 고수익자의 경우 10년 이내 즉 5년납/7년납 등의 단기납입기간으로 설계한 후 납입기간이나 거치기간에 추가납입을 적극적으로 활용하는 방법이 좋다. 반대로 가늘고 길게 가는 형태가 맞는다면 납입기간을 10년 이상으로 책정하고 향후 재무적 상황에 따라 20년납 등으로 납입기간을 늘려 잡아 적정한 투자흐름을 확보하는 것이 필요하다. 물론 납입기간을 계약변경에 따라 늘려주는 것은 보험사별 상품별로 모두 가능한 것은 아니기 때문에 설계 시 꼼꼼하게 확인해야 할 사항이다.

[추천납입기간]: 3~20년납

③ 연금개시연령

연금개시 연령을 결정할 경우는 본인의 은퇴시점을 감안하여 가장 적정한 시기를 선택하는 것이 기본이며 언제까지 경제활동을 할 것이며 언제 은퇴할 계획이라는 인생계획(Life Plan) 하에 결정해야 한다. 물론 가입 시 결정한 연금개시 연령은 100%는 아니지만 일정조건 하에서 향후 계약변경을 통하여 변경할 수도 있기 때문에 효율적인 투자기간과 부담스럽지 않은 선에서 적정한 연령을 선택

하고 사정상 은퇴계획이 변경되는 상황이라면 계약변경을 통하여 개시연령을 조정할 수 있는 방법을 모색하는 것도 괜찮다. 특히 자영업의 경우 자신의 능력 여하에 따라 60세 이상의 고령자라고 하더라도 오랜 기간 동안 경제활동이 가능한 특징이 있으므로 가능하다면 연금개시 연령을 타 직종보다 좀 더 늦추는 방법도 괜찮다.

　[추천연금개시 연령]: 65~70세

④ 연금지급 방식

연금지급 방식은 가입 시점에 결정할 사항이 아니고 연금개시 직전 1년 전에 선택할 사항이라 어떤 방식을 선택해야 하는지에 대해서는 당장 고민할 필요가 없다. 다만, 선택할 상품이 어떤 연금지급 방식을 지원하는지는 체크해야 한다.

15. 고소득자(전문직)에게 가장 효율적인 설계방안

① 보험료

업종과 수입의 규모에 따라 큰 차이가 있기 때문에 보험료를 결정할 때는 우선적으로 자신의 재무설계 계획과 재무상황에 맞게 설정해야 한다. 그리고 상황에 따라 거액을 일시납으로 가입하는 것도 좋은 방법이며, 매월 일정금액을 10년 내외의 기간에 걸쳐 납입하는 방법도 괜찮다. 물론 경우에 따라서는 월 고액(100만 원 이상)으로 10년 이상 장기투자 하는 상황이 올 수도 있겠지만 가장 중요한 것은 본인과 배우자의 은퇴설계에 의해 보험료가 결정되어야 하며 현실을 최대한 감안해야 한다. 또한 보험사가 취하는 사업비를 절약하거나 장기 불입에 따른 유동성 위험을 헷지하기 위해서는 반드시 추가납입(정기, 자유)을 고려하여 보험료를 산정해야 한다.

[추천 기본보험료]: 보통 50~300만 원

[기본보험료 규모]: 현재 납입가능금액의 50~100% 정도

② 납입기간

각각의 상황에 따라 10년 이상 길게 가는 전략과 10년 이내의 단기납입 하는 전략을 활용하자. 고수입자의 경우 10년 이내 즉 5년납/7년납 등의 단기납입기간으로 설계한 후 납입기간이나 거치기간에 추가납입을 적극적으로 활용하는 방법이 좋다. 반대로 가늘고 길게 가는 형태가 맞는다면 납입기간을 10년 이상으로 책정하고 향후 재무적 상황에 따라 20년납 등으로 납입기간을 늘려 잡아 적정한 투자흐름을 확보하는 것이 필요하다. 물론 납입기간을 계약변경에 따라 늘려주는 것은 보험사별 상품별로 모두 가능한 것은 아니기 때문에 설계 시 꼼꼼하게 확인해야 할 사항이다.

[추천납입기간]: 3년납~20년납

③ 연금개시연령

연금개시 연령을 결정할 경우는 본인의 은퇴시점을 감안하여 가장 적정한 시기를 선택하는 것이 기본이며 언제까지 경제활동을 할 것이며 언제 은퇴할 계획이라는 인생계획(Life Plan) 하에 결정해

야 한다. 물론 가입 시 결정한 연금개시 연령은 100%는 아니지만 일정조건 하에서 향후 계약변경을 통하여 변경할 수도 있기 때문에 효율적인 투자기간과 부담스럽지 않은 선에서 적정한 연령을 선택하고 사정상 은퇴계획이 변경되는 상황이라면 계약변경을 통하여 개시연령을 조정할 수 있는 방법을 모색하는 것도 괜찮다. 특히 전문직의 경우 직장인 등 타 직종보다 자신의 능력 여하에 따라 60세 이상의 고령자라고 하더라도 건강이 허락하는 한 오랜 기간 동안 경제활동이 가능하다고 할 수 있다. 따라서 가능하다면 연금개시 연령을 타 직종보다 좀 더 늦추는 것도 좋은 방법이다. 물론 예외도 있다. 일찍 은퇴하여 여유로운 은퇴기간을 갖고자 하는 분들의 경우 은퇴설계 계획에 의거하여 55세 전후로 지정해도 문제가 없을 것이다.

[추천연금개시 연령]: 65~70세

④ 연금지급 방식

연금지급 방식은 가입 시점에 결정할 사항이 아니고 연금개시 직전 1년 전에 선택할 사항이라 어떤 방식을 선택해야 하는지에 대해서는 당장 고민할 필요가 없다. 다만, 선택할 상품이 어떤 연금지급 방식을 지원하는지는 체크해야 한다.

16. 20대에게 가장 효율적인 설계방안

① 보험료

20대의 사회초년생이라면 시간적 프리미엄을 최대한 활용하는 전략으로 소액을 길게 납입하는 방법으로 기본보험료를 결정하는 것이 바람직하다. 이 경우 대부분 충분한 시간을 확보할 수 있다는 장점을 십분 활용하여 소액이라도 장기납입을 통하여 고액을 단기에 납입하는 형태와 비슷한 수준의 연금수령액을 지급받을 수도 있다. 하지만 장기납입에 따른 화폐가치 하락에 대한 위험을 헷지하기 위한 증액식 투자로 보험료를 늘려갈 수 있는 장기전략도 필요한데 당연히 추가납입기능을 적극적으로 활용해야 한다.

[추천 기본보험료]: 보통 10~30만 원

[기본보험료 규모]: 현재 납입가능금액의 50~100% 정도

② 납입기간

개인별 재무상황에 따라 납입기간이 모두 다르겠지만, 20대의 경우 기본적인 납입기간은 20년 이상으로 장기로 설정하는 것이 좋겠다. 물론 본인의 목표로 하는 연금액에 맞는 수준에서 납입보험료 등을 감안하여 적정한 납입기간을 결정하는 것이 바람직하지만 일반적으로 경제활동가능기간이 다른 연령에 비해 길 수 있다는 관점에서 장기불입전략이 필요하다. 그렇다고 무작정 길게 해서도 안 되며 적정한 수준에서 본인의 재무적 상황에 맞게 납입기간을 설정하는 것이 가장 좋은 방법이라 생각한다.

[추천납입기간]: 20년납~

③ 연금개시연령

연금개시 연령이라 하면 20대에게는 아주 먼 미래얘기로 들릴 수 있고, 연금개시 연령을 몇 세로 지정해야 할지 감이 안 올 수 있는 항목일 것이다. 따라서 쉽지는 않지만 본인의 직업과 경제활동 계획에 의해서 언제까지 경제활동을 할 것이며 언제 은퇴할 것인지 등 인생계획 하에서 은퇴시점의 연금개시 연령을 결정해야 한다. 물론 가입 시 결정한 연금개시 연령은 100%는 아니지만 일정조건 하에서 향후 계약변경을 통하여 변경할 수도 있기 때문에 효율적인 투자기간과 부담스럽지 않은 선에서 적정한 연령을 선택하고 사정상 은퇴계획이 변경되는 상황이라면 계약변경을 통하여 개시연령을 조정할 수 있는 방법을 모색하는 것도 괜찮은 방법이다.

[추천연금개시 연령]: 65~70세

④ 연금지급 방식

연금지급 방식은 가입 시점에 결정할 사항이 아니고 연금개시 직전 1년 전에 선택할 사항이라 어떤 방식을 선택해야 하는지에 대해서는 당장 고민할 필요가 없다. 다만, 선택할 상품이 어떤 연금지급 방식을 지원하는지는 체크해야 한다.

17. 30대에게 가장 효율적인 설계방안

① 보험료

30대의 경우 20대보다는 부족하지만 그래도 투자할 수 있는 기간이 40~50대보다는 더 길기 때문에 봉급생활자라면 소액으로 장기투자 하는 형태가 기본이 되어야 한다. 또한 아직까지는 명퇴나 실직 등의 부담도 크지 않다고 해서 무턱대고 납입보험료를 높여서는 향후 유동성 위기에 처할 수 있으므로 현재 납입가능 여력의 절반 정도만 기본보험료로 책정하고 추가납입을 적절히 활용하는 것이 바람직하다.

[추천 기본보험료]: 보통 10~50만 원

[기본보험료 규모]: 현재 납입가능금액의 50~100% 정도

② 납입기간

일반적으로 소액으로 길게 납입하는 형태라면 납입기간은 최소 10년에서 연금개시-5세까지 결정하는 것이 바람직하다. 10년 이내로 짧게 납입할 수도 있지만 같은 수익률이라고 한다면 투자금의 규모에 따라 향후 지급받을 연금액이 결정되기에 소액인 경우는 길게 납입해야 어느 정도 투자금을 확보할 수 있다. 능력이 된다면야 납입기간을 처음부터 20년 이상 초장기로 가입할 수 있겠지만, 앞으로 자신의 경제활동이 어떻게 변할지 모르는 불확실한 상황에서 초장기로 계약한다면 상황에 따라 계약유지가 어려울 수 있다는 단점이 있다. 따라서 특별한 경우를 제외하고 가능하면 납입기간을

10년 정도로 책정하고 향후 상황에 따라 납입기간을 선택적으로 연장해가는 것이 바람직하다. 물론 납입기간을 계약변경에 따라 늘려주는 것은 보험사별 상품별로 모두 가능한 것은 아니기 때문에 설계 시 이런 부분을 꼼꼼하게 확인해야 될 사항이다.

　[추천납입기간]: 10~20년

　③ 연금개시연령

　연금개시 연령을 결정할 경우는 본인의 은퇴시점을 감안하여 가장 적정한 시기를 선택하는 것이 기본이며 언제까지 경제활동을 할 것이며 언제 은퇴할 계획이라는 인생계획(Life Plan) 하에 결정해야 한다. 물론 가입 시 결정한 연금개시 연령은 100%는 아니지만 일정조건 하에서 향후 계약변경을 통하여 변경할 수도 있기 때문에 효율적인 투자기간과 부담스럽지 않은 선에서 적정한 연령을 선택하고 사정상 은퇴계획이 변경되는 상황이라면 계약변경을 통하여 개시연령을 조정할 수 있는 방법을 모색하는 것도 괜찮다.

　[추천연금개시 연령]: 60~70세

　④ 연금지급 방식

　연금지급 방식은 가입 시점에 결정할 사항이 아니고 연금개시 직전 1년 전에 선택할 사항이라 어떤 방식을 선택해야 하는지에 대해서는 당장 고민할 필요가 없다. 다만, 선택할 상품이 어떤 연금지급 방식을 지원하는지는 체크해야 한다.

18. 40대에게 가장 효율적인 설계방안

① 보험료

연금개시 시점에 따라 투자기간이 다르겠지만 40대의 경우는 투자기간이 20~30대에 비해 짧기 때문에 소액으로 납입해서는 원활한 은퇴생활을 위한 연금을 수령하기 쉽지 않은 상황이다. 따라서 20~30대처럼 소액으로 장기납입 하는 형태가 아닌 고액으로 중단기 납입하는 형태나 또는 은퇴를 위해 마련한 목돈이 있다면 일시납입해서 10년 이상 거치 투자 후 연금을 수령하는 전략을 생각해봐야 한다.

[추천 기본보험료]: 보통 50~100만 원

[기본보험료 규모]: 현재 납입가능금액의 50~100% 정도

② 납입기간

40대의 특성상 경제활동기간이 그리 길지 않을 수 있기에 납입기간을 10년 이내로 하고 일정기간을 거치투자 하여 연금지급재원을 불려가는 전략이 바람직하다. 따라서 특별한 경우를 제외하고 10년 이내로 납입기간을 짧게 잡아서 경제적 부담을 덜어주고 추후 여력에 따라 추가납입을 고려하는 전략이 필요하다. 물론 여건에 따라 연금개시-5세납입으로 길게 납입할 수도 있다.

[추천납입기간]: 5~10년

③ 연금개시연령

연금개시 연령을 결정할 경우는 본인의 은퇴시점을 감안하여 가장 적정한 시기를 선택하는 것이 기본이며 언제까지 경제활동을 할 것이며 언제 은퇴할 계획이라는 인생계획(Life Plan) 하에 결정해야 한다. 물론 가입 시 결정한 연금개시 연령은 100%는 아니지만 일정조건 하에서 향후 계약변경을 통하여 변경할 수도 있기 때문에 효율적인 투자기간과 부담스럽지 않은 선에서 적정한 연령을 선택하고 사정상 은퇴계획이 변경되는 상황이라면 계약변경을 통하여 개시연령을 조정할 수 있는 방법을 모색하는 것도 괜찮다. 40대는 적립식의 경우 납입이 완료된 이후 최소한 5~10년 이상은 거치 투자한 후로 연금개시 연령을 지정하는 것이 좋겠고 거치식의 경우는 납입 후 10년이후로 연금개시 연령을 지정하는 것이 변액연금보험 구조상 효율적 투자라 생각한다.

[추천연금개시 연령]: 60~70세

④ 연금지급 방식

연금지급 방식은 가입 시점에 결정할 사항이 아니고 연금개시 직전 1년 전에 선택할 사항이라 어떤 방식을 선택해야 하는지에 대해서는 당장 고민할 필요가 없다. 다만, 선택할 상품이 어떤 연금지급 방식을 지원하는지는 체크해야 한다.

19. 50대에게 가장 효율적인 설계방안

① 가입형태, 보험료

적립식의 경우 최소한 15년 이상의 투자기간이 경과해야만 효율적 투자를 할 수 있다. 따라서 일반적으로 50대의 경우 은퇴시점까지의 잔여기간이 짧기 때문에 이러한 장기적 투자가 거의 어렵다고 판단하므로 일부 자금을 일시에 투자하여 거치식 투자로 가입 후 10년 정도 이후 연금을 수령하는 것이 바람직하다. 특히 거치식 투자에 있어서 기본보험료를 책정할 때도 비용과 유동성을 고려해야 하므로 반드시 추가납입을 병행하여 총 납입가능금액의 1/3 정도가 적정하다.

[추천 가입형태]: 거치식 또는 일시납

[기본보험료 규모]: 현재 납입가능금액의 1/3 정도

② 연금개시연령

연금개시 연령을 결정할 경우는 본인의 은퇴시점을 감안하여 가장 적정한 시기를 선택하는 것이 기본이며 언제까지 경제활동을 할 것이며 언제 은퇴할 계획이라는 인생계획(Life Plan) 하에 결정해야 한다. 거치식 연금보험의 경우 효율적 투자기간과 10년 이상 유지해야 비과세혜택이 주어지므로 가능하면 연금개시 연령을 계약 후 10년 이후로 지정하는 것이 유리하다.

[추천연금개시 연령]: 65~70세

③ 연금지급 방식

연금지급 방식은 가입 시점에 결정할 사항이 아니고 연금개시 직전 1년 전에 선택할 사항이라 어떤 방식을 선택해야 하는지에 대해서는 당장 고민할 필요가 없다. 다만, 선택할 상품이 어떤 연금지급 방식을 지원하는지는 체크해야 한다.

라│변액연금보험 설계사례

1. 30대 미혼여성(자영업)의 변액연금보험 설계사례

[신상정보]

① 이름: 김서현(가명, 32세)
② 직업: 자영업(입시학원 운영)
③ 혼인 여부: 미혼

[희망 변액연금정보]

① 부부형연금지급 방식: 지원가능
② 은퇴예정: 60세
③ 투자성향: 중도적
④ 납입기간: 55세납
⑤ 월 투자예정금액: 50만 원
⑥ 희망연금액: 현가로 매월 100~150만 원의 연금수령 희망함
⑦ 추가납입형태: 즉시추납 원함

[연금설계를 위한 예상 재무정보]

① 은퇴연령: 60세
② 은퇴기간: 40년(100세까지)
③ 은퇴기간 중 필요 연금액: 연 12,000(현가) 가정
④ 은퇴자산 마련을 위한 투자기간: 28년(23년간 적립투자, 5년 거치투자)
⑤ 투자기간 중 물가상승률: 연 4%로 가정
⑥ 은퇴기간 중 물가상승률: 연 2%로 가정
⑦ 투자기간 중 세후 투자수익률: 연 8% 월 복리로 가정
⑧ 은퇴기간 중 세후 투자수익률: 연 3%로 가정
⑨ 투자성향: 중도적(주식투입 비율 50% 이하)
⑩ 보험사 선호: 대형우량사 위주로 선택하기를 희망함
※모든 투자상품에 대한 사업비 및 수수료는 감안하지 않음.
※변액연금보험 기대수익률은 특별계정 투입금액의 수익률로 가정함.

은퇴자금 마련을 위한 연금설계 계획도

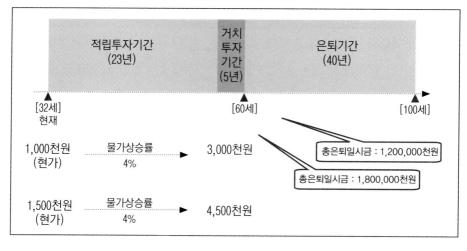

[기존 준비사항]

① 국민연금: 없다고 가정함.

변액연금보험 필요투자액

필요월연금액(현가)	은퇴시점 연금액	은퇴시점 총은퇴일시금	투자필요금액	투자기간
1,000천원	3,000천원	1,200,000천원	월1,500천원	적립투자(23년) 거치투자(5년)
1,500천원	4,500천원	1,800,000천원	월2,200만원	

현재 월 150만 원씩 55세까지 보험료를 납입한다면 가정한 기대수익률로 필요한 연금 월 1백만 원(현가)을 수령할 수 있다는 설계 결과이다.

[상품설계]

자영업의 특성상 현금흐름이 어려울 수 있는 상황을 대비하여 기본보험료를 최소로 함으로써 유동성을 확보하고, 추가납입을 병행하여 상품 자체의 비용을 절약함으로써 기대수익률을 극대화할 수 있는 설계전략이 필요하다. 따라서 위 투자필요금액의 1/3 정도를 기본보험료로 책정하고 나머지는 추가납입 하는 방안이 적정하다.

2. 40대 자영업 부부의 변액연금보험 설계사례

[신상정보]

① 본인: 정찬욱(가명, 42세), 자영업
② 배우자: 현미희(가명, 41세), 전업주부

[연금설계를 위한 예상 재무정보]

① 은퇴연령: 65세(본인 연령)
② 은퇴기간: 20년(배우자 독거기간 감안하지 않음)
③ 은퇴기간 중 필요 연금액: 연 24,000천원(현가) 가정
④ 부족자금 마련을 위한 투자기간: 23년
　　– 적립투자(18년), 거치투자(5년)
⑤ 투자기간 중 물가상승률: 연 3.5%로 가정
⑥ 은퇴기간 중 물가상승률: 연 2%로 가정
⑦ 투자기간 중 세 후 투자수익률: 연 8%로 가정
⑧ 은퇴기간 중 세 후 투자수익률: 연 3%로 가정
⑨ 투자성향: 중도적(주식투입 비율 50% 이하)
⑩ 보험사 선호: 우량사 위주로 선택하기를 희망함
※모든 투자상품에 대한 사업비 및 수수료는 감안하지 않음.
※변액연금보험 기대수익률은 특별계정 투입금액의 수익률로 가정함.

연금설계 계획도

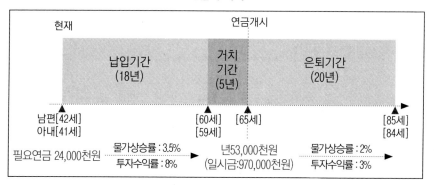

[기존 준비사항]

노후자금용으로 별도 준비중인 상품이 없는 것으로 가정함.

[추가로 투자해야 할 투자액]

18년간 적립투자와 5년간의 거치투자를 한다는 가정하에 필요한 총 은퇴일시금을 마련하려면 매월 1,500천원을 18년간 연 8% 월 복리 상품에 투자하고 5년간 거치투자를 해야만 가능하다는 결과이다.

(단, 사업비 등의 상품에 대한 비용은 감안하지 않은 계산)

변액연금보험 필요투자액

총은퇴일시금	투자기간	변액연금 기대수익률	변액연금 투자필요액
970,000천원	적립투자(18년) 거치투자(5년)	연8%	월 1,500천원

[결론]

변액연금보험에 연 8% 수익률(특별계정 투입금액 대비)로 월 150만 원씩 18년간 적립투자 후 5년간 거치투자를 한다면 목표로 하는 은퇴자금을 마련할 수 있다.

3. 50대 사업가의 변액연금보험 설계사례

이경환(56세, 가명) 고객은 중소규모의 건설설비 회사를 경영하는 사업가로서, 1년 전쯤 갑자기 위암 진단을 받아 수술을 받았으며 현재는 병세가 많이 호전되어 회사에 가끔 출근하여 업무를 보고 있는 상황이다. 물론 수술 이후 몸 상태가 예전과 달리 불편한 점은 있지만 일상생활에는 그렇게 큰 문제가 없다고 한다. 그러던 차에 평소에 배우자를 극진히 사랑하고 있는 이경환 고객은 한 번 암에 걸려보니 언제 어떻게 될지 모르겠구나 라는 생각에 사후에 배우자가 혼자 여생을 살아갈 것을 걱정하여 배우자에게 자식들 몰래 연금상품을 가입해주기를 희망하였고 보유한 금융자산을 그냥 놔두면 모두 자식들 차지가 될 것이라는 생각으로 배우자(황성숙)의 노후준비를 심각하게 생각하여 배우자 명의로 2억 원 정도의 연금보험 가입을 결정하였다. 따라서 어떤 방식으로 가입해야 적절한지 상담 의뢰한 것에 대해 다음과 같은 설계방법을 제안하였다.

[변액연금보험 설계내용]
① 보험 상품: S사 변액연금보험_일시납
② 계약자, 수익자: 황성숙(50세, 가명)
③ 피보험자: 황성숙
④ 기본보험료: 70,000천 원
⑤ 추가납입보험료: 130,000천 원
⑥ 연금개시 연령: 65세

계약자와 수익자 그리고 피보험자는 배우자로 지정하여 가입하는 구조로 증여가 발생되지 않도록 설계하였으며, 기본보험료를 전체납입보험료의 약 1/3 수준으로 하고 나머지를 추가납입 하는 구조로써 사업비를 줄여서 수익률을 올릴 수 있도록 설계하였다.

물론 추가납입 보험료는 투자위험관리 차원에서 6개월 평균분할투자로 1/6씩 채권형펀드에서 인덱스형펀드로 투자되도록 자동으로 설정하여 투자위험을 최소화할 수 있도록 설계하였으나, 이경환 고객이 직접투자에 많은 경험을 보유하였기 때문에 직접 매매타이밍을 잡아서 투자하기로 하였음.

4. 20대 직장인의 변액연금보험 설계사례(공격적 투자성향)

26세 이현서(가명, 여성)씨는 평소에 재테크나 재무설계에 관심이 많은 미혼의 직장인이다. 사회생활을 남들보다 일찍 시작한 이현서씨는 결혼은 해도 되고 안 해도 된다고 생각하며 결혼보다는 자신의 노후준비에 관심이 더 많았고 최근에는 한 재무설계 관련 서적을 읽고서 은퇴준비는 젊었을 때부터 시작해야 유리하다는 말에 감명을 받고서 노후준비에는 연금만한 것이 없다고 판단하여 변액연금보험 설계를 의뢰해 왔다. 특히 이현서씨는 시중의 주요 변액연금보험처럼 주식투입 비율이 50%를 넘지 못하는 채권혼합형 상품에는 관심이 없고 원금손실이 있더라도 주식투입 비율을 다소 높여서라도 기대수익률을 높이 가져갈 수 있는 공격적 상품에 가입하길 희망하였다.

[변액연금보험 가입조건]
① 보험사: 우량사

② 투자성향: 공격적(주식투입 비율 60% 이상), 원금보장 원치 않음
③ 월 보험료: 20만 원
④ 납입기간: 20년
⑤ 연금개시: 55세 이후

[변액연금보험 설계내용]
① 추천상품: S변액유니버셜보험
② 월 보험료: 기본보험료(20만 원)
③ 납입기간: 12년납(의무납입)

이현서씨는 변액연금보험 선택기준 중에서 주식투입 비율을 60% 이상 높게 투자할 수 있는 공격적 투자성향의 상품을 선택해야 한다는 점을 가장 중요한 것으로 요청하였으므로 S변액유니버셜보험으로 설계할 것을 권유하였다. 이 상품은 변액연금보험은 아니지만 연금전환 시 가입 시점의 경험생명표를 적용해주는 특이한 점이 있는 상품으로서 공격적 투자성향의 투자자들이 변액연금보험과 동일하게 투자할 수 있는 상품이다.

5. 30대 공무원의 변액연금보험 설계사례

30대 초반의 변정수(가명)씨는 공무원임에도 불구하고 정부의 공무원연금지원 삭감 및 조정에 대한 대비책으로 개인연금을 별도로 준비해야겠다고 결심하였다. 이에 시중금리보다는 높고 화폐가

치하락을 헷지 할 수 있을 정도의 기대수익률을 바라볼 수 있는 변액연금보험 가입을 결심하고 연금설계를 요청하게 되었다.

아직 미혼인 변정수 고객은 곧 결혼할 예정이며, 연금개시 시에는 부부형연금지급 방식을 선택하여 향후에 배우자를 배려하는 연금설계를 원하였으며 지금은 월 20만 원씩 불입하지만 향후 1~2년 뒤 소득이 증가하면 정기추가납입을 병행하여 50~60만 원으로 보험료 증액을 예상하고 있다.

[변액연금보험 가입조건]
① 보험사: 우량사 위주
② 투자성향: 중도적
③ 월 보험료: 20만 원
④ 납입기간: ?
⑤ 연금개시: 60세
⑥ 특별사항: 부부형연금지급 방식 지원상품 희망

[변액연금보험 설계내용]
① 추천상품: K사 변액연금보험
② 월 보험료: 기본보험료(20만 원)
③ 납입기간: 20년
④ 연금개시: 60세

위 변정수씨의 설계조건은 부부형연금지급 방식 이외에는 특별히 설계하기 어려운 사항이 없기 때문에 부부형연금지급 방식을 지원하는 주요 변액연금보험은 위 조건을 거의 충족할 수 있다. 다만, 1~2년 후부터 정기추가납입을 실행할 예정임을 감안하여 K사 변액연금보험을 추천하였다.

6. 30대 독신자의 변액연금보험 설계사례

김정민(가명)씨는 39세의 독신여성이며 현재 공기업 계열 연구소에 근무하고 있는 연구원이다. 대학원 졸업의 고학력에 직책은 개발연구팀의 과장으로서 직장 내에서 확고한 입지를 세운 커리어우먼이라 할 수 있다. 하지만 김정민씨 본인은 평생독신으로 살 예정인데다가 공무원도 아니고 혹시 모를 구조조정이나 명예퇴직을 당하지 않을까 노심초사하고 있으며 현재의 자산으로 정년퇴직 전에 퇴직 당한다면 노후에 문제없이 혼자 살아나갈 수 있을까 하는 고민을 하고 있었다.

그도 그럴 것이 일반기업체의 경우 나이 40이 넘으면 정년퇴임 전까지 계속 근무한다는 것이 쉽지 않은 현실인데 하물며 평생 독신으로 살아갈 생각을 가지고 있는 김정민씨로서는 더욱 더 자신의 상황에 대해 불안감을 가지는 것은 당연하다 생각된다. 이에 대해 김정민씨는 변액연금보험 가입을 통해서 부족한 노후준비를 희망하였다.

[변액연금보험 가입조건]

① 보험사: 우량사
② 투자성향: 중도적, 원금보장 원함
③ 월 보험료: ?
④ 납입기간: ?
⑤ 연금개시: 60세 정도

[변액연금보험 설계내용]

① 가입상품: P변액연금보험
② 월 보험료: 기본보험료(50만 원)
③ 납입기간: 7년
④ 연금개시: 60세

　김정민씨는 상담을 통해 기존 변액연금보험과 중복되는 종신형 변액연금보험다는 연금개시 후에도 연금재원을 계속적으로 펀드에 투자할 수 있는 실적형의 변액연금보험 가입을 결정하였으며, 실적형 중 본인의 재무적 상황과 투자성향에 가장 적정한 P변액연금보험을 선택하였다.

　또한 본인이 판단하기에 앞으로 현재의 직장에서 10년 이상 근무를 장담할 수 없는 상황이기에 납입기간을 7년납으로 결정하였고 그 이후 계속 근무하거나 별도 수입이 발생한다면 추가납입을 실행할 계획으로 50만 원의 월 보험료를 책정하였다.

7. 20대 직장인의 변액연금보험 설계사례

　이한희(가명, 남성)씨는 20대 후반의 중소기업에 다니는 전형적인 샐러리맨으로서 앞으로 3~4년 안에는 결혼계획을 가지고 있는 상당히 장래가 촉망되는 유능한 대한민국의 청년이다. 호감 가는 인상인 이한희씨는 몇 해 전부터 은퇴설계나 재무설계에 관심을 가져왔으며 관련 책 등을 통해 노후준비에 대한 필요성 등을 깨닫게 되어 연금설계에 대한 상담을 의뢰하게 되었다.

　이한희씨의 설계조건은 특별한 점은 없으며 대부분 일반적이었으나, 변액연금보험을 당장 가입하는 것은 가능하나 10년, 20년 뒤에도 지금과 같이 보험료 납입이 가능할지 등 납입기간이 긴 것에 대해서 부담을 가지고 있었으며, 그 위험을 최소화했으면 좋겠다는 것이 설계요점이다.

[변액연금보험 가입조건]
① 보험사: 우량사 위주
② 투자성향: 중도적
③ 월 보험료: 20만 원
④ 납입기간: 20~30년 정도
⑤ 연금개시: 65세 정도

[변액연금보험 설계내용]
① 추천상품: K사 변액연금보험

② 월 보험료: 기본보험료(10만 원), 정기추납보험료(10만 원)
③ 납입기간: 10년
④ 연금개시: 65세

　이한희씨는 정년까지 고용이 보장된 직업일 확률이 다소 낮은 일반 중소기업 회사원으로서 본인이 걱정하듯이 10년, 20년 무한정 원할 때까지 근무할 수 있는 여건이 아니라고 판단한다. 따라서 납입기간을 계약 당시에는 10년으로 하고 8~9년쯤 지나서 그때의 재무상황을 파악한 후 보험료 납입을 더할 수 있는 상황이라면 납입기간 연장에 대한 계약변경(보험사 승낙이 있어야 가능)을 통해 납입기간을 늘려갈 수 있는 상품인 K사 변액연금보험 가입을 권유하였다.

　이렇게 설계한다면 20~30년 장기로 납입할 수 있으면서 납입기간에 대한 RISK를 최소화할 수 있는 적정한 설계라 할 수 있다.

8. 20대 여교사의 변액연금보험 설계사례

　한가람(가명)씨는 수도권의 한 중학교 수학교사로 재직 중이며 아직은 미혼이나 향후 결혼에 대해서는 정말 평생 배필로서 적당한 사람을 만난다면 할 수도 있지만, 여의치 않을 경우 평생 독신으로 살 것이라면서 이에 혼자 살 경우를 대비하여 연금설계를 의뢰해 왔다. 한가람씨는 향후 정년퇴임 전까지 근무할 경우 사학연금으로 어느 정도 노후준비는 가능하다고 판단했으나, 분석한 결과 필요로 하는 은퇴자금 목표액에 못 미치게 되어 부족자금마련을 위해 다음과 같이 추가로 연금을 준비하기로 하였다. 특징은 중도에 투자손실을 볼 위험은 감수하나, 연금개시 시 원금보장을 원하는 중도적인 투자성향임.

[신상정보]

① 이름: 한가람(여성, 29세)
② 직업: 중학교 수학교사

[연금설계를 위한 예상 재무정보]

① 연금개시 시점: 60세
② 은퇴기간: 30년
③ 물가상승률: 은퇴 전(연 4%), 은퇴 후(연 2%)
④ 투자수익률: 은퇴 전(연 8%), 은퇴 후(연 3%)
⑤ 납입기간: 20년 정도
⑥ 투자성향: 중도적
⑦ 보험사 선호: 가장 우량한 회사
※모든 투자상품에 대한 사업비 및 수수료는 감안하지 않음.
※변액연금보험 기대수익률은 특별계정 투입금액의 수익률로 가정함.

은퇴설계 계획도

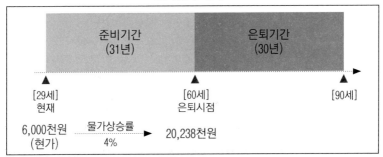

[추가 필요 연금액]

① 사학연금을 제외한 추가 필요 연금액: 연 6,000천 원(현가)

[은퇴시점 추가로 필요한 은퇴일시금]

부족한 연금액은 현재가치로 6,000천 원이므로 이것을 물가상 승률로 계산한 은퇴시점의 미래가치는 20,238천 원이며, 30년간 의 물가상승률과 투자수익률을 감안하여 계산하면 은퇴시점에 추 가로 필요한 은퇴일시금은 528,951천 원이 된다.

[변액연금설계 방안]

변액연금보험으로 매월 600천 원씩 20년간 납입하고 11년간 거 치투자를 한다면 연 8%(특별계정 투입금액 대비) 기대수익률로 연 금개시 전까지 약 560,000천 원을 마련할 수 있다. 여기서 기본보 험료를 600천원으로 하는 것보다는 기본보험료는 200천 원과 정 기추가납입보험료는 400 천원으로 분할하여 투자하는 것이 수익 률을 더 높이고 부담 없이 투자할 수 있는 방법이므로 부족자금 마 련을 위한 방법으로 적절하다.

마 | 변액연금보험 올바른 선택

1. 상품선택 핵심전략

　요즘 은퇴준비로 연금을 준비한다면 가장 많은 사람들이 첫 번째로 생각하는 상품이 변액연금보험 일 것이다. 이유는 여러 가지가 있겠지만 장기적인 관점에서 초저 금리시대를 해결할 연금상품으로는 변액연금보험이 가장 적격이라 생각하기 때문이 아닐까? 은퇴준비용 금융상품으로 연금저축이나 연금펀드 등의 상품도 있지만, 역시 고령사회로서 평균수명이 계속적으로 늘어가는 상황에서는 평생 동안 연금을 지급받을 수 있는 변액연금보험이 가장 매력적이라 생각할 수 있는 것이다. 그러므로 이러한 변액연금보험을 검토하는 입장에서 어떤 상품을 선택해야 하는지 또는 어떤 형태로 가입해야 하는지 등에 대해서 일반인들의 관심이 상당히 높은 상황이라 할 수 있다. 이에 변액연금보험 상품의 선택 시 반드시 고려해야 할 핵심전략에 대해 자세히 알아보자.

① 보험료책정

변액연금보험 등 연금상품의 보험료는 기본보험료, 추가납입보험료의 2가지 형태로 나뉜다. 기본보험료는 약정한 납입기간 동안 반드시 납입해야 하는 보험료로서 2개월 이상 납입이 안되었을 때는 보험계약의 효력이 상실되는 실효상태가 되며 실효기간이 2년이 지나면 계약은 소멸된다. 반면에 추가납입보험료는 보통 기본보험료의 2배(200%) 이내에서 수시 또는 정기로 추가납입이 가능하며 의무납입이 아니므로 가입자 입장에서는 납입해도 되고 안 해도 되는 보험료로서 선택적으로 납입하고자 할 때 유용한 기능이다.

따라서 가입자 입장에서는 변액연금보험의 기본보험료를 무리해서 높일 필요가 없다. 그렇다고 아주 낮은 금액으로 기본보험료를 책정하면 향후 추가납입 할 수 있는 규모(기본보험료의 2배 이내)가 부족하기 때문에 확정성에 문제가 생길 수 있음으로 적정하게 책정해야 한다. 일반적으로 기본보험료는 10년 이내 사업비로 평균 10% 정도를 선취로 떼어서 보험사가 가져가고 나머지를 펀드에 투자함으로써 상품자체의 수익률이 시작부터 −10%라 할 수 있다. 하지만 추가납입보험료의 경우는 사업비 공제율이 2.5~4%로 상품별로 차이가 있지만 그래도 이 방법을 잘 활용한다면 펀드수익률을 떠나 가입자가 상품 자체의 수익률을 높이는 결과가 나타날 수 있다. 특히 여기서 변액연금보험의 추가납입방법 중 중요한 검토사항이 정기추가납입기능의 지원유무로서 정기추가납입기능은 기본보험료를 월납으로 자동이체를 통해 납입하듯이 정기 기간 동안 자동이체로 납입이 가능한 기능이다. 월 기본보험료를 90만 원 납입하는 것이나 기본보험료 30만 원+추가납입 60만 원으로 납입하는 것이나 가입자 입장에서는 같으나 펀드투자금액은 5% 이상 차이가 날 수 있으며 그 차이는 바로 가입자의 수익으로 볼 수 있다. 따라서 가능하면 투자금액에서 기본보험료를 낮춰서 추가납입금액을 활용하여야 투자수익률을 더 높일 수 있기 때문에 반드시 이 기능을 잘 활용하여야 한다고 생각한다.

② 원금보장의 적정한 규모

국내 판매 중인 대부분의 변액연금보험은 노후준비용 연금상품으로서 연금지급개시 직전까지 유지하여 연금지급을 요청했을 때 아무리 손실을 보더라도 연금지급재원으로 기납입보험료를 100% 보증해 준다. 또한 정부에서도 상품판매 허가를 승인할 때 국민들의 안전한 노후보장을 위해서 원금보장여부를 필수로 검토한다는 얘기도 있듯이 변액연금보험에서 원금보장여부는 관심의 초점이 된다. 특히 요즘 출시되는 변액연금보험들은 원금100% 보증의 원금보장을 떠나서 원금의 최대 200%, 300% 보장 등 경쟁적으로 원금보장 규모를 늘려가는 추세다.

그 이유는 원금보장규모를 늘려서 광고를 하면 상품판매가 잘 되기 때문일 것이다. 하지만 기납입보험료의 최대 200 ~ 300% 보장이라는 광고 멘트에 솔깃해서 가입하는 사람들이 많지만 사실 공짜는 없다. 원금이상에 대한 보장을 해주려면 그 모든 리스크는 보험사가 떠안고 가야 하는데 보험사 입장에서 그걸 그냥 해줄 리가 없다. 그에 대한 높은 수수료를 가입자에게 요구할 것이고 스텝업으로 최대 200%까지 보장해주는 조건 역시 고수수료 외에도 각 단계별로 주식투입 비율을 강제로 줄여서 기대수익률을 떨어지게 될 수 밖에 없는 것으로써 가입자 입장에서는 원금 최대 200%, 300% 보장이라는 기분 좋은 말에 선뜻 가입하지만, 사실은 높은 선취사업비와 높은 후취수수료까지 지불하면서 변액연금보험의 투자취지까지 훼손(?)하며 가입하는 것이나 마찬가지라 할 수 있다. 변액연금보험이란 시중금리보단 높은 기대수익률을 추구하며 손실에 대한 리스크는 15년 이상 장기투자로 만회시킬 수 있다는 것이 투자취지임에도 불구하고 그 손실에 대한 위험을 보험사에 높은 수수료를 주고 기대수익률을 낮춰서 투자할 필요가 있을까?

변액연금보험을 선택하면서 과도한 원금보장이상을 요구한다면 차라리 안전하고 사업비가 저렴한 연금보험을 가입하는 것이 더 유리할 수도 있으며 과도한 원금보장 이상보다는 적정한 원금보장과 투자손실은 장기투자의 효과로 헷지 시킬 수 있는 평범한 저수수료의 상품이 훨씬 유리하다고 생각한다.

따라서 변액연금보험 가입을 검토하는 입장에서 원금보장의 규모가 자신의 투자성향에 적절한지 충분한 검토가 이뤄져야 하며 그러한 상품이 본인에게 효율적인지도 다시 한 번 확인해봐야 할 중요한 사항이다.

③ 연금지급 방식 검토

변액연금보험은 다양한 연금지급 방식을 지원한다. 각 상품별로 지원 방식의 차이가 있으나 일반적으로 "종신개인형" "상속형" "확정기간형"은 거의 대부분 상품들의 필수지원 기능이며 그 이외에도 "종신부부형" "실적배당형" "체증형" 등의 기능은 상품별로 지원하는 상품도 있고 지원하지 않는 상품도 있다.

여기서 가입자가 중점적으로 검토할 사항은 지금 이 연금지급 방식을 선택할 것이라 원하는 지급방식을 지원되는 상품이면 된다기보다는 20~30년 뒤 연금개시 직전에 선택해야 할 사항이므로 자신의 재무적 상황이 어떻게 변하여 어떤 방식이 유리할지 예측할 수 없으므로 가능하면 다양한 연금지급 방식을 지원하는 상품을 선택하는 것이 유리할 수 있다. 예를 들어, 지금은 미혼이며 평생 독신으로 살아가겠다고 계획하고 있다지만 사람의 일이라는 것은 모르는 것이다. 갑자기 맘에 드는 사람이 나타나면 계획이 바뀔 수도 있고 느지막하게 결혼할 수도 있기 때문에 가입할 때는 독신이라 일부 방식이 필요 없다고 할 수 있지만 연금개시 전에는 반드시 필요한 기능일 수 있다는 것이다.

따라서 지금 현재상황에서 필요한 연금지급 방식이라기보다는 기왕이면 장래에 변하게 될 수 있는 재무적/비재무적 상황을 다양하게 포괄할 수 있는 연금지급 방식을 지원하는 상품을 선택하는 것이 바람직하다고 볼 수 있다.

④ 연금개시 연령

변액연금보험을 가입할 때 큰 고민거리 중 하나가 연금개시 연령을 몇 세로 정하느냐는 문제인 것 같다. 보통 피보험자의 성별 또는 연령대에 따라 다소 차이가 있지만 최근 변액연금보험에 가입하는 형태를 종합해보면 대략 60~65세의 연금개시 연령을 선택하는 경우가 대부분인 것 같다.

평균수명 80세시대의 평균연금개시 연령

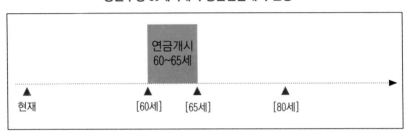

대부분의 가입자들은 현재 상황에서 60~65세에 가장 은퇴를 많이 할 것이라 예상하고 있기 때문에 주로 이 연령대를 선택하는 것으로 판단된다. 변액연금보험에 있어서 연금개시 연령을 선택하기 위해서는 기본적으로 본인의 은퇴시점 즉 몇 세 때부터는 반드시 연금을 수령해야 한다고 예상하는 연령으로 결정해야 한다. 지금 보통 생각하는 연금개시 연령이 60~65세이지만 현재의 생각이 그러하더라도 20~30년 또는 그 이상의 기간이 지난 상황에서도 지금 생각하는 연금개시 연령이 비슷할까? 그건 모르는 일이다. 생각했던 것보다 조기은퇴 하여 연금개시 연령을 예상보다 앞당겨야 할 수도 있고, 예상했던 은퇴시점이 길어져 70세 또는 75세에 연금을 받아야 할 상황도 올 수 있는 것이다. 그러나 지금의 평균수명이 늘어나는 추세와 전문가들이 예상하는 우리나라의 고령화 속도 등을 감안한다면 현재 우리가 생각하는 연금개시 연령(보통 60~65세)은 뒤로 밀려날 확률이 크다고 할 수 있다.

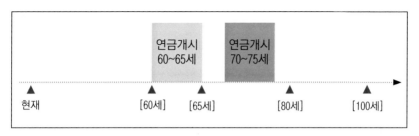

평균수명 100세시대의 평균연금개시 연령

따라서 변액연금보험 가입자는 최대한 자신의 은퇴시점 즉 연금 개시가 꼭 필요한 연령을 심사숙고 하여 결정하되, 연금개시 연령을 융통성 있게 연장하거나 단축하여 연금개시 연령을 조절할 수 있는 기능을 지원하는 상품을 선택하는 것이 가입 시 한번에 연금개시 연령이 고정되는 상품보다 불확실한 미래를 생각했을 때 더 유리한 것이 아닐까 생각된다.

2. 보험사선택 핵심전략

변액연금보험을 검토하는 소비자들이 상품 선택 못지 않게 중요하게 검토해야 할 사항이 바로 어떤 보험사를 선택해야 하느냐인 것 같다. 이유는 간단하다. 수십 년간 투자한 자산을 가지고 가입자의 연금지급을 종신토록 보장해줄 수 있어야 하기 때문이다. 부부연금형인 경우 현재 20~30대가 배우자까지 종신보장 받으려면 평균수명 예상에 따라 대략 60~70년은 안전하게 회사가 존재해야 한다. 이렇게 수십 년 이상 초장기로 유지해야 하는 상품임에도 불구하고 인터넷 여러 사이트의 게시 글 등에는 예금자보호가 되지는 않지만 간접투자자산운용업법에 의해 투자자의 자산은 수탁사에서 안전하게 보관하고 있기 때문에 보험사가 망하더라도 걱정 없으며 또한 부도날 경우도 다른 보험사가 인수해서 계속 보장받을 수 있다고 하며 보험사 걱정은 하지 말고 가입해도 된다는 글들이 많은 것을 보고 너무나 안이한 발상이 아닌가 생각된다. 위의 주장이 일부는 맞지만 전부가 다 옳은 것은 아니라 생각한다.

투자기간 즉 연금지급개시 전에 보험사가 망하면 투자자의 자산을 수탁사에서 찾을 수도 있지만 연금개시 후에는 보험사 관할(일반계정)이라 연금개시 후 보험사가 부도가 나거나 파산할 경우에는 연금보장은 계속적으로 이뤄지지 않을 수 있다. 한마디로 투자기간이 아니라 연금개시 이후가 문제인 것이다. 이때는 예금자보호 대상이므로 전체를 다 보장받을 수 있을지 의문이다.

만약 보험사가 부도날 경우 다른 보험사가 인수해서 계속 보장받을 수 있겠지만 부도난 보험사의 무리한 상품판매와 부실의 원인이 연금지급 등 보장조건 때문이라면 인수할 회사가 그 조건을 그대로 인수해서 보장해줄 수 있을까? 누구도 100% 장담할 수 없을 것이다. 또한 다른 보험사로 인수합병 되는 것은 그나마 다행이지만 파산하는 경우는 어떻게 될까? 부실한 보험사의 수익률이 악화되어 가입자에 대한 무리한 연금보장이나 보장내용이 문제된다면 과연 인수할 회사가 선뜻 나타날지도 의문이다. 인수회사가 나타나지 않는다면 해당보험사는 파산할 수밖에 없으며 그에 대한 피해는 고스란히 가입자의 몫이 될 수밖에 없다.

"보험사는 절대 망하지 않는다"라는 말이 있다. 이 말이 계속 유효할까? 지금까지는 그럴 수 있었지만 이제는 다르다고 생각한다. 최근 몇 년 전까지만 하더라도 보험사는 안전자산에 투자하는 형태였지만 2000년대 초반부터 주식에 투자하는 고위험 상품인 변액보험을 너도나도 도입하여 판매함으로써 그 상품에 대한 투자결과가 나타나기 시작하는 10~20년 뒤부터는 현재까지의 안전한 보험사가 어떻게 될지 아무도 장담할 수 없는 것이다. 판매한지 불과 몇년밖에 안됐고 아직 연금지급을 본격적으로 하지 않고 있기 때문에 상품판매의 부실이 있는지 없는지 아직은 알 수 가 없다. 앞으로 연금을 지급해야 할 시점인 10~20년 뒤가 문제가 되지 않을까? 무리한 원금보장 조건에 주식시장이 예상과 달리 장기침체 하는 상황이 된다면 주식투입 비율이 높은 펀드를 편입한 변액연금보험의 수익률이 곤두박질 칠 것이고 보험사가 경쟁적으로 가입자에게 좋은 조건으로 판매한 결과가 결국 부메랑으로 돌아와 보험사를 부실하게 만들 수 있을 것이다.

외국에는 이런 사례가 많다고 한다. 유럽의 보험선진국에서 파산하는 보험사의 사례가 대부분 해당보험사의 변액연금보험 판매로 인한 것이라고 하는데 경쟁적으로 좋은 조건으로 판매하다 보니 연금지급시점에 주식시장이 폭락하거나 장기침체로 원금보장이 문제가 되고 주가가 너무 오르면 지급할 연금액이 문제가 되는 것이 원인이라 한다. 우리나라 생보사 중 주요 우량사의 경우 원금보장 및 종신연금지급 등의 보험사 리스크가 큰 변액연금보험의 주식투입 비율을 50% 이하로 책정하여 운용한다는 것은 곧 자신들의 미래 위험에 대비하는 것이 아닌가 생각된다.

 하지만 일부 보험사 변액연금보험의 경우 주식투입 비율이 70~90%까지 투자할 수 있는 고위험 펀드를 편입하여 고수익을 올릴 수 있다고 홍보하는데 너무나 위험천만한 발상이 아닌가 우려된다. 변액유니버설보험(VUL)의 경우 원금보장과 연금전환 시 가입 시점의 경험생명표를 적용하지 않는 점(일부 상품 제외) 때문에 모든 투자결과에 대한 리스크는 가입자에게 편중되어 있어서 보험사로서는 투자리스크가 상대적으로 가벼운 상품이다. 따라서 주요 우량사 상품도 주식투입 비율이 90%까지 가능한 펀드를 편입하여 공격적으로 운용한다. 하지만 변액연금보험의 경우 생보사 별로 경쟁적으로 원금 이상의 연금지급보증과 평균수명증가에 따른 연금지급액 증가 등 보험사에 독(毒)이 될만한 요소가 많기 때문에 향후 1~20년 뒤 연금지급시점을 전후해서 주식시장이 폭락한다든지 장기적인 침체기가 온다면 주식편입비율이 높은 상품을 판매한 보험사의 부실은 높아질 확률이 꽤 크다고 예상할 수 있다.

 문제는 바로 여기에 있다. 주요 우량사와 경쟁하기 위해 일부 보험사가 경쟁적으로 연금보증 범위를 확대한다든지 주식투입 비율이 높은 펀드를 편입하여 판매한다는 것이다. 이렇게 주요 우량사에 비해 상대적으로 마케팅 경쟁에서 밀리는 보험사의 경우 소비자에게 어필할 수 있는 요소가 없다면 경쟁이 되지 않기 때문이다. 현재 판매는 문제가 되지 않겠지만 앞으로 10~20년 뒤 연금지급 시점이 다가올 때가 문제가 될 수 있다. 주요 우량사가 주식투입 비율이 높은 펀드를 VUL에는 편입하여 운용하지만 변액연금보험에는 주식투입 비율이 50% 이상인 펀드는 절대 편입시키지 않는 이유를 직시할 필요가 있다. 이 회사들이 변액연금보험에 주식투입 비율이 높은 펀드를 편입하지 못해서 그러지는 않을 것이다. 향후 원금보장 및 종신연금지급 등의 보험사리스크를 예상하여 리스크관리 차원에서 그러했을 것이라고 생각한다.

결론적으로 상품의 기능과 보장을 따지기에 앞서 보험사 선택도 너무나 중요하다는 것이다.

3. 설계사선택 핵심전략

변액연금보험 가입 시 필수로 검토해야 할 3요소는 상품, 보험사, 설계사라고 생각한다. 이 3가지 요소를 가장 잘 조화롭게 선택했을 때가 그렇지 않고 대충 선택한 것보다 단 1%라도 수익률이 높거나 성공투자 할 확률이 더 높아질 수 있다고 할 수 있다. 하지만 모든 조건을 100% 만족할 수는 없다. 상품이 맘에 들면 보험사가 맘에 안 들고 보험사가 맘에 들면 설계사가 맘에 안 들고 대부분 그럴 것이라 생각된다. 그래도 주어진 환경에서 위 3가지 요소를 선택하는 데 최선을 다할 필요가 있다고 생각한다.

그렇다면 위 3가지 요소 중 어떤 것이 가장 중요할까? 당연히 설계사라고 생각한다. 그동안 필자가 운영하는 카페회원들 상대로 상담을 통해서 변액연금보험 투자에 실패한 사례를 종합해보면 상품의 문제점과 해당 보험사의 문제점 등으로 중도해지를 하거나 중도해약을 하는 것보다는 담당 보험설계사 문제로 중도에 해지나 해약을 하는 경우가 압도적으로 많기 때문이다. 가입자의 경제적인 어려움으로 인해 중도해지 하는 건을 제외하고 중도해약 하겠다고 하는 대부분의 가입자들은 보험설계사의 달콤한 말을 믿고 가입했다가 얼마 지나지 않아 연락도 없이 이직하거나 일은 계속하더라도 아무런 액션이 없거나 투자관리를 잘 몰라서 전혀 관리다운 관리를 해주지 못하기 때문에 가입자들은 대부분 잘못 가입 했구나 하고 실망을 하면서 중도 해지를 한다고 한다.

물론 그중에는 지인의 권유로 멋모르고 가입했다가 향후 자신의 재무적/은퇴적 콘셉트와 가입상품이 맞지 않아 해지하는 경우도 더러 있지만 중도 해지하는 가장 많은 이유는 당연히 담당설계사 문제라는 것이다. 이러한 실패사례 등을 종합해보면 가입 시 필수 검토 3요소(상품, 보험사, 설계사) 중 가장 중요한 것이 담당설계사라고 할 수 있다. 그럼 이 가장 중요한 담당설계사는 어떤 기준에 의해서 선택해야 할까? 보험설계사를 선택함에 있어서 여러 가지 검토사항이 있을 수 있겠지만 필자가 생각하는 필수 검토사항은 다음 네 가지이다.

첫째

실제로 투자관리시스템을 보유하거나 가동하고 있는가?

한마디로 가입을 유도하기 위한 멘트로 말로만 관리해주겠다는 것은 너무나 많은 피해사례를 겪어온 결과로 이제는 절대 믿을 요소가 안 된다. 따라서 기존 고객을 상대로 어떤 방식으로 어떻게 투자관리를 할 수 있는 시스템을 보유하였고 실제로 관리하고 있는지 등을 면밀히 검토해야 한다. 말 한마디에 의해서 가입하는 시대는 갔다. 이젠 전문가의 관리시스템에 의한 투자관리가 필요한 시대이다.

둘째

변액연금보험의 기능적 활용과 은퇴설계에 대한 전반적인 조언을 할 수 있는 전문가인가?

보험사설계사가 변액연금보험의 기능적 활용과 은퇴설계에 대한 전반적인 조언을 할 수 있는 능력을 갖추는 것은 이제는 기본 중의 기본이라 할 수 있다. 변액연금보험의 기능을 효율적으로 활용할 줄 알아야 불필요한 비용을 절약할 수 있고 위험관리도 할 수 있음으로써 성공투자에 단 1%라도 더 도움이 될 수 있다고 생각한다. 또한 은퇴설계 전반에 대한 고객의 재무적 환경과 투자성향에 맞게 언제든지 전반적인 컨설팅이 가능해야만 고객을 위한 진정한 은퇴설계 컨설턴트가 될 수 있다라고 할 수 있다.

셋째
어떤 전략과 전술로 고객의 투자관리를 책임질 것인가?

변액연금보험은 적게는 10년에서 20년, 30년 이상까지 투자해야 하는 초장기 투자상품으로서, 한 번 가입 이후 별도의 관리가 필요 없는 일반 연금보험이 아니라 보험료의 일부를 주식, 채권 등에 투자하여 모든 수익과 손실의 책임이 가입자에게 전적으로 있는 투자상품이다. 하물며 이러한 펀드투자나 금융시장에 대한 거시적 경제 상황을 판단할 수 없는 일반가입자가 아무런 투자전략과 전술이 없는 담당설계사를 만나면 어떻게 될까? 가능하면 투자관리에 대한 노하우와 관리시스템을 가지고 투자관리를 할 수 있는 설계사를 선택하는 것이 바람직하다 생각한다.

넷째
자신보다는 고객의 입장에서 연금설계를 할 수 있는 진실된 설계사냐?

어느 인터넷 카페나 사이트에 가면 자신이 취급하는 상품이 최고라고 하면서 취급하는 경쟁사 상품은 절대 선택해서는 안 된다고 하는 경우가 많다. 가입자의 재무적 상황과 투자성향을 최대한 고려해서 자신이 취급하는 상품이 아니더라도 자신 있게 추천해줄 수 있는 진실된 설계사를 선택해야 한다. 또한 가입보험료는 담당설계사의 수당과 직결되므로 기본보험료 금액이 높으면 높을수록 수당을 훨씬 많이 받게 되어 있기 때문에 일부 보험설계사로서는 기본 보험료를 낮추는 것에 인색할 수 있다고 생각한다. 하지만 예외적인 경우도 있겠지만 고객을 가족과 같이 생각하고 연금설계를 한다면 가능하면 추가납입을 활용하여 사업비를 절감하는 설계로 제안할 필요가 있다. 참고로 추가납입보험료는 설계사의 수당과 거의 관계없기 때문에 일부 보험설계사들은 이 방식의 활용을 꺼릴 수 있다. 따라서 가능하면 자신의 이득보단 고객도 똑같이 가족처럼 위하여 비용을 아낄 수 있는 설계안을 제시할 수 있는 진실된 설계사를 선택해야 한다. 이런 설계사가 투자관리도 더 진실되게 해낼 수 있지 않을까? 물론 이외에도 경력이나 자격증 소지 등 소위 스펙이 좋은 설계사를 거론할 수도 있지만 무턱대고 오랫동안 보험업무를 했다고 해서 또는 자격증이 많다고 해서 투자관리를 제대로 해낼 수 있는 능력이 있다고는 할 수 없다.

Chapter
03

변액연금보험 가입자 투자성향 분석 및 자산배분 정의

가. 변액연금보험 가입자 투자성향 분석
나. 변액연금보험 자산배분 정의

가 | 변액연금보험 가입자 투자성향 분석

1. 변액연금보험의 안정적 투자자 정의

변액연금보험 가입자 중 안정적 투자자 또는 소극적 투자자란 일정수준의 기대수익률과 투자원금 이상의 보장은 반드시 보증되어야 하는 것이며, 초과수익을 얻기 위해 노력하기 보다는 시장평균 또는 그 이하 수준의 투자수익을 얻으면서 투자위험을 최대한 감소시키려는 것을 목표로 하는 투자성향의 투자자라고 할 수 있다. 또한 안정적 투자자는 투자관리나 위험관리보다는 변액연금보험의 높은 기대수익률에 대한 기대감과 투자손실을 볼 수 있어도 연금개시까지 유지했을 때 최소한 원금은 보장해준다는 조건을 믿고 가입하는 경우가 대부분일 것이다. 따라서 자신의 투자여건과 환경을 잘 파악하여 그에 맞는 투자관리를 실행하기 바란다.

[안정적 투자자에 속할 수 있는 여건 및 환경]

① 기납입보험료 이상의 원금보장을 추구한다.
② 주식투입 비율을 30% 이하로 낮게 가져가길 원한다.
③ 초과수익을 얻기 위한 것보다는 안정적인 투자를 더 원한다.

위 여건 및 환경 중 2개 이상에 자신이 해당된다면 안정적 투자자에 속한다고 할 수 있으며, 다음 코너의 "안정적 투자자를 위한 투자관리 방안"을 참조하여 변액연금보험의 투자관리를 실행하기를 권장한다. 특히 다른 투자자 정의와 중복될 경우 ② 번 조항이 우선한다. 참고적으로 안정적투자성향의 대표적 변액연금보험 상품으로는 스텝업 상품을 들 수 있으며, 또한 변액연금보험 상품 자체에서 주식투입 비율을 30% 미만으로 설계하도록 되어 있는 상품도 이러한 성향의 상품이라 할 수 있다.

2. 변액연금보험의 중도적 투자자 정의

중도적 투자자란 투자원금 보장에 대한 관심보다는 장기투자 시 시중금리보다 높은 기대수익률을 달성하는 것에 더 관심이 많은 투자자라고 할 수 있으며, 국내 변액연금보험 가입자의 대다수가 해당될 것으로 예상된다. 또한 이 투자자의 성향은 아주 안정적이지도 않으면서 그렇다고 고위험 상품에 투자하기를 즐기는 공격적 성향도 아닌 다소 중도적 성향이라고 할 수 있으므로 자신의 투자여건과 환경을 잘 파악하여 그에 맞는 올바른 투자관리를 실행하기 바란다.

[중도적 투자자에 속할 수 있는 여건 및 환경]

① 최소한의 기납입보험료의 원금보장을 원한다.
② 투자자산중 주식투입 비율이 최대 50%를 넘지 않는다.
③ 시중금리보다 높은 기대수익률을 원한다.

위 여건 및 환경 중 2개 이상에 자신이 해당된다면 중도적 투자자에 속한다고 할 수 있으며, 다음 코너의 "중도적 투자자를 위한 투자관리 방안"을 참조하여 변액연금보험의 투자관리를 실행할 것을 권장한다. 특히 다른 투자자 정의와 중복될 경우 ②번 조항이 우선한다.

3. 변액연금보험의 적극적 투자자 정의

적극적 투자자 또는 공격적 투자자란 고위험 고수익을 추구하는 투자자로서 투자원금의 손실을 두려워하지 않고 위험상품에 적극적으로 투자할 수 있는 성향의 투자자라고 말할 수 있다. 이러한 적극적 투자자는 연금 용도의 변액보험에 가입할 때 투자금액에 대한 원금보장에는 큰 관심이 없고 무엇보다도 기대수익률을 높이 가져가고자 하는 경향이 크며 그만큼 손실을 볼 수 있다는 점에도 대체적으로 동의한다. 따라서 자신의 투자여건과 환경을 잘 파악하여 그에 맞는 투자관리를 실행하기 바란다.

[적극적 투자자에 속할 수 있는 여건 및 환경]
① 기납입보험료의 원금보장을 원치 않는다.
② 주식의 투입비율을 60% 이상 투자하길 원한다.
③ 기대수익률만큼 손실을 볼 수 있다는 것에 동의한다.

위 여건 및 환경 중에서 2개 이상에 자신이 해당된다면 적극적 투자자에 속한다고 할 수 있으며, 다음 코너의 "적극적 투자자를 위한 투자관리 방안"을 참조하여 변액연금보험의 투자관리를 실행할 것을 권장한다. 특히 다른 투자자정의와 중복될 경우 ②번 조항이 우선한다. 참고적으로 이러한 적극적 또는 공격적 투자성향의 대표적 변액연금보험 상품은 가입 시점의 경험생명표를 적용해주는 변액유니버셜보험이라고 할 수 있다. 이 상품들은 변액유니버셜보험이지만 향후 종신형연금지급 방식을 선택했을 때 변액연금보험처럼 가입 시점의 경험생명표를 적용해주는 상품으로서 주식투입 비율을 최대 90%까지 설정할 수 있는 공격적인 상품이다.

나│변액연금보험 자산배분 정의

1. 변액연금보험의 전략적 자산배분에 대한 정의

일반적으로 투자설계에 있어서 전략적 자산배분(Strategic Asset Allocation)이라는 것은 투자대상이 되는 자산에 대하여 장기적인 투자구성비율을 결정하고 중기적으로 투자자산 비율의 변화폭을 결정하는 것을 의미한다. 이때 전략적 자산배분 하에서 수립된 투자자산비율의 변화의 폭 내에서 일정 기간마다 자산구성을 변경하여 주는 일련의 과정을 전술적 자산배분(Tactical Asset Allocation)이라고 한다.

따라서 변액연금보험 투자관리에서의 전략적 자산배분 이라는 것은 장기적인 관점에서 주식과 채권관련 펀드의 비율을 결정하는 것과 일정기간(3개월, 6개월, 12개월 등)마다 주식과 채권의 비율을 변경할 수 있는 변화의 폭을 정하는 것으로 정의한다.

예를 들어 변액연금보험에 가입하여 투자대상이 되는 펀드의 비

율을 주식형펀드 30%, 채권형펀드 70%로 구성하기로 결정하고
각 자산 별로 주식(0%~30%), 채권(70%~100%)의 변동폭을 지정
하였다면 이러한 의사결정을 변액연금보험의 투자에 있어서 전략적
자산배분이라고 할 수 있다.

적립식_변액연금보험의 전략적 자산배분 예시표

구분		초기 (가입 ~ 5년)	중기 (6년 ~ 연금개시5년전)	말기 (연금개시5년전 ~ 연금개시전)
전 략 적 자 산 배 분	펀드 구성 비율	주식투입비율 : 30% 채권투입비율 : 70%	주식투입비율 : 30% 채권투입비율 : 70%	주식투입비율 : 30% 채권투입비율 : 70%
	변동폭	주식투입비율 : 0%~30% 채권투입비율 : 70%~100%	주식투입비율 : 0%~30% 채권투입비율 : 70%~100%	주식투입비율 : 0%~30% 채권 투입비율 : 70%~100%
	변동 주기	12개월	12개월	6개월

거치식_변액연금보험의 전략적 자산배분 예시표

구분		초중기 (가입시점 ~ 연금개시5년전)	말기 (연금개시5년전 ~ 연금개시전)
전 략 적 자 산 배 분	펀드 구성 비율	주식투입비율 : 30% 채권투입비율 : 70%	주식투입비율 : 30% 채권투입비율 : 70%
	변동폭	주식투입비율 : 0%~30% 채권투입비율 : 70%~100%	주식투입비율 : 0%~30% 채권 투입비율 : 70%~100%
	변동 주기	12개월	6개월

위 예시표처럼 변액연금보험 투자관리를 실행하기 위해서는 각
투자기간별 전략적 자산배분 즉 장기적인 투자자산 구성비율을 기
본으로 하여 펀드를 선택하고, 투자자 성향별 일정 기간마다 변동

폭을 지정하는 일련의 과정을 변액연금보험의 전략적 자산배분이라 할 수 있으며, 앞으로의 모든 변액연금보험의 투자관리는 위와 같은 방법으로 진행하고자 한다.

2. 변액연금보험의 전술적 자산배분에 대한 정의

투자설계에 있어서 전술적 자산배분이란 전략적 자산배분 하에서 수립된 투자자산 비율의 변동폭 내에서 일정 주기마다 자산구성을 변경함으로써 투자수익률을 높일 수 있는 투자전략이라고 한다. 따라서 변액연금보험 투자관리에서의 전술적 자산배분이라는 것은 변액연금보험의 전략적 자산배분 하에서 결정된 일정 주기(6개월, 12개월)마다 각 펀드별 변동폭 내에서 펀드비율을 조정 또는 변경하는 것을 의미한다. 예를 들어 변액연금보험의 전략적 자산 배분으로 주식투입 비율 30%, 채권투입비율 70%로 설정한 후 정해진 기간 이후 주가가 고평가되었다고 판단하여 주식투입 비율을 감소시키기로 결정하고 전체자산을 주식형펀드 20%, 채권형펀드 80%로 조정하였다면 이것을 변액연금보험의 전술적 자산배분을 실행했다고 할 수 있다.

적립식_변액연금보험의 전술적 자산배분 예시표

전략적 자산배분		가입초기 (가입시점 ~ 5년)			
	펀드 구성 비율	주식투입비율 : 30% 채권투입비율 : 70%			
	변동폭	주식투입비율 : 0% ~ 30% 채권투입비율 : 70% ~ 100%			
	변동 주기	12개월			
전술적 자산배분 (예시)		1년	2년	···	5년
		주식투입비율 : 30% 채권투입비율 : 70%	주식투입비율 : 15% 채권투입비율 : 85%		주식투입비율 : 30% 채권투입비율 : 70%

거치식_변액연금보험의 전술적 자산배분 예시표

전략적 자산배분		초중기 (가입시점 ~ 연금개시5년전)			
	펀드 구성 비율	주식투입비율 : 30% 채권투입비율 : 70%			
	변동폭	주식투입비율 : 0% ~ 30% 채권투입비율 : 70% ~ 100%			
	변동 주기	12개월			
전술적 자산배분 (예시)		1년	2년	···	5년
		주식투입비율 : 30% 채권투입비율 : 70%	주식투입비율 : 20% 채권투입비율 : 80%		주식투입비율 : 30% 채권투입비율 : 70%

위 예시표처럼 변액연금보험의 전략적 자산배분 하에서 결정된 펀드구성비율과 변동폭 그리고 변동주기를 기반으로 일정주기 즉

12개월 뒤에 지정된 변동폭 내에서 펀드투입비율을 조정해 주는 일련의 과정을 변액연금보험의 전술적 자산배분이라고 할 수 있으며, 앞으로의 모든 변액연금보험의 투자관리는 위와 같은 방법으로 진행하고자 한다.

Chapter 04

변액연금보험 투자관리 방안
및 실행 I(적립식)

가. 안정적 투자자를 위한 투자관리 방안
나. 중도적 투자자를 위한 투자관리 방안
다. 적극적 투자자를 위한 투자관리 방안

가 │ 안정적 투자자를 위한 투자관리 방안

1. 안정적 투자자를 위한 투자계획

① 안정적 투자자의 변액연금보험 투자관리 계획표

안정적 투자자의 투자성향을 감안한 모든 투자기간 동안의 기본적인 투자관리 계획은 다음 표와 같다.

안정적 투자자의 변액연금보험 투자관리 계획표

구분		초기 (가입 ~ 5년)	중기 (6년 ~ 연금개시5년전)	말기 (연금개시5년전 ~ 연금개시전)
전략적 자산배분	펀드 구성 비율	주식투입비율 : 30% 채권투입비율 : 70%	주식투입비율 : 30% 채권투입비율 : 70%	주식투입비율 : 30% 채권투입비율 : 70%
	변동폭	주식투입비율 : 0%~30% 채권투입비율 : 70%~100%	주식투입비율 : 0%~30% 채권투입비율 : 70%~100%	주식투입비율 : 0%~30% 채권 투입비율 : 70%~100%
	변동 주기	12개월	12개월	6개월

이러한 투자관리 계획표 대로 가입 시점에 투자기간 중의 대처방

안을 마련하였다면 그 어떤 상황이 발생되더라도 동요하지 않고 그에 맞는 계획을 실천할 수 있을 것이다. 계획적인 투자와 막연한 투자의 시작은 같을 수 있지만 결과는 많이 다를 수 있다는 점을 명심해야 한다. 안정적 투자자는 이러한 전략적 자산배분 하에서 각 구간별 세부적인 투자관리를 실행할 수 있다.

② 안정적 투자자의 변액연금보험 투자관리 맵

안정적 투자자의 가입 시점부터 연금개시 전까지 전체 변액연금보험 투자관리 맵은 다음과 같다.

안정적 투자자의 변액연금보험 투자관리 계획표

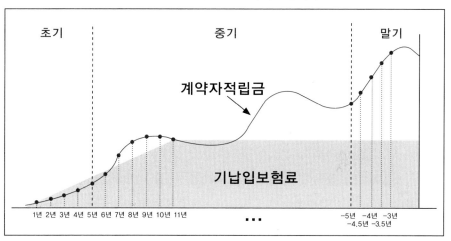

안정적 투자자의 변액연금보험 투자관리 계획표에 의해서 위와 같은 변액연금보험 투자관리 맵을 작성할 수 있으며 각각 구분된

기간별로 변동주기(6개월 ~1년)에 따라 변동시점에 펀드비율 변경 즉 전술적 자산배분을 실행할 수 있다.

2. 안정적 투자자의 초기 투자기간 투자관리

① 개요

변액연금보험의 효율적 투자관리를 위해서 적립식 변액연금보험의 투자기간을 구분해보자. 이러한 구간을 구분하는 방법에 대해 여러 가지 의견이 있을 수 있으나, 10년 이상의 적립식 변액연금보험이라면 필자는 다음과 같이 가입 시점부터 5년까지를 초기, 가입 후 6년부터 연금개시 5년 전까지를 중기, 연금개시 5년 전부터 연금개시 전까지를 말기라고 구분하고자 한다.

적립식 변액연금보험의 투자기간 구분표

가입 초기에는 적립식펀드를 3년 또는 5년 정도 매월 분산 투자하여 분할매수 효과로 금융시장에 대한 위험을 줄이면서 목표로 한 기대수익률을 달성하려 하듯이, 안정적 투자자는 최소한 이 기

간만큼은 시장의 잔바람(단기 급등락)에 흔들리지 말고 지속적인
정액분할 투자할 수 있는 마음가짐이 필요하다.

변액연금보험의 계약자적립금과 투자위험의 관계

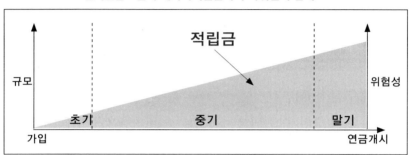

위의 표에서 보듯이 가입 초기에는 계약자적립금이 상대적으로
낮은 관계로 위험성은 상당히 낮다고 볼 수 있으므로 안정적 투자
자 성향상 금융시장 변화에 대해서 조급해하거나 적극적인 대응은
불필요하다고 생각한다.

② 안정적 투자자의 초기 전략적 자산배분 계획

앞서 우리는 전체 투자기간에 대한 변액연금보험 투자관리 계획
표를 작성해 보았다. 이제는 가입 초기의 세부적인 전략적 자산배
분에 대해 알아보자. 여기서 변액연금보험의 전략적 자산배분이라
는 것은 쉽게 말하면 변액연금보험의 펀드 비율을 선택하고 변동주
기마다 어느 정도의 변동폭으로 변화를 줄 수 있는지를 결정하는
일련의 과정이라 할 수 있다.

구분	초기 (가입 ~ 5년)
펀드구성 비율	주식투입비율(주식형펀드) : 30% 채권투입비율(채권형펀드) : 70%
변동폭	주식투입비율 : 0% ~ 30% 채권투입비율 : 70% ~ 100%
변동주기	12개월(1년)

[펀드구성 비율]

국내 판매 중인 주요 변액연금보험의 특별계정에는 적게는 4개에서 많게는 12개까지 펀드가 구성되어 있으며 주로 채권형펀드와 국내외 주식형펀드로 구분할 수 있다. 간혹 원자재 펀드 등을 포함하는 경우도 있으나 여기서는 안정적 투자자의 특성상 그리고 보편적인 설명을 위해서 위험자산은 주식형으로 안전자산은 채권형으로 구분한다. 변액연금보험에 가입한 안정적 투자자는 가입 시점부터 5년까지 즉 가입 초기에는 주식형펀드(주식투입 비율)에 30%를 그리고 채권형펀드(채권투입비율)에 70%의 비율로 투자하기로 한다. 여기서 특별계정 내에 설정된 펀드들이 명확하게 주식형, 채권형으로 구분되어 있지 않거나 혼합형으로 구성되어 있다면 모두 합산해서 주식투입 비율 30%, 채권투입비율 70%로 정하고 채권형펀드에는 단기채권형펀드와 유동성자산에 대한 비율도 포함시킨다.

[변동폭]

이 변동폭은 변동주기(1년)마다 지정된 변동폭 내에서 자산을 증가시키거나 감소시킬 수 있는 기준이다. 즉 안정적 투자자의 경우는 기본펀드 구성비율에 변동폭을 더하면 주식형펀드는 (0%~30%) 그리고 채권형펀드는 (70%~100%)의 범위 내에서 투자자산의 조정이 가능하다.

[변동주기]
변액연금보험의 안정적 투자자가 초기 투자기간 중에 투자자산의 구성 즉 펀드편입비율을 조정하려면 이 변동주기 즉 1년마다 투자결과와 자산에 대한 평가를 통하여 변동폭 내에서 펀드투입비율을 조정해줄 수 있다.

이와 같이 변액연금보험의 안정적 투자자는 가입 초기 즉 가입 시점부터 5년까지는 주식투입 비율을 30%로 하고 채권투입비율은 70%로 기본 설정하여 투자를 진행하고 매 1년마다 그 투자결과와 계약자적립금에 대한 평가를 통해서 변동폭 내에서 펀드비율을 조정할 것인지 아니면 그대로 유지할 것인지를 결정해야 한다. 펀드비율을 어떻게 결정할 것인지 등에 대한 것은 전술적 자산배분에서 자세히 알아보자.

③ 안정적 투자자의 초기 전술적 자산배분 계획
변액연금보험의 장기적인 투자계획 즉 전략적 자산배분의 의사결정이 완료되었다면 그 계획 하에서 변동주기 별로 자산구성을 변경함으로써 투자수익률을 높이거나 자산의 위험성을 제거할 수 있

는데 이러한 것을 변액연금보험의 전술적 자산배분이라 한다. 이번에는 변액연금보험의 전략적자산배분 하에서 전술적 자산배분 즉펀드변경을 언제 어떤 방식으로 어떻게 진행할 수 있는지 자세히알아보자.

안정적 투자자의 초기 전술적 자산배분

		가입초기 (가입시점 ~ 5년)			
전 략 적 자 산 배 분	펀드 구성 비율	주식투입비율 : 30% 채권투입비율 : 70%			
	변동폭	주식투입비율 : 0% ~ 30% 채권투입비율 : 70% ~ 100%			
	변동 주기	12개월			
전술적 자산배분 (예시)		1년	2년	...	5년
		주식투입비율 : 30% 채권투입비율 : 70%	주식투입비율 : 15% 채권투입비율 : 85%		주식투입비율 : 30% 채권투입비율 : 70%

투자설계에 있어서 전술적 자산배분은 투자수익률을 높이는 것을 주요 목적으로 할 수 있으나, 변액연금보험에 있어서 전술적 자산배분을 실행한다는 것은 투자수익률을 높이고자 할 때도 필요하지만 투자위험 제거 즉 계약자적립금을 안전하게 지키는 목적으로도 일부 활용될 수 있다. 변동주기 1년마다 계약자적립금과 투자결과를 평가하여 허용된 펀드투입비율의 변동폭 내에서 그 비율을조정할 수 있다. 특히 저평가된 자산은 매수하고 고평가된 자산은매도한다는 의사결정은 이 전술적 자산배분의 기본이 된다.

[변액연금보험의 전술적 자산배분 방법]

1년 경과 후 계약자적립금과 납입보험료의 주식투입비율과 채권 투입비율은 전략적 자산배분 하에서 결정된 범위 내에서 변경 가능 하다. 즉 계약자적립금의 투자결과를 확인하고 그 결과에 대해서 더 높은 수익률을 희망하거나 주식형펀드가 저가라 판단된다면 최 대 30% 범위 내에서 주식투입비율을 조정할 수 있다. 하지만 반대 로 주식시장이 고가로 판단되거나 앞으로 주가가 하락할 것으로 예 상한다면 주식투입비율을 낮출 수 있다.

안정적 투자자의 초기 펀드투입비율 변경시점 예시표

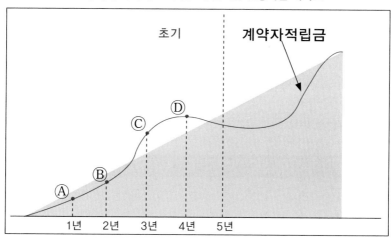

위 예시표의 Ⓐ 즉 전술적 자산배분을 실행할 단계에서 기대수 익률을 좀 더 높이고자 하거나 자산이 저평가되었다고 판단한다 면 주식투입비율을 허용범위 안에서 증가시킬 수 있다. 물론 반대 로 고평가되었다고 판단한다면 주식투입비율을 축소할 수 있을 것

이다. 저평가되었다고 판단하여 주식투입비율을 30%, 채권투입비율을 70%로 유지하였다면 다시 1년 뒤 전술적 자산배분 시점인 Ⓑ에서는 어떻게 해야 할까? 아직도 저평가되어 주식투입비율을 높이고자 하더라도 전략적 자산배분 하에서 결정된 주식투입비율 30%가 꽉 찬 관계로 더 이상 증가시킬 수 없다. 그대로 현재의 자산비율(주식투입비율 30%, 채권투입비율 70%)를 유지하고 Ⓒ에 도달하여 계약자적립금을 평가 했을 때 이젠 고평가됐다고 판단하여 주식투입비율을 낮추고자 한다면 허용된 범위인 주식투입비율(0%~30%) 내에서 조정할 수 있다. 물론 주식투입비율을 20%로 한다면 채권투입비율은 반대로 80%로 늘어나게 된다.

이상과 같이 도표에 나와 있는 자료를 예를 들어 설명한 것처럼 위와 같은 방법은 투자설계에 있어서 전술적 자산배분을 응용한 안정적 투자자의 변액연금보험 전술적 자산배분이라 할 수 있다.

3. 안정적 투자자의 중기 투자기간 투자관리

① 개요

적립식 변액연금보험의 투자관리에 있어서 중기 투자기간이라 함은 가입 시점부터 5년이 지난 즉 6년부터 연금개시 −5년 전까지의 상당히 긴 투자기간이라 할 수 있다. 이 중기 투자기간에는 초기의 저위험에서 벗어나서 높은 투자위험이 존재하며 반면에 투자수익률도 높아질 수 있는 시기인 것이다. 대부분의 변액연금보험 가입자들이 보험료 납입과 투자관리에 대한 어려움 등으로 이 중기 투자기간의 고비를 넘지 못하고 실패하는 경우가 많다고 할 수 있는데, 이 글을 보는 독자들만큼은 올바른 계획과 실천으로 슬기롭게 헤쳐나갈 수 있기를 바란다.

적립식 변액연금보험의 투자기간 구분표

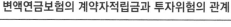

안정적 투자자를 비롯한 모든 투자자에게 이 중기 투자기간은 수익률을 높이는 데 있어서 매우 중요한 시기이지만 반대로 그만큼 투자위험도 높다고 할 수 있다. 따라서 안정적 투자자에게는 원칙과 소신 없는 단타 위주의 매매타이밍을 쫓는 비계획적인 방식보다는 투자자의 특성에 맞는 전략적 자산배분과 전술적 자산배분으로 장기투자 계획과 단기적인 대응 원칙으로 투자에 임한다면 좋은 결과를 예상할 수 있을 것이다.

변액연금보험의 계약자적립금과 투자위험의 관계

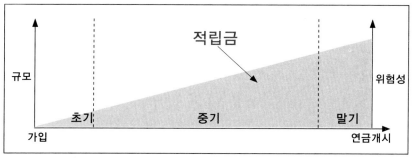

저위험 단계라 할 수 있는 초기 투자기간을 지난 중기 투자기간은 위 그래프에서 보듯이 위험성이 매우 커지는 구간이라 할 수 있다. 또한 이 기간은 납입기간이 5년 이상인 계약의 경우 적립식과 거치식이 병행투자 된다는 특성도 있다. 매월 보험료를 납입한다는 것은 정액분할 투자가 이뤄지는 형태라고 본다면 일정한 목돈으로 쌓여져 있는 계약자적립금은 거치식 투자가 이뤄지는 형태로서 한마디로 적립식과 거치식 두 가지 형태가 병행 투자되는 구간이라고 할 수 있는 것이다. 물론 초기 투자기간도 이러한 점에서 봤을 때 마찬가지겠지만 계약자적립금 규모가 상대적으로 낮기 때문에 큰 의미를 부여하지는 않는다. 이렇듯 중기 투자기간의 고유한 특성을 최대한 감안하여 초기 투자기간하고는 상당히 다른 전략적 자산배분과 전술적 자산배분이 필요한 것이다.

② 안정적 투자자의 중기 전략적 자산배분 계획

중기 투자기간의 납입보험료는 정액분할 투자로 분산투자가 이뤄진다고 할 수 있으며, 계약자적립금은 거치식으로 투자가 진행된다고 할 수 있다는 점에서 적립식과 거치식 투자가 병행되는 구조이다. 또한 적립식 형태의 특성상 초기 투자기간에 비해서 중기 투자기간은 투자기간이 2배 이상 되는 경우가 대부분일 것으로 예상되어 초기 투자기간보다는 위험성이 매우 큰 기간이라 할 수 있으므로 안정적 투자자의 입장에서는 그에 대한 대처방안을 감안하여 전략적 자산배분 계획을 수립할 필요가 있다.

안정적 투자자의 중기 전략적 자산배분

구분	중기 (6년 ~ 연금개시 5년전)
펀드구성 비율	주식투입비율(주식형펀드) : 30% 채권투입비율(채권형펀드) : 70%
변동폭	주식투입비율 : 0% ~ 30% 채권투입비율 : 70% ~ 100%
변동주기	12개월(1년)

[펀드구성 비율]

중기 투자기간(6년~연금개시-5년)의 펀드구성 비율은 주식투입 비율 30%, 채권투입비율 70%로서 초기 투자기간과 동일하다. 또한 안정적 투자자의 특성상 납입보험료와 계약자적립금 모두 동일한 구성비율로 정한다. 나머지 펀드에 대한 내용은 초기 투자기간과 동일하다.

[변동폭]

중기 투자기간의 변동폭은 변동주기(1년)마다 지정된 변동폭 내에서 자산을 증가시키거나 감소시킬 수 있는 기준이다. 즉 안정적 투자자의 경우는 기본펀드 구성비율에서 변동폭 내에서 조정이 가능하다. 즉 주식형펀드(주식투입 비율)는 (0%~30%) 그리고 채권형펀드(채권투입비율)는 (70%~100%)의 범위 내에서 조정이 가능하다는 것이다.

[변동주기]

펀드구성비율과 마찬가지로 변동주기도 초기 투자기간과 동일하다. 변액연금보험의 안정적 투자자가 중기 투자기간 중에 투자자산의 구성 즉 펀드편입비율을 조정하려면 매 1년마다 투자결과와 자산에 대한 평가를 통하여 변동폭 내에서 펀드투입비율을 조정할 수 있다.

[전략적 자산배분 변경]

중기 투자기간 중 글로벌 외환위기나 IMF 등의 영향으로 투자환경이 바뀐다거나 투자자 본인의 투자성향이 변경되었다면 앞 단계인 투자자 성향 분석 단계로 이동하여 그 결과에 따라 전략적 자산배분 계획을 다시 수립할 수 있다.

③ 안정적 투자자의 중기 전술적 자산배분 계획

중기 투자기간에도 초기 투자기간과 마찬가지로 변액연금보험 전략적 자산배분 계획 하에서 기대수익을 높이려고 하거나 자산의 위험성 제거를 위해서 자산구성을 변경할 수 있는데, 이러한 일련의 과정을 중기 투자기간 전술적 자산배분이라 말하며 변액연금보험의 실행절차로 쉽게 말하면 펀드변경이라 할 수 있다.

안정적 투자자의 중기 전술적 자산배분

중기 (6년 ~ 연금개시 5년전)				
전략적 자산배분	펀드구성비율	주식투입비율 : 30% 채권투입비율 : 70%		
	변동폭	주식투입비율 : 0% ~ 30% 채권투입비율 : 70% ~ 100%		
	변동주기	12개월(1년)		
전술적 자산배분 (예시)		1년	2년	5년
		주식투입비율 : 30% 채권투입비율 : 70%	주식투입비율 : 20% 채권투입비율 : 80%	··· 주식투입비율 : 30% 채권투입비율 : 70%

중기 투자기간의 전략적 자산배분 계획 하에서 전술적 자산배분을 실행할 수 있다. 변액연금보험의 안정적 투자자는 매 1년마다 기본 펀드구성비율에서 변동폭만큼 투자자산을 조정할 수 있으며 주식투입 비율은 (0%~30%), 채권투입비율은 (70%~100%)까지 투자 비율에 대해 조정이 가능하다. 채권투입비율이 최대 100%인 것은 안정적 투자자의 중기 투자기간 특성상 목돈이 쌓여 있는 계약자적립금의 투자리스크를 최대한 줄이기 위한 것이므로 주가가 고가로 형성되었다고 판단한다면 이 비율을 최대한 활용할 필요가 있다.

[변액연금보험의 전술적 자산배분 방법]

중기 투자기간의 전술적 자산배분에 대해서 예를 들어 자세히 알아보자.

안정적 투자자의 중기 펀드투입비율 변경시점 예시표

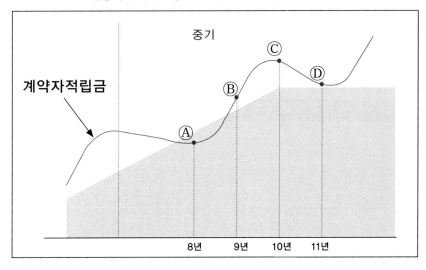

위 예시표의 Ⓐ 즉 8년 차 전술적 자산배분을 실행할 단계(주식 투입 비율 20%)에서 기대수익률을 더 높일 필요가 있다고 판단한다면 주식투입 비율을 변동폭 내에서 최대비율 30%까지 증가시킬 수 있다. 주식투입 비율을 10% 증가시켰다면 총 주식투입 비율은 30%가 되고 채권투입비율은 70%가 된다. 이후 전술적 자산배분 시점인 Ⓑ에서는 현재의 자산구성이 주식투입 비율 30%와 채권투입비율 70%를 그대로 유지하기로 하였으나, Ⓒ시점에 가서는 계약자적립금의 수익규모가 크고 현재의 주가가 고가로 판단하여 위험성을 줄이면서 고평가된 주식을 매도하기 위해서 채권투입비율을 최대 90%까지 올리고 주식투입 비율은 최대 10%까지 줄일 수 있는 전술적 자산배분을 실행할 수 있다.

이와 같이 전술적 자산배분 변동주기인 계약일로부터 매 1년마다 전략적 자산배분 계획 하에서 일부 자산의 투자비율을 조정해 나가는 것이 안정적 투자자의 변액연금보험 중기 전술적 자산배분이라 할 수 있다.

4. 안정적 투자자의 말기 투자기간 투자관리

① 개요

적립식 변액연금보험의 투자관리에 있어서 말기 투자기간이라면 연금개시-5년 전부터 연금개시 직전까지의 투자기간 즉 의무거치기간이다. 이 말기 투자기간에는 보험료 납입이 불가하고 오로지 거치투자만 가능한 기간으로써 투자기간 중 가장 위험성이 높은 구간이라고 할 수 있다. 또한 이 말기 투자기간에 손실을 본다면 더 이상 평생 만회할 수 있는 여유 즉 투자 시간이 없으므로 이제는 수익률을 높이는 것보다는 우선적으로 빠져 나오는 전략이 급선무라 할 수 있다.

적립식 변액연금보험의 투자기간 구분표

초기	중기	말기
[가입]　　　　5년		연금개시 −5년　　　연금개시

이러한 말기 투자기간의 특성상 초기~중기 투자기간의 전략적 자산배분과 전술적 자산배분하고는 완전히 다른 차원의 전략전술이 필요한 시기이다. 초기~중기 투자기간에는 투자금(보험료)을 불리는 전략이 우선이었다면 말기 투자기간에는 더 크게 불리는 것보다는 현 상태에서 안전하게 빠져 나오는 것이 더 우선시되어야 한다. 연금개시 전까지 아직 몇 년 정도 남아 있다고 조금 더 욕심을 부리다가는 큰 손실을 볼 수 있으므로 안정적 투자자 입장에서는 가능하면 지키는 자세로 또는 빠져나가는 자세로 투자에 임하는 것이 바람직하다고 생각한다.

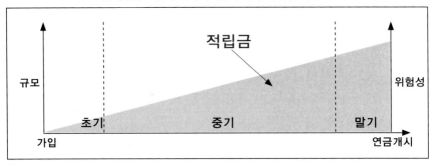

변액연금보험의 계약자적립금과 투자위험의 관계

동일한 투자조건으로 했을 때 말기 투자기간의 계약자적립금은 초기~중기 투자기간과는 상대가 안 될 정도로 불어나 있을 것이다. 연금지급의 기본재원이 되는 계약자적립금은 그 규모가 위험성과 비례한다고 할 수 있다. 즉 계약자적립금이 크면 클수록 투자위험성(리스크)도 커질 수 있다는 것이다. 더 이상 투자할 시간적 여유는 없는데 투자금의 리스크가 크다면 안전하게 빠져나올 수 있는 방안을 강구하는 것이 가장 좋은 방법일 것이다.

따라서 말기 투자기간에는 이러한 변액연금보험의 특성을 최대한 감안하여 초기/중기와는 완전히 다른 빠져나가는 전략전술이 필요하다고 본다.

② 안정적 투자자의 말기 전략적 자산배분 계획
변액연금보험의 말기 투자기간에는 지금까지의 초기~중기 투자기간의 전략적 자산배분 방식은 모두 버리고 이 기간에 적합한 자산배분 계획을 실행해야만 한다. 그동안은 전략적 자산배분이 수

익률을 더 높이고자 하는 것에 주안점을 뒀다면, 이제는 말기 투자 기간임을 감안하여 안정적 투자자의 입장에서는 오로지 안전하게 빠져나가는 것이 가장 좋은 전략적 자산배분이기 때문이다.

안정적 투자자의 말기 전략적 자산배분

구분	말기 (연금개시 5년전 ~ 연금개시전)
펀드구성 비율	주식투입비율(주식형펀드) : 30% 채권투입비율(채권형펀드) : 70%
변동폭	주식투입비율 : 0% ~ 30% 채권투입비율 : 70% ~ 100%
변동주기	6개월

[펀드구성 비율]

말기 투자기간의 펀드구성에 대한 비율은 초기~중기 투자기간과 동일한 주식투입 비율 30%, 채권투입비율 70%이다.

[변동폭]

안정적 투자자의 말기 투자기간 주식투입 비율의 변동폭은 (0%~30%) 이지만, 이러한 주식투입 비율은 감소시킬 수만 있고 증가시킬 수는 없다. (예, 30%->20%, 20%->10% 등)

[변동주기]

초기~중기 투자기간은 변동주기가 1년이었지만 말기 투자기간은 6개월로 한다. 따라서 6개월마다 계약자적립금을 단계별로 줄이는 전략을 실행한다.

③ 안정적 투자자의 말기 전술적 자산배분 계획

말기 투자기간은 초기~중기 투자기간의 전술적 자산배분 즉 주로 수익률을 높이기 위한 전술에서 벗어나 지금까지의 투자결과인 계약자적립금을 지키는 전술적 자산배분을 실행해야만 한다. 특히나 투자에 소극적이며 능동적 대처능력이 없다고 볼 수 있는 안정적 투자자의 입장에서는 이 기간에 매우 신중한 전술적 자산배분이 필요하다.

안정적 투자자의 말기 전술적 자산배분

말기 (연금개시 5년전 ~ 연금개시전)				
전략적 자산배분 펀드 구성 비율	주식투입비율 : 30% 채권투입비율 : 70%			
변동폭	주식투입비율 : 0% ~ 30% 채권투입비율 : 70% ~ 100%			
변동주기	6개월			
전술적 자산배분	−5년	−4.5년	−4년	−3.5년	−3년
	주식투입비율 : 30% 채권투입비율 : 70%	주식투입비율 : 20% 채권투입비율 : 80%	주식비율 : 10% 채권비율 : 90%	주식비율 : 0% 채권비율 : 100%	주식비율 : 0% 채권비율 : 100%

초기~중기 투자기간에는 변동주기마다 가입자가 그때의 투자현황과 주가 등을 검토하여 투입비율을 증가 또는 감소시키는 의사결정을 할 수 있었으나, 안정적 투자자의 말기 투자기간에는 이러한 의사결정보다는 정해진 전술적 자산배분 방법처럼 주식투입 비율을 강제적으로 감소시키는 전술을 실행해야만 한다. 물론 이 시기에 여러 가지 예외적인 상황이 전개될 수 있지만 안정적 투자자 입

장에서는 위 사항이 반드시 지켜져야만 안전하게 빠져나올 수 있을 것이다.

이때 연금개시 5년 전에 주식투입 비율이 30% 이상일 때만 위 전술적 자산배분에 해당되며 그 이하일 경우는 지정된 각 기간별 비율기준에 맞는 시기부터 그에 맞게 진행하면 된다. 예를 들어 5년 전 주식투입 비율이 20%였다면 6개월 정도 기다렸다가 연금개시 4.5년 전부터 이어서 전술적 자산배분을 실행하면 된다.

[변액연금보험의 전술적 자산배분 방법]

안정적 투자자의 말기 주식투입 비율 조정표

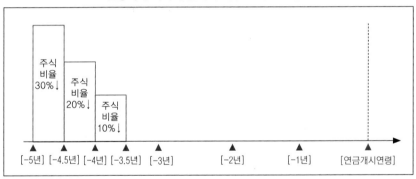

안정적 투자자는 연금개시 5년 전에 손실 없이 일정한 수익률을 달성했다면 연금지급재원인 계약자적립금을 지켜내기 위해서 위 그림처럼 단계별로 6개월마다 10%씩 주식투입 비율을 줄여나가야 하며 최소한 연금개시 3.5년 전부터는 국공채 위주의 채권형펀드 위주로 투자가 이루어질 수 있도록 조정해야만 한다. 내린 주식투

입 비율은 다시 증가시켜서는 안 되며 반드시 위 기준대로 실천해야 한다. 반면에 연금개시 5년 전에 기납입보험료보다 계약자적립금이 낮아서 손실을 봤거나 수익률이 형편없어 기대 이하라 판단한다면 위와 같은 소극적 전략보다는 밑져야 본전이라는 생각으로 계속적으로 주식투입 비율을 높여서 투자할 수도 있지만 예외이므로 이 건들에 대해서는 별도로 언급하지 않는다.

나 | 중도적 투자자를 위한 투자관리 방안

1. 중도적 투자자를 위한 투자계획

① 중도적 투자자의 변액연금보험 투자관리 계획표

아마도 변액연금보험 가입자의 70~80%는 중도적 투자자 성향을 보유했다고 해도 과언이 아닐 것이다. 예외적인 경우도 있겠지만 국내 대부분의 변액연금보험은 주식투입 비율 50% 미만의 채권혼합형으로 구성된 형태라는 것이 그것을 증명한다고 할 수 있다. 따라서 이번에는 국내 대부분의 가입자들이 많은 관심을 가지고 있을 중도적 투자자의 변액연금보험 가입 시점부터 연금개시 직전까지의 투자관리 계획에 대하여 알아보자.

중도적 투자자의 변액연금보험 투자관리 계획표

구분		초기 (가입 ~ 5년)	중기 (6년 ~ 연금개시5년전)	말기 (연금개시5년전 ~ 연금개시전)
전략적 자산배분	펀드 구성 비율	주식투입비율 : 50% 채권투입비율 : 50%	주식투입비율 : 50% 채권투입비율 : 50%	주식투입비율 : 40% 채권투입비율 : 60%
	변동폭	주식투입비율 : 30%~50% 채권투입비율 : 50%~70%	주식투입비율 : 20%~50% 채권투입비율 : 50%~80%	주식투입비율 : 0%~40% 채권투입비율 : 60%~100%
	변동 주기	6개월	6개월	6개월

중도적 투자자의 투자관리 계획은 안정적 투자자의 투자관리 계획보다 좀 더 높은 리스크가 존재하므로 변동주기는 6개월로 하는 것이 특색이다. 또한 중기 투자기간의 변동폭에 대한 편차는 30%로서 안정적 투자자와 동일하지만 주식투입 비율이 높게 형성되어 있으므로 그만큼 위험성이 높다고 할 수 있다.

② 중도적 투자자의 변액연금보험 투자관리 맵

중도적 투자자의 가입 시점부터 연금개시 전까지 전체 변액연금보험 투자관리 맵은 다음과 같다.

중도적 투자자의 변액연금보험 투자관리 맵

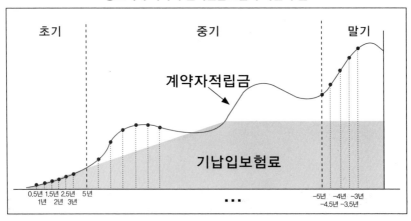

중도적 투자자의 변액연금보험 투자관리 계획표에 의해서 위와 같은 변액연금보험 투자관리 맵을 작성할 수 있으며, 각각 구분된 기간별로 변동주기(6개월)에 따라 변동시점에 펀드비율 변경 즉 전술적 자산배분을 실행할 수 있다.

2. 중도적 투자자의 초기 투자기간 투자관리

① 개요

변액연금보험의 효율적 투자관리를 위해서 적립식 변액연금보험의 투자기간을 구분해 보자. 이러한 구간을 구분하는 방법에 대해 여러 가지 의견이 있을 수 있으나, 10년 이상의 적립식 변액연금보험이라면 필자는 다음과 같이 가입 시점부터 5년까지를 초기, 가입 후 6년부터 연금개시 5년 전까지를 중기, 연금개시 5년 전부터 연금개시 전까지를 말기라고 구분하고자 한다.

적립식 변액연금보험의 투자기간 구분표

가입 초기에는 적립식펀드를 3년 또는 5년 정도 매월 분산투자
하여 분할매수 효과로 금융시장에 대한 위험을 줄이면서 목표로
한 기대수익률을 달성하려 하듯이, 중도적 투자자도 최소한 이 기
간만큼은 시장의 잔바람(단기 급등락)에 흔들리지 말고 지속적인
정액분할투자 할 수 있는 마음가짐이 필요하다. 또한 중도적 투자
자는 이 기간에 위험관리에 대한 부분 전략을 실행함에 있어서 안
정적 투자자와는 달리 납입보험료와 계약자적립금에 대한 투자를
이원화하는 전략이 필요하다. 자세한 사항은 전략적 자산배분 코너
에서 알아보자.

변액연금보험의 계약자적립금과 투자위험의 관계

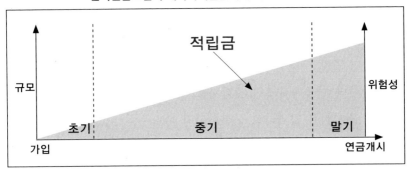

위의 표에서 보듯이 가입 초기에는 계약자적립금이 상대적으로
낮은 관계로 위험성은 상당히 낮다고 볼 수 있으므로 중도적 투자
자도 역시 정액분할 매수한다는 마음가짐으로 꾸준한 투자활동이
필요한 시기라 할 수 있다.

② 중도적 투자자의 초기 전략적 자산배분 계획

앞서 우리는 전체 투자기간에 대한 변액연금보험 투자관리 계획표를 작성해 보았다. 이제는 가입 초기의 세부적인 전략적 자산배분에 대해 알아보자. 여기서 변액연금보험의 전략적 자산배분이라는 것은 쉽게 말하면 변액연금보험의 펀드 비율을 선택하고 변동주기마다 어느 정도의 변동폭으로 변화를 줄 수 있는지를 결정하는 일련의 과정이라 할 수 있다.

중도적 투자자의 초기 전략적 자산배분

구분	중도적투자자 초기 (가입 ~ 5년)
펀드구성 비율	주식투입비율(주식형펀드) : 50% 채권투입비율(채권형펀드) : 50%
변동폭	주식투입비율 : 30% ~ 50% 채권투입비율 : 50% ~ 70%
변동주기	6개월

[펀드구성 비율]

국내 판매 중인 주요 변액연금보험의 특별계정에는 적게는 4개에서 많게는 12개까지 펀드가 구성되어 있으며 주로 채권형펀드와 국내외 주식형펀드로 구분할 수 있다. 간혹 원자재 펀드 등을 포함하는 경우도 있으나 여기서는 보편적인 설명을 위해서 위험자산은 주식형펀드로 안전자산은 채권형펀드로 구분한다.

변액연금보험에 가입한 중도적 투자자는 가입 시점부터 5년까지 즉 가입 초기에는 주식형펀드(주식투입 비율)에 50%를 그리고 채권형펀드(채권투입비율)에 50%의 비율로 투자하기로 한다. 여기서 특별계정 내에 설정된 펀드들이 명확하게 주식형, 채권형으로 구분 되어 있지 않거나 혼합형으로 구성되어 있다면 모두 합산해서 주식 투입 비율 50%, 채권투입비율 50%로 정하고 채권형펀드에는 단기 채권형펀드와 유동성자산에 대한 비율도 포함시킨다.

[변동폭]

이 변동폭은 변동주기(6개월)마다 지정된 변동폭 내에서 자산 을 증가시키거나 감소시킬 수 있는 기준이다. 즉 중도적 투자자 의 경우는 기본펀드 구성비율에 변동폭을 감안하여 주식형펀드는 (30%~50%) 그리고 채권형펀드는 (50%~70%)의 범위 내에서 투 자자산의 조정이 가능하다.

[변동주기]

변액연금보험의 중도적 투자자가 초기 투자기간 중에 투자자산의 구성 즉 펀드편입비율을 조정하려면 이 변동주기 즉 6개월마다 투 자결과와 자산에 대한 평가를 통하여 변동폭 내에서 펀드투입비율 을 조정해줄 수 있다.

이와 같이 변액연금보험의 중도적 투자자는 가입 초기 즉 가입 시 점부터 5년까지는 주식투입 비율을 50%로 하고 채권투입비율도 50%로 설정하여 투자를 진행하고 매 6개월마다 그 투자결과와 계 약자적립금에 대한 평가를 통해서 변동폭 내에서 펀드비율을 조정 할 것인지 아니면 그대로 유지할 것인지를 결정해야 한다.

③ 중도적 투자자의 초기 전술적 자산배분 계획

변액연금보험의 장기적인 투자계획 즉 전략적 자산배분의 의사결정이 완료되었다면 그 계획 하에서 자산구성을 변경함으로써 투자수익률을 높이거나 자산의 위험성을 제거할 수 있는데 이러한 것을 변액연금보험의 전술적 자산배분이라 한다. 이번에는 변액연금보험의 전략적 자산배분 하에서 전술적 자산배분 즉 펀드변경을 언제 어떤 방식으로 어떻게 진행할 수 있는지 자세히 알아보자.

중도적 투자자의 초기 전술적 자산배분

		중도적투자자 초기 (가입 ~ 5년)			
전략적 자산배분	펀드 구성 비율	주식투입비율 : 50% 채권투입비율 : 50%			
	변동폭	주식투입비율 : 30% ~ 50% 채권투입비율 : 50% ~ 70%			
	변동 주기	6개월			
		6개월	12개월		60개월
전술적 자산배분 (예시)		주식투입비율 : 50% 채권투입비율 : 50%	주식투입비율 : 50% 채권투입비율 : 50%	···	주식투입비율 : 30% 채권투입비율 : 70%

투자설계에 있어서 전술적 자산배분은 투자수익률을 높이는 것을 주요 목적으로 할 수 있으나, 변액연금보험에 있어서 전술적 자산배분을 실행한다는 것은 투자수익률을 높이고자 할 때도 필요하지만 투자위험 제거 즉 계약자적립금을 안전하게 지키는 목적으로도 일부 활용될 수도 있다. 변동주기 6개월마다 계약자적립금과 투자결과를 평가하여 허용된 펀드투입비율의 변동폭 내에서 그 비율을 조정할 수 있다. 특히 저평가된 자산은 매수하고 고평가 된 자산은 매도한다는 의사결정은 이 전술적 자산배분의 기본이 된다.

[변액연금보험의 전술적 자산배분 방법]

6개월 경과 후 계약자적립금과 납입보험료의 주식투입 비율과 채권투입비율은 전략적 자산배분 하에서 결정된 범위 내에서 변경 가능하다. 즉 계약자적립금의 투자결과를 확인하고 그 결과에 대해서 더 높은 수익률을 희망하거나 주가가 저가라 판단된다면 30%~50% 범위 내에서 주식투입 비율을 조정할 수 있다. 하지만 반대로 주가가 고가라 판단되거나 앞으로 주가가 하락할 것으로 예상한다면 주식투입 비율을 낮출 수 있다. 이때 주의할 점은 주식투입 비율을 낮추려고 할 때 중도적 투자자나 적극적 투자자는 계약자적립금만 낮추고 납입보험료에 대한 주식투입 비율을 최대변동폭인 50%를 유지할 필요가 있다. 이것은 적립식은 정액분할투자이므로 분산투자를 실행할 수 있으며 주가가 내려가더라도 지속적으로 저가매입을 할 수 있기 때문이다.

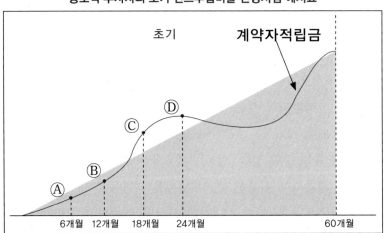

중도적 투자자의 초기 펀드투입비율 변경시점 예시표

위 예시표의 ⑧ 즉 전술적 자산배분을 실행할 단계에서 기대수익률을 좀 더 높이고자 하거나 자산이 저평가되었다고 판단한다면 주식투입 비율을 허용범위 안에서 증가시킬 수 있다. 물론 반대로 고평가되었다고 판단한다면 주식투입 비율을 축소할 수 있을 것이다. 저평가되었다고 판단하여 주식투입 비율을 50%로 하고 채권투입 비율도 50%를 유지한 후 다시 6개월 후 전술적 자산배분 시점인 ⓒ에서는 어떻게 해야 할까? 아직도 저평가되어 주식투입 비율을 높이고자 하더라도 전략적 자산배분 하에서 결정된 변동폭인 주식투입 비율 50%가 꽉 찬 관계로 더 이상 증가시킬 수 없다. 그대로 현재의 자산비율(주식투입 비율 50%, 채권투입비율 50%)을 유지하고 ⓓ에 도달하여 계약자적립금을 평가했을 때 이젠 고평가 됐다고 판단하여 주식투입 비율을 낮추고자 한다면 허용된 범위(주식투입 비율 30%~50%)까지 최대 20%를 낮출 수 있다. 물론 주식투입 비율을 30%로 한다면 채권투입비율은 반대로 70%로 늘어나게 된다. 여기서 아직도 납입기간 중이라면 주식투입 비율을 하향조정 할 때 계약자적립금만 조정하고 납입보험료는 기본 구성비율인 주식투입 비율 50%를 그대로 유지하여야 한다. 적립식은 정액분할투자이므로 분산투자를 실행할 수 있으며 주가가 내려가더라도 지속적으로 저가매입을 할 수 있기 때문이다.

이상과 같이 도표에 나와 있는 자료를 예를 들어 설명한 것처럼 위와 같은 방법은 투자설계에 있어서 전술적 자산배분을 응용한 중도적 투자자의 변액연금보험 전술적 자산배분이라 할 수 있다.

3. 중도적 투자자의 중기 투자기간 투자관리

① 개요

적립식 변액연금보험의 투자관리에 있어서 중기 투자기간이라 함은 가입 시점부터 5년이 지난 즉 6년부터 연금개시 5년 전까지의 상당히 긴 투자기간이라 할 수 있다. 이 중기투자기간에는 초기 투자기간의 저위험에서 벗어나서 높은 투자위험이 존재하며 반면에 투자수익률도 상당히 높아질 수 있는 시기인 것이다. 대부분의 변액연금보험 가입자들이 납입에 대한 어려움과 관리에 대한 어려움 등으로 이 중기 투자기간의 고비를 넘지 못하고 실패하는 경우가 많다고 할 수 있는데, 이 글을 보는 독자들만큼은 올바른 계획과 실천으로 슬기롭게 헤쳐나갈 수 있기를 바란다.

적립식 변액연금보험의 투자기간 구분표

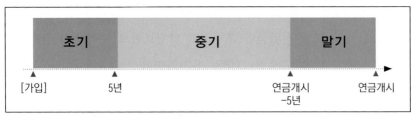

중도적 투자자를 비롯한 모든 투자자에게 이 중기 투자기간은 수익률을 높이는 데 있어서 매우 중요한 시기이지만 반대로 그만큼 투자위험도 높다고 할 수 있다. 따라서 중도적 투자자에게는 원칙과 소신 없는 단타 위주의 매매타이밍을 쫓는 비계획적인 방식보다

는 투자자의 특성에 맞는 자산배분 전략전술로 장기투자 계획과 단기적인 대응 원칙으로 투자에 임한다면 좋은 결과를 예상할 수 있을 것이다.

변액연금보험의 계약자적립금과 투자위험의 관계

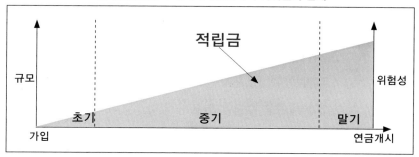

저위험 단계라 할 수 있는 초기 투자기간을 지난 중기 투자기간은 위 그래프에서 보듯이 위험성이 매우 커지는 구간이라 할 수 있다. 또한 이 기간은 납입기간이 5년 이상인 계약의 경우 적립식과 거치식이 병행투자 된다는 특성도 있다. 매월 보험료를 납입한다는 것은 정액분할 투자가 이루어지는 형태이며, 일정한 목돈으로 쌓여져 있는 계약자적립금은 거치식 투자가 이뤄지는 형태로서 한마디로 적립식과 거치식 두 가지 형태가 병행투자 되는 구간이라고 할 수 있는 것이다. 물론 초기 투자기간도 이러한 점에서 봤을 때 마찬가지겠지만 계약자적립금 규모가 상대적으로 낮기 때문에 큰 의미를 부여하지는 않는다. 이렇듯 중기 투자기간의 고유한 특성을 최대한 감안한 초기 투자기간하고는 상당히 다른 전략적 자산배분과 전술적 자산배분이 필요한 것이다.

② 중도적 투자자의 중기 전략적 자산배분 계획

중기 투자기간에는 납입보험료의 정액분할 투자로 분산투자가 이뤄진다고 할 수 있으며 계약자적립금은 거치식으로 투자가 진행된다고 할 수 있다는 점에서 적립식과 거치식 투자가 병행되는 구조이다. 또한 적립식 형태의 특성상 초기 투자기간에 비해서 중기 투자기간은 투자기간이 2배 이상 되는 경우가 대부분일 것으로 예상되어 초기 투자기간보다는 위험성이 매우 큰 기간이라 할 수 있으므로 중도적 투자자의 입장에서는 그에 대한 대처방안을 감안하여 전략적 자산배분 계획을 수립할 필요가 있다.

중도적 투자자의 중기 전략적 자산배분

구분	중기 (6년 ~ 연금개시 5년전)
펀드구성 비율	주식투입비율(주식형펀드) : 50% 채권투입비율(채권형펀드) : 50%
변동폭	주식투입비율 : 20% ~ 50% 채권투입비율 : 50% ~ 80%
변동주기	6개월

[펀드구성 비율]

중기 투자기간(6년~연금개시 5년 전)의 기본 펀드구성비율은 주식투입 비율 50%, 채권투입비율 50%로서 초기 투자기간과 동일하며 나머지 펀드에 대한 내용은 초기 투자기간과 동일하다.

[변동폭]

중기 투자기간의 변동폭은 변동주기(6개월)마다 지정된 변동폭 내에서 자산을 증가시키거나 감소시킬 수 있는 기준이다. 즉 중도적 투자자의 경우는 기본 펀드구성비율에서 필요 시 변동폭 내에서 조정이 가능하다. 즉 주식형펀드(주식투입 비율)는 (20%~50%) 그리고 채권형펀드(채권투입비율)는 (50%~80%)의 범위 내에서 조정이 가능하다는 것이다. 단 주의해야 할 사항은 변동폭 내에서 조정이 된다고 하더라도 계약자적립금만 대상이 되며 납입보험료는 대상이 안 된다는 점이다. 자세한 것은 전술적 자산배분에서 언급하기로 하자.

[변동주기]

펀드구성비율과 마찬가지로 변동주기도 초기 투자기간과 동일하다. 변액연금보험의 중도적 투자자가 중기 투자기간 중에 투자자산의 구성 즉 펀드편입비율을 조정하려면 매 6개월마다 투자결과와 자산에 대한 평가를 통하여 변동폭 내에서 펀드투입비율을 조정할 수 있다.

[전략적 자산배분 변경]

중기 투자기간 중 글로벌 외환위기나 IMF 등의 영향으로 투자환경이 바뀐다거나 투자자 본인의 투자성향이 변경되었다고 한다면 앞 단계인 투자자 성향 분석 단계로 이동하여 그 결과에 따라 전략적 자산배분 계획을 다시 수립할 수도 있다.

③ 중도적 투자자의 중기 전술적 자산배분 계획

중기 투자기간에도 초기 투자기간과 마찬가지로 변액연금보험 전략적 자산배분 계획 하에서 기대수익을 높이려고 하거나 자산의 위험성 제거를 위해서 자산 구성을 변경할 수 있는데, 이러한 일련의 과정을 중기 투자기간의 전술적 자산배분이라 말하며 변액연금보험의 실행절차로 좀 쉽게 말하면 펀드변경이라 할 수도 있다.

중도적 투자자의 중기 전술적 자산배분

		중기 (6년 ~ 연금개시 5년전)			
전략적 자산배분	펀드 구성 비율	주식투입비율 : 50% 채권투입비율 : 50%			
	변동폭	주식투입비율 : 20% ~ 50% 채권투입비율 : 50% ~ 80%			
	변동 주기	6개월			
전술적 자산배분 (예시)		6개월	12개월	···	n
		주식투입비율 : 50% 채권투입비율 : 50%	주식투입비율 : 20% 채권투입비율 : 80%		주식투입비율 : 30% 채권투입비율 : 70%

중기 투자기간의 전술적 자산배분은 전략적 자산배분 계획 하에서 실행할 수 있다. 변액연금보험의 중도적 투자자는 매 6개월마다 기본 펀드구성비율에서 변동 폭만큼 투자자산을 조정할 수 있으며 주식투입 비율은 (20%~50%), 채권투입비율은 (50%~80%)까지 투자비율에 대해 조정이 가능하다. 초기 투자기간과는 다르게 중기 투자기간에는 채권투입비율을 80%까지 높인 것은 중기 투자기

간의 특성상 목돈이 쌓여 있는 계약자적립금의 투자리스크를 최대한 줄이기 위한 것이므로 주가가 고가로 형성되었다고 판단한다면 이 비율을 최대한 활용할 필요가 있다.

[변액연금보험의 전술적 자산배분 방법]
　중도적 투자자의 중기 투자기간의 전술적 자산배분에 대해서 예를 들어 자세히 알아보자.

중도적 투자자의 중기 펀드투입비율 변경시점 예시표

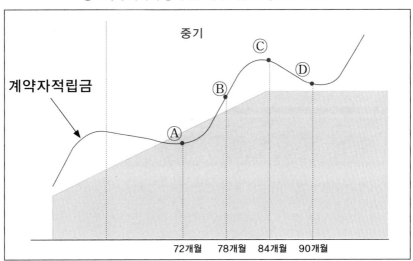

　위 예시표의 ⓐ 즉 6년 차(72개월) 전술적 자산배분을 실행할 단계(주식투입 비율 30% 가정)에서 기대수익률을 더 높일 필요가 있다고 판단한다면 주식투입 비율을 변동폭 내에서 최대비율 50%까지 증가시킬 수 있다. 주식투입 비율을 20% 증가시켰다면 총 주

식투입 비율은 50%가 되고 채권투입비율은 50%가 된다. 이후 전술적 자산배분 시점인 ⓑ에서는 현재의 자산구성이 주식투입 비율 50%와 채권투입비율 50%를 그대로 유지하기로 하였으나, ⓒ시점에 가서는 계약자적립금의 수익규모가 크고 현재의 주가가 고가로 판단하여 위험성을 줄이면서 고평가된 주식을 매도하기 위해서 채권투입비율을 최대 80%까지 올리고 주식투입 비율은 최대 20%까지 줄일 수 있는 전술적 자산배분을 실행할 수 있다. 여기서 아직도 납입기간 중이라면 주식투입 비율을 하향조정 할 때 계약자적립금만 조정하고 납입보험료는 기본 구성비율인 주식투입 비율 50%를 그대로 유지하여야 한다. 왜냐하면 적립식은 정액분할투자이므로 분산투자를 실행할 수 있으며 주가가 내려가더라도 지속적으로 저가매입을 할 수 있기 때문이다.

이와 같이 전술적 자산배분 변동주기인 계약일로부터 매 6개월마다 전략적 자산배분 계획 하에서 일부 자산의 투자비율을 조정해 나가는 것이 변액연금보험의 전술적 자산배분이라 할 수 있다.

4. 중도적 투자자의 말기 투자기간 투자관리

① 개요

적립식 변액연금보험의 투자관리에 있어서 말기 투자기간이라면 연금개시 5년 전부터 연금개시 직전까지의 투자기간 즉 의무거치기간이다. 이 말기 투자기간에는 보험료 납입이 불가하고 오로지 거치 투자만 가능한 기간으로써 투자기간 중 가장 위험성이 높은 구간이라고 할 수 있다. 또한 이 말기 투자기간에 손실을 본다면 더 이상 평생 만회할 수 있는 여유 즉 투자 시간이 없으므로 이제는 수익률을 높이는 것보다는 빠져 나오는 전략이 급선무라 할 수 있다.

적립식 변액연금보험의 투자기간 구분표

초기	중기	말기
[가입] 5년	연금개시 -5년	연금개시

  이러한 말기 투자기간의 특성상 초기~중기 투자기간의 전략적 자산배분과 전술적 자산배분하고는 완전히 다른 차원의 전략전술이 필요한 시기이다. 초기~중기 투자기간에는 투자금(보험료)을 불리는 전략이 우선이었다면 말기 투자기간에는 더 이상 불리는 것보다는 현 상태에서 안전하게 빠져 나오는 것이 더 우선시되어야 한다. 연금개시 전까지 아직 몇 년 정도 남아 있다고 조금 더 욕심을 부리다가는 큰 손실을 볼 수 있으므로 중도적 투자자 입장에서는 가능하면 지키는 자세로 또는 빠져나가는 자세로 투자에 임하는 것이 바람직하다고 생각한다.

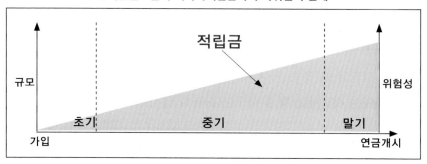

변액연금보험의 계약자적립금과 투자위험의 관계

적립금

규모

위험성

초기   중기   말기

가입   연금개시

　동일한 투자조건으로 했을 때 말기 투자기간의 계약자적립금은 초기~중기 투자기간과는 상대가 안 될 정도로 불어나 있을 것이다. 연금지급의 기본재원이 되는 계약자적립금은 그 규모가 위험성과 비례한다고 할 수 있다. 즉 계약자적립금이 크면 클수록 투자위험성(리스크)도 커질 수 있다는 것이다. 더 이상 투자할 시간적 여유는 없는데 투자금의 리스크가 크다면 안전하게 빠져나올 수 있는 방안을 강구하는 것이 가장 좋은 방법일 것이다.

　따라서 말기 투자기간에는 이러한 변액연금보험의 특성을 최대한 감안하여 초기/중기와는 완전히 다른 빠져나가는 전략전술이 필요하다고 본다.

② 중도적 투자자의 전략적 자산배분 계획

　변액연금보험의 말기 투자기간에는 지금까지의 초기~중기 투자기간의 전략적 자산배분 방식은 모두 버리고 이 기간에 적합한 자산배분 계획을 실행해야만 한다. 그동안 전략적 자산배분이 수익률을 더 높이고자 하는 것에 주안점을 뒀다면, 이제는 말기 투자기간임을 감안하여 중도적 투자자의 입장에서는 오로지 안전하게 빠져나가는 것이 가장 좋은 전략적 자산배분이기 때문이다.

중도적 투자자의 말기 전략적 자산배분

구분	말기 (연금개시 5년전 ~ 연금개시전)
펀드구성 비율	주식투입비율(주식형펀드) : 40% 채권투입비율(채권형펀드) : 60%
변동폭	주식투입비율 : 0% ~ 40% 채권투입비율 : 60% ~ 100%
변동주기	6개월

[펀드구성 비율]

말기 투자기간의 기본 펀드구성에 대한 비율은 초기~중기 투자기간보다는 다른 주식투입 비율 40%, 채권투입비율 60%이다.

[변동폭]

중도적 투자자의 말기 투자기간 주식투입 비율의 변동폭은 (0%~40%) 이지만, 이러한 주식투입 비율은 감소시킬 수만 있고 증가시킬 수는 없다.(예, 30%->20%, 20%->10% 등)

[변동주기]

말기 투자기간의 변동주기도 초기~중기 투자기간과 동일한 6개월로 한다. 따라서 6개월마다 계약자적립금을 단계별로 줄이는 전략을 실행한다.

③ 중도적 투자자의 말기 전술적 자산배분 계획

말기 투자기간은 초기~중기 투자기간의 전술적 자산배분 즉 주로 수익률을 높이기 위한 전술에서 벗어나 지금까지의 투자결과인 계약자적립금을 지키는 전술적 자산배분을 실행해야만 한다. 이러한 지키는 전술은 중도적 투자자의 경우도 예외는 아니다. 적립식 변액연금보험의 경우 장기간 투자효과로 인하여 계약자적립금의 규모가 꽤 높을 수 있으므로 그만큼 빠져나가는 전략전술이 중요한 것이다.

중도적 투자자의 말기 전술적 자산배분

		말기 (연금개시 5년전 ~ 연금개시전)				
전략적 자산배분	펀드 구성 비율	주식투입비율 : 40% 채권투입비율 : 60%				
	변동폭	주식투입비율 : 0% ~ 40% 채권투입비율 : 60% ~ 100%				
	변동 주기	6개월				
전술적 자산배분		−5년	−4.5년	−4년	−3.5년	−3년
		주식투입비율 : 40% 채권투입비율 : 60%	주식투입비율 : 30% 채권투입비율 : 70%	주식비율 : 20% 채권비율 : 80%	주식비율 : 10% 채권비율 : 90%	주식비율 : 0% 채권비율 : 100%

초기~중기 투자기간에는 변동주기마다 가입자가 그때의 투자현황과 주가 등을 검토하여 투입비율을 증가 또는 감소시키는 의사결정을 할 수 있었으나, 모든 투자자의 말기 투자기간에는 이러한 의사결정보다는 정해진 전술적 자산배분 방법처럼 주식투입 비율을 강제적으로 감소시키는 전술을 실행해야만 한다. 물론 이 시기

에 여러 가지 예외적인 상황이 전개될 수 있지만, 중도적 투자자 입장에서는 위 사항이 반드시 지켜져야만 안전하게 빠져나올 수 있을 것이다.

이때 연금개시 5년 전에 주식투입 비율이 40% 이상일 때만 위 전술적 자산배분에 해당되며 그 이하일 경우는 지정된 각 기간별 비율기준에 맞는 시기부터 그에 맞게 진행하면 된다. 예를 들어 5년 전 주식투입 비율이 30%였다면 6개월 정도 기다렸다가 연금개시 4.5년 전부터 이어서 전술적 자산배분을 실행하면 된다.

[변액연금보험의 전술적 자산배분 방법]

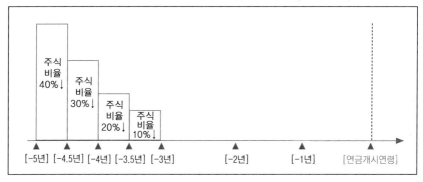

중도적 투자자의 말기 주식투입비율 조정표

중도적 투자자는 연금개시 5년 전에 손실 없이 일정한 수익률을 달성했다면 연금지급재원인 계약자적립금을 지켜내기 위해서 위 그림처럼 단계별로 6개월마다 10%씩 주식투입 비율을 줄여나가야 하며 최소한 연금개시 3년 전부터는 국공채 위주의 채권형펀드 위주로 투자가 이루어질 수 있도록 조정해야만 한다. 내린 주식투입 비율은 다시 증가시켜서는 안 되며 반드시 위 기준대로 실천해야 한다. 반면에 연금개시 5년 전에 기납입보험료보다 계약자적립금이 낮아서 손실을 봤거나 수익률이 형편없어 기대 이하라 판단한다면 위와 같은 소극적 전략보다는 밑져야 본전이라는 생각으로 계속적으로 주식투입 비율을 높여서 투자할 수도 있지만 예외이므로 이 건들에 대해서는 별도로 언급하지 않는다.

다 | 적극적 투자자를 위한 투자관리 방안

1. 적극적 투자자를 위한 투자계획

① 적극적 투자자의 변액연금보험 투자관리계획표

적극적 투자자는 공격적 투자자라고도 할 수 있는데 주요특징으로는 원금보장을 원치 않으며 주식투입 비율 60% 이상으로 포트폴리오를 구성할 수 있어야 하며 기대수익률도 매우 높게 예상하고 있는 투자자인 것이다. 그러나 이러한 적극적 투자자의 성향을 만족시켜줄 수 있는 그런 변액연금보험은 국내에서 현재까지 찾아볼 수 없으며, 주로 가입 시점 경험생명표를 적용해주는 일부 변액유니버셜보험(VUL)을 대체상품으로 하여 가입한다. 변액연금보험 가입자를 전체적으로 놓고 봤을 때 약 10% 내외가 이런 상품에 가입하고 있다고 예상할 수 있다. 따라서 이번에는 이런 적극적 투자자의 변액연금보험 가입 시점부터 연금개시 직전까지의 투자관리계획에 대하여 알아보자.

적극적 투자자의 변액연금보험 투자관리 계획표

구분		초기 (가입 ~ 5년)	중기 (6년 ~ 연금개시5년전)	말기 (연금개시5년전 ~ 연금개시전)
전 략 적 자 산 배 분	펀드 구성 비율	주식투입비율 : 60% 채권투입비율 : 40%	주식투입비율 : 60% 채권투입비율 : 40%	주식투입비율 : 50% 채권투입비율 : 50%
	변동폭	주식투입비율 : 30%~90% 채권투입비율 : 10%~70%	주식투입비율 : 30%~90% 채권투입비율 : 10%~70%	주식투입비율 : 0%~50% 채권투입비율 : 50%~100%
	변동 주기	6개월	3개월	6개월

  적극적 투자자의 투자관리 계획은 다른 투자성향의 투자자 투자
관리 계획보다 투자리스크가 상당히 높은 관계로 중기 투자기간의
변동주기는 3개월로 하는 것이 특색이다. 고위험 자산에 대한 투
자비율이 높기 때문에 그만큼 자주 투자점검과 평가를 통하여 변
동폭을 조정해줄 필요가 있다. 하지만 초기와 말기 투자기간의 변
동주기는 6개월로 한다.

  ② 적극적 투자자의 변액연금보험 투자관리 맵
  적극적 투자자의 가입 시점부터 연금개시 전까지 전체 변액연금
보험 투자관리 맵은 다음과 같다.

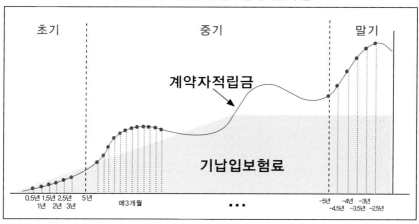

적극적 투자자의 변액연금보험 투자관리 맵

적극적 투자자의 변액연금보험 투자관리 계획표에 의해서 위와 같은 변액연금보험 투자관리 맵을 작성할 수 있으며, 각각 구분된 기간별로 변동주기(6개월 또는 3개월)에 따라 변동시점에 펀드비율 변경 즉 전술적 자산배분을 실행할 수 있다.

2. 적극적 투자자의 초기 투자기간 투자관리

① 개요

변액연금보험의 효율적 투자관리를 위해서 적립식 변액연금보험의 투자기간을 구분해 보자. 이러한 구간을 구분하는 방법에 대해 여러 가지 의견이 있을 수 있으나, 10년 이상의 적립식 변액연금보험이라면 필자는 다음과 같이 가입 시점부터 5년까지를 초기, 가입

후 5년 이후부터 연금개시 5년 전까지를 중기, 연금개시-5년부터
연금개시 전까지를 말기라고 구분하고자 한다.

적립식 변액연금보험의 투자기간 구분표

가입 초기에는 적립식펀드를 3년 또는 5년 정도 매월 분산투자
하여 분할매수 효과로 금융시장에 대한 위험을 줄이면서 목표로
한 기대수익률을 달성하려 하듯이, 적극적 투자자도 역시 최소한
이 기간만큼은 시장의 잔바람(단기 급등락)에 흔들리지 말고 지속
적인 정액분할투자 할 수 있는 마음가짐이 필요하다. 또한 적극투
자자는 이 기간에 위험관리에 대한 부분 전략을 실행함에 있어서
납입보험료와 계약자적립금에 대한 투자를 이원화하는 전략이 필
요하다. 자세한 사항은 전략적 자산배분과 전술적 자산배분 코너
에서 알아보자.

변액연금보험의 계약자적립금과 투자위험의 관계

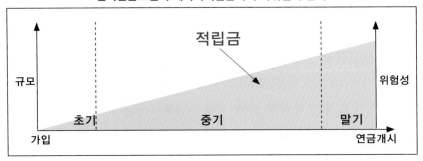

위의 표에서 보듯이 가입 초기에는 계약자적립금이 상대적으로 낮은 관계로 위험성은 상당히 낮다고 볼 수 있으므로 적극적 투자자라 할지라도 정액분할매수 한다는 마음가짐으로 꾸준한 투자활동이 필요한 시기라 할 수 있다.

② 적극적 투자자의 초기 전략적 자산배분 계획

앞서 우리는 적극적 투자자의 전체 투자기간에 대한 변액연금보험 투자관리 계획표를 작성해 보았다. 이제는 가입 초기의 세부적인 전략적 자산배분에 대해 알아보자. 여기서 변액연금보험의 전략적 자산배분이라는 것은 쉽게 말하면 변액연금보험의 펀드 비율을 선택하고 변동주기마다 어느 정도의 변동폭으로 변화를 줄 수 있는지를 결정하는 일련의 과정이라 할 수 있다.

적극적 투자자의 초기 전략적 자산배분

구분	적극적투자자 초기 (가입 ~ 5년)
펀드구성 비율	주식투입비율(주식형펀드) : 60% 채권투입비율(채권형펀드) : 40%
변동폭	주식투입비율 : 30% ~ 90% 채권투입비율 : 10% ~ 70%
변동주기	6개월

[펀드구성 비율]

국내 판매 중인 주요 변액연금보험의 특별계정에는 적게는 4개에서 많게는 12개까지 펀드가 구성되어 있으며 주로 채권형펀드와 국내외 주식형펀드로 구분할 수 있다. 간혹 원자재 펀드 등을 포함하는 경우도 있으나 여기서는 보편적인 설명을 위해서 위험자산은 주식형펀드로 안전자산은 채권형펀드로 구분한다.

변액연금보험에 가입한 적극적 투자자는 가입 시점부터 5년까지 즉 가입 초기에는 주식형펀드(주식투입 비율)에 60%를 그리고 채권형펀드(채권투입비율)에 40%의 비율로 투자하기로 한다. 여기서 특별계정 내에 설정된 펀드들이 명확하게 주식형, 채권형으로 구분되어 있지 않거나 혼합형으로 구성되어 있다면 모두 합산해서 주식투입 비율 60%, 채권투입비율 40%로 정하고 채권형펀드에는 단기채권형펀드와 유동성자산에 대한 비율도 포함시킨다.

[변동폭]

이 변동폭은 변동주기(6개월)마다 지정된 변동폭 내에서 자산을 증가시키거나 감소시킬 수 있는 기준이다. 즉 적극적 투자자의 경우는 기본펀드 구성비율에 변동폭을 감안하여 주식형펀드는 (30%~90%) 그리고 채권형펀드는 (10%~70%)의 범위 내에서 투자자산의 조정이 가능하다.

[변동주기]

변액연금보험의 적극적 투자자가 초기 투자기간 중에 투자자산의 구성 즉 펀드편입비율을 조정하려면 이 변동주기 즉 6개월마다 투자결과와 자산에 대한 평가를 통하여 변동폭 내에서 펀드투입비율을 조정해줄 수 있다.

이와 같이 변액연금보험의 적극적 투자자는 가입 초기 즉 가입 시점부터 5년까지는 기본적으로 주식투입 비율을 60%로 하고 채권투입비율은 40%로 설정하여 투자를 진행하고 매 6개월마다 그 투자결과와 계약자적립금에 대한 평가를 통해서 변동폭 내에서 펀드비율을 조정할 것인지 아니면 그대로 유지할 것인지를 결정해야 한다. 펀드비율을 어떻게 결정할 것인지 등에 대한 것은 전술적 자산배분에서 자세히 알아보자.

③ 적극적 투자자의 초기 전술적 자산배분 계획

변액연금보험의 장기적인 투자계획 즉 전략적 자산배분의 의사결정이 완료되었다면 그 계획 하에서 자산구성을 변경함으로써 투자수익률을 높이거나 자산의 위험성을 제거할 수 있는데 이러한 것을 변액연금보험의 전술적 자산배분이라 한다. 이번에는 변액연금보험의 전략적 자산배분 하에서 전술적 자산배분 즉 펀드변경을 언제 어떤 방식으로 어떻게 진행할 수 있는지 알아보자.

적극적 투자자의 초기 전술적 자산배분

적극적투자자 초기 (가입 ~ 5년)				
전략적 자산배분	펀드 구성 비율	주식투입비율 : 60% 채권투입비율 : 40%		
	변동폭	주식투입비율 : 30% ~ 90% 채권투입비율 : 10% ~ 70%		
	변동 주기	6개월		
전술적 자산배분 (예시)	6개월	12개월	...	60개월
	주식투입비율 : 80% 채권투입비율 : 20%	주식투입비율 : 90% 채권투입비율 : 10%		주식투입비율 : 30% 채권투입비율 : 70%

투자설계에 있어서 전술적 자산배분은 투자수익률을 높이는 것을 주요 목적으로 할 수 있으나, 변액연금보험에 있어서 전술적 자산배분을 실행한다는 것은 투자수익률을 높이고자 할 때도 필요하지만 투자위험 제거 즉 계약자적립금을 안전하게 지키는 목적으로도 일부 활용될 수 있다. 변동주기 6개월마다 계약자적립금과 투자결과를 평가하여 허용된 펀드투입비율의 변동폭 내에서 그 비율을 조정할 수 있다. 특히 저평가된 자산은 매수하고 고평가 된 자산은 매도한다는 의사결정은 이 전술적 자산배분의 기본이다.

[변액연금보험의 전술적 자산배분 방법]

6개월 경과 후 계약자적립금과 납입보험료의 주식투입 비율과 채권투입비율은 전략적 자산배분 하에서 결정된 범위 내에서 변경 가능하다. 즉 계약자적립금의 투자결과를 확인하고 그 결과에 대해서 더 높은 수익률을 희망하거나 주가가 저가라 판단된다면 (30%~90%) 범위 내에서 주식투입 비율을 조정할 수 있다. 하지만 반대로 주가가 고가라 판단한다면 즉 앞으로 주식시장이 하락할 것으로 예상한다면 주식투입 비율을 낮출 수 있다. 이때 주의할 점은 주식투입 비율을 낮추려고 할 때 중도적 투자자나 적극적 투자자는 계약자적립금만 낮추고 납입보험료에 대한 주식투입 비율을 최대한 높게 유지할 필요가 있다. 이것은 적립식은 정액분할투자이므로 분산투자를 실행할 수 있으며 주가가 내려가더라도 지속적으로 저가매입을 할 수 있기 때문이다.

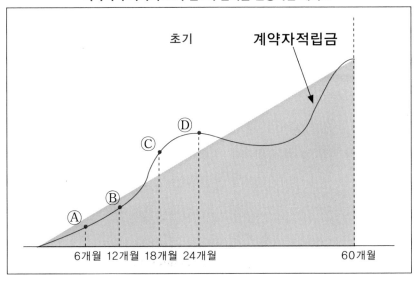

적극적 투자자의 초기 펀드투입비율 변경시점 예시표

초기

계약자적립금

Ⓐ Ⓑ Ⓒ Ⓓ

6개월 12개월 18개월 24개월　　　　　　60개월

　위 예시표의 Ⓑ 즉 전술적 자산배분을 실행할 단계에서 기대수익률을 좀 더 높이고자 하거나 자산이 저평가되었다고 판단한다면 주식투입 비율을 허용범위 안에서 증가시킬 수 있다. 물론 반대로 고평가되었다고 판단한다면 주식투입 비율을 축소할 수 있을 것이다. 저평가되었다고 판단하여 주식투입 비율을 80%로 채권투입비율도 20%로 조정하여 유지한 후 다시 6개월 후 전술적 자산배분 시점인 Ⓒ에서는 어떻게 해야 할까? 아직도 저평가되어 저가매입을 원한다면 주식투입 비율을 최대 변동폭인 90%까지 높이고 채권투입 비율을 10%로 내려서 유지할 수 있을 것이다. 반대로 주가가 고가라 판단되거나 기대수익률이 높다고 판단한다면 주식투입 비율을 최대 30%까지 낮출 수 있다. 이도 저도 아니라면 현재의 주식투입

비율 80%와 채권투입비율 20%를 그대로 유지할 수 있을 것이다. ⓓ에 도달하여 계약자적립금을 평가했을 때 이젠 고평가 되었다고 판단하여 주식투입 비율을 낮추고자 한다면 허용된 범위(주식투입 비율 30%~90%)까지 낮출 수 있다. 물론 주식투입 비율을 30%로 한다면 채권투입비율은 반대로 70%로 늘어나게 된다.

이상과 같이 도표에 나와 있는 자료를 예를 들어 설명한 것처럼 위와 같은 방법은 투자설계에 있어서 전술적 자산배분을 응용한 적극적 투자자의 변액연금보험 전술적 자산배분이라 할 수 있다.

3. 적극적 투자자의 중기 투자기간 투자관리

① 개요

적립식 변액연금보험의 투자관리에 있어서 중기 투자기간이라 함은 가입 시점부터 5년이 지난 즉 6년부터 연금개시 5년 전까지의 상당히 긴 투자기간이라 할 수 있다. 이 중기 투자기간에는 초기 투자기간의 저위험에서 벗어나서 높은 투자위험이 존재하며 반면에 투자수익률도 상당히 높아질 수 있는 시기인 것이다. 대부분의 변액연금보험 가입자들이 납입에 대한 어려움과 관리에 대한 어려움 등으로 이 중기 투자기간의 고비를 넘지 못하고 실패하는 경우가 많다고 할 수 있는데, 이 글을 보는 독자들만큼은 올바른 계획과 실천으로 슬기롭게 헤쳐나갈 수 있기를 바란다.

적립식 변액연금보험의 투자기간 구분표

적극적 투자자를 비롯한 모든 투자자에게 이 중기 투자기간은 수익률을 높이는 데 있어서 매우 중요한 시기이지만 반대로 그만큼 투자위험도 높다고 할 수 있다. 따라서 금융시장에 대해서 아무리 감이 좋은 적극적 투자자라 하더라도 원칙과 소신 없는 단타 위주의 매매타이밍을 쫓는 비계획적인 방식보다는 투자자의 특성에 맞는 자산배분 전략전술로 장기투자 계획과 단기적인 대응 원칙으로 투자에 임한다면 좋은 결과를 예상할 수 있을 것이다.

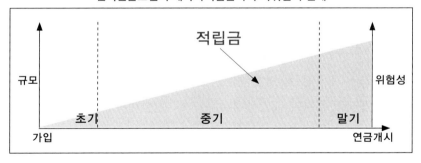

변액연금보험의 계약자적립금과 투자위험의 관계

저위험 단계라 할 수 있는 초기 투자기간을 지난 중기 투자기간은 위 그래프에서 보듯이 위험성이 매우 커지는 구간이라 할 수 있다. 또한 이 기간은 납입기간이 5년 이상인 계약의 경우 적립식과 거치식이 병행투자 된다는 특성도 있다. 매월 보험료를 납입한다는 것은 정액분할 투자가 이루어지는 형태이며, 일정한 목돈으로 쌓여져 있는 계약자적립금은 거치식 투자가 이루어지는 형태로서 한마디로 적립식과 거치식 두 가지 형태가 병행투자 되는 구간이라고 할 수 있는 것이다. 물론 초기 투자기간도 이러한 점에서 봤을 때 마찬가지겠지만 계약자적립금 규모가 상대적으로 낮기 때문에 큰 의미를 부여하지는 않는다. 이렇듯 중기 투자기간의 고유한 특성을 최대한 감안하여 초기 투자기간하고는 상당히 다른 전략적 자산배분과 전술적 자산배분이 필요한 것이다.

② 적극적 투자자의 중기 전략적 자산배분 계획

중기 투자기간에 납입보험료의 정액분할 투자로 분산투자가 이뤄진다고 할 수 있으며, 계약자적립금은 거치식으로 투자가 진행된다고 할 수 있다는 점에서 적립식과 거치식 투자가 병행되는 구조이다. 또한 적립식 형태의 특성상 초기 투자기간에 비해서 중기 투자기간은 투자기간이 2배 이상 되는 경우가 대부분일 것으로 예상되어 초기 투자기간보다는 위험성이 매우 큰 기간이라 할 수 있으므로 적극적 투자자의 입장에서는 그에 대한 대처방안을 감안하여 전략적 자산배분 계획을 수립할 필요가 있다.

적극적 투자자의 중기 전략적 자산배분

구분	중기 (6년 ~ 연금개시 5년전)
펀드구성 비율	주식투입비율(주식형펀드) : 60% 채권투입비율(채권형펀드) : 40%
변동폭	주식투입비율 : 30% ~ 90% 채권투입비율 : 10% ~ 70%
변동주기	3개월

[펀드구성 비율]

 중기 투자기간(6년~연금개시5년 전)의 기본 펀드구성비율은 주식투입 비율 60%, 채권투입비율 40%로서 초기 투자기간과 동일하며 나머지 펀드에 대한 내용은 초기 투자기간과 동일하다.

[변동폭]

 중기 투자기간의 변동폭은 변동주기(3개월)마다 지정된 변동폭 내에서 자산을 증가시키거나 감소시킬 수 있는 기준이다. 즉 적극적 투자자의 경우는 기본 펀드구성비율에서 필요 시 변동폭 내에서 조정이 가능하다. 즉 주식형펀드(주식투입 비율)는 (30%~90%) 그리고 채권형펀드(채권투입비율)는 (10%~70%)의 범위 내에서 조정이 가능한 것으로서 상당히 고위험의 변동폭이라 할 수 있다. 단 주의해야 할 사항은 변동폭 내에서 조정이 된다고 하더라도 계약자적립금만 대상이 되며 납입보험료는 대상이 안 된다는 점이다. 자세한 것은 전술적 자산배분에서 언급하기로 하자.

[변동주기]

적극적 투자자의 중기 투자기간 전략적 자산배분의 변동주기는 3개월이다. 높은 리스크로 인하여 다른 투자자들보다 좀 더 신중하게 확인할 필요가 있기 때문이다. 변액연금보험의 적극적 투자자가 중기 투자기간 중에 투자자산의 구성 즉 펀드편입비율을 조정하려면 매 3개월마다 투자결과와 자산에 대한 평가를 통하여 변동폭 내에서 펀드투입비율을 조정할 수 있다.

[전략적 자산배분 변경]

중기 투자기간 중 글로벌 외환위기나 IMF 등의 영향으로 투자환경이 바뀐다거나 투자자 본인의 투자성향이 변경되었다고 한다면 앞 단계인 투자자 성향 분석 단계로 이동하여 그 결과에 따라 전략적 자산배분 계획을 다시 수립할 수도 있다.

③ 적극적 투자자의 중기 전술적 자산배분 계획

중기 투자기간에도 초기 투자기간과 마찬가지로 변액연금보험 전략적 자산배분 계획 하에서 기대수익을 높이려고 하거나 자산의 위험성 제거를 위해서 자산 구성을 변경할 수 있는데, 이러한 일련의 과정을 중기 투자기간의 전술적 자산배분이라 말하며 변액연금보험의 실행절차로 쉽게 말하면 펀드변경이라 할 수도 있다.

적극적 투자자의 중기 전술적 자산배분

		중기 (6년 ~ 연금개시 5년전)			
전략적 자산배분	펀드 구성 비율	주식투입비율 : 60% 채권투입비율 : 40%			
	변동폭	주식투입비율 : 30% ~ 90% 채권투입비율 : 10% ~ 70%			
	변동 주기	3개월			
전술적 자산배분 (예시)		6개월	12개월	...	n
		주식투입비율 : 60% 채권투입비율 : 40%	주식투입비율 : 90% 채권투입비율 : 10%		주식투입비율 : 70% 채권투입비율 : 30%

　중기 투자기간의 전술적 자산배분은 전략적 자산배분 계획 하에서 실행할 수 있다. 변액연금보험의 적극적 투자자는 매 3개월마다 기본 펀드구성비율에서 변동폭만큼 투자자산을 조정할 수 있으며 주식투입 비율은 (30%~90%), 채권투입비율은 (10%~70%)까지 투자비율에 대해 조정이 가능하다.

[변액연금보험의 전술적 자산배분 방법]

　중기 투자기간의 전술적 자산배분에 대해서 예를 들어 자세히 알아보자.

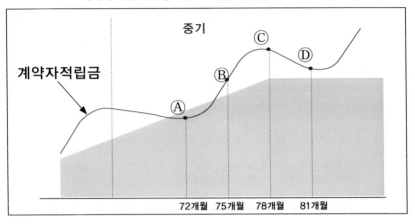

적극적 투자자의 중기 펀드투입비율 변경시점 예시표

중기

ⓒ

ⓓ

ⓑ

계약자적립금

ⓐ

72개월   75개월   78개월   81개월

　위 예시표의 ⓐ 즉 6년 차(72개월) 전술적 자산배분을 실행할 단계(주식투입 비율 60%가정)에서 기대수익률을 더 높일 필요가 있다고 판단한다면 주식투입 비율을 변동폭 내에서 최대비율 90%까지 증가시킬 수 있다. 주식투입 비율을 20% 증가시켰다면 총 주식투입 비율은 80%가 되고 채권투입비율은 20%가 된다. 이후 전술적 자산배분 시점인 ⓑ에서는 현재의 자산구성이 주식투입 비율 80%와 채권투입비율 20%를 그대로 유지하기로 하였으나, ⓒ시점에 가서는 계약자적립금의 수익규모가 크고 현재의 주가를 고가로 판단하여 위험성을 줄이면서 고평가 된 주식을 매도하기 위해서 채권투입비율을 최대 70%까지 올리고 주식투입 비율은 최하 30%까지 줄일 수 있는 전술적 자산배분을 실행할 수 있다. 여기서 아직도 납입기간 중이라면 주식투입 비율을 하향조정 할 때 계약자적립금만 조정하고 납입보험료는 기본구성비율인 주식투입 비율 60%

를 그대로 유지하여야 한다. 적립식은 정액분할투자이므로 분산투자를 실행할 수 있으며 주가가 내려가더라도 지속적으로 저가매입을 할 수 있기 때문이다.

이와 같이 전술적 자산배분 변동주기인 계약일로부터 매 3개월마다 전략적 자산배분 계획 하에서 일부 자산의 투자비율을 조정해나가는 것이 변액연금보험의 전술적 자산배분이라 할 수 있다.

4. 적극적 투자자의 말기 투자기간 투자관리

① 개요

적립식 변액연금보험의 투자관리에 있어서 말기 투자기간이라면 연금개시 5년 전부터 연금개시 직전까지의 투자기간 즉 의무거치기간이다. 이 말기 투자기간에는 보험료 납입이 불가하고 오로지 거치투자만 가능한 기간으로써 투자기간 중 가장 위험성이 높은 구간이라고 할 수 있다. 또한 이 말기 투자기간에 손실을 본다면 더 이상 평생 만회할 수 있는 여유 즉 투자 시간이 없으므로 이제는 수익률을 높이는 것보다는 빠져 나오는 전략이 급선무라 할 수 있다. 적극적 투자자의 말기 투자기간은 모든 투자자 형태의 투자기간 중 가장 리스크가 크다고 볼 수 있다. 위험자산인 주식투입 비율이 가장 높을 가능성 때문인데 이제는 만회할 시간이 없다고 할 수 있으므로 공격적 투자자라 하더라도 이 말기 투자기간에는 투자 성향과는 관계없이 안전하게 빠져 나오는 방법이 가장 좋은 전략이 될 것이다.

적립식 변액연금보험의 투자기간 구분표

이러한 말기 투자기간의 특성상 초기~중기 투자기간의 전략적 자산배분과 전술적 자산배분하고는 완전히 다른 차원의 전략전술이 필요한 시기이다. 초기~중기 투자기간에는 투자금(보험료)을 불리는 전략이 우선이었다면 말기 투자기간에는 더 이상 불리는 것보다는 현 상태에서 안전하게 빠져 나오는 것이 더 우선시되어야 한다. 적극적 투자자로서 연금개시 전까지 아직 몇 년 정도 남아 있다고 조금 더 욕심을 부리다가는 큰 손실을 볼 수 있으므로 가능하면 적극적 투자자는 물론 모든 투자자는 지키는 자세로써 또는 빠져나가는 자세로써 소극적으로 투자에 임하는 것이 바람직하다고 생각한다.

변액연금보험의 계약자적립금과 투자위험의 관계

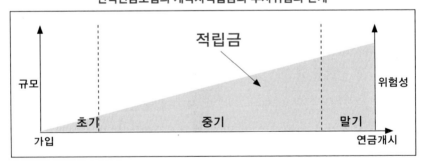

동일한 투자조건으로 했을 때 말기 투자기간의 계약자적립금은 초기~중기 투자기간과는 상대가 안 될 정도로 불어나 있을 것이다. 연금지급의 기본재원이 되는 계약자적립금은 그 규모가 위험성과 비례한다고 할 수 있다. 즉 계약자적립금이 크면 클수록 투자위험성(리스크)도 커질 수 있다는 것이다. 더 이상 투자할 시간적 여유는 없는데 투자금의 리스크가 크다면 안전하게 빠져나올 수 있는 방안을 강구하는 것이 가장 좋은 방법일 것이다.

따라서 말기 투자기간에는 이러한 변액연금보험의 특성을 최대한 감안하여 초기/중기와는 완전히 다른 빠져나가는 전략전술이 필요하다고 본다.

② 적극적 투자자의 말기 전략적 자산배분 계획

변액연금보험의 말기 투자기간에는 지금까지의 초기~중기 투자기간의 전략적 자산배분 방식은 모두 버리고 이 기간에 적합한 자산배분 계획을 실행해야만 한다. 그동안은 전략적 자산배분이 수익률을 더 높이고자 하는 것에 주안점을 뒀다면, 이제는 말기 투자기간임을 감안하여 적극적 투자자라 하더라도 오로지 안전하게 빠져나가는 것이 가장 좋은 전략적 자산배분이기 때문이다.

적극적 투자자의 말기 전략적 자산배분

구분	말기 (연금개시 5년전 ~ 연금개시전)
펀드구성 비율	주식투입비율(주식형펀드) : 50% 채권투입비율(채권형펀드) : 50%
변동폭	주식투입비율 : 0% ~ 50% 채권투입비율 : 50% ~ 100%
변동주기	6개월

[펀드구성 비율]

말기 투자기간의 기본 펀드구성에 대한 기본비율은 주식투입 비율 50%, 채권투입비율 50%이다.

[변동폭]

적극적 투자자의 말기 투자기간 주식투입 비율의 변동폭은 (0%~50%) 이지만, 이러한 주식투입 비율은 감소시킬 수만 있고 증가시킬 수는 없다.(예, 50%->40%, 30%->20% 등)

[변동주기]

말기 투자기간의 변동주기는 초기 투자기간과 동일한 6개월로 한다. 따라서 6개월마다 계약자적립금을 단계별로 줄이는 전략을 실행한다.

③ 적극적 투자자의 말기 전술적 자산배분 계획

말기 투자기간은 초기~중기 투자기간의 전술적 자산배분 즉 주로 수익률을 높이기 위한 전술에서 벗어나 지금까지의 투자결과인 계약자적립금을 지키는 전술적 자산배분을 실행해야만 한다. 이러한 지키는 전술은 적극적 투자자의 경우도 예외는 아니다. 적립식 변액연금보험의 경우 장기간 투자효과로 인하여 계약자적립금의 규모가 꽤 높을 수 있으므로 그만큼 빠져나가는 전략전술이 중요한 것이다.

적극적 투자자의 말기 전술적 자산배분

		말기 (연금개시 5년전 ~ 연금개시전)				
전략적 자산배분	펀드 구성 비율	주식투입비율 : 50% 채권투입비율 : 50%				
	변동폭	주식투입비율 : 0% ~ 50% 채권투입비율 : 50% ~ 100%				
	변동 주기	6개월				
전술적 자산배분		−5년	−4.5년	−4년	−3.5년	−3년
		주식투입비율 : 50% 채권투입비율 : 50%	주식투입비율 : 40% 채권투입비율 : 60%	주식비율 : 30% 채권비율 : 70%	주식비율 : 20% 채권비율 : 80%	주식비율 : 10% 채권비율 : 90%

　초기~중기 투자기간에는 변동주기마다 가입자가 그때의 투자현황과 주가 등을 검토하여 투입비율을 증가 또는 감소시키는 의사결정을 할 수 있었으나, 모든 투자자의 말기 투자기간에는 이러한 의사결정보다는 정해진 전술적 자산배분 방법처럼 주식투입 비율을 강제적으로 감소시키는 전술을 실행해야만 한다. 물론 이 시기에 여러 가지 예외적인 상황이 전개될 수 있지만, 적극적 투자자 입장에서도 위 사항이 반드시 지켜져야만 안전하게 빠져나올 수 있을 것이다.

　이때 연금개시 5년 전에 주식투입 비율이 50% 이상일 때만 위 전술적 자산배분에 해당되며 그 이하일 경우는 지정된 각 기간별 비율기준에 맞는 시기부터 그에 맞게 진행하면 된다. 예를 들어 5년 전 주식투입 비율이 40%였다면 6개월 정도 기다렸다가 연금개시 4.5년 전부터 이어서 전술적 자산배분을 실행하면 된다.

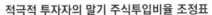

[변액연금보험의 전술적 자산배분 방법]

적극적 투자자의 말기 주식투입비율 조정표

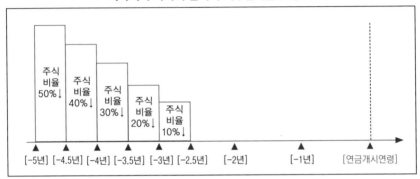

적극적 투자자는 연금개시 5년 전에 손실 없이 일정한 수익률을 달성했다면 연금지급재원인 계약자적립금을 지켜내기 위해서 위 그림처럼 단계별로 6개월마다 10%씩 주식투입 비율을 줄여나가야 하며 최소한 연금개시 2년 6개월 전부터는 국공채 위주의 채권형펀드 위주로 투자가 이루어질 수 있도록 조정해야만 한다. 내린 주식투입 비율은 다시 증가시켜서는 안 되며 반드시 위 기준대로 실천해야 한다. 반면에 연금개시 5년 전에 기납입보험료보다 계약자적립금이 낮아서 손실을 봤거나 수익률이 형편없어 기대 이하라 판단한다면 위와 같은 소극적 전략보다는 밑져야 본전이라는 생각으로 계속적으로 주식투입 비율을 높여서 투자할 수도 있지만 예외이므로 이 건들에 대해서는 별도로 언급하지 않는다.

Chapter
05

변액연금보험 투자관리 방안
및 실행 II(거치식)

가. 안정적 투자자를 위한 투자관리 방안
나. 중도적 투자자를 위한 투자관리 방안
다. 적극적 투자자를 위한 투자관리 방안

가 | 안정적 투자자를 위한
       투자관리 방안

1. 안정적 투자자를 위한 투자계획

① 안정적 투자자의 변액연금보험 투자관리 계획표(거치식)

거치식 변액연금보험을 선택하는 가입자들의 연령을 예상해보면 40~50대가 주축을 이룬다고 볼 수 있는데, 20~30대에서 목돈을 일시에 투자하기는 사실상 쉽지 않은 상황으로써 어느 정도 여윳돈이 준비되었다고 볼 수 있는 40~50대가 많이 선택하는 것이다. 그러다 보니 위험성 높은 상품은 회피하는 경향이 높고 원금보장에 대한 욕구가 강할 수밖에 없다. 따라서 거치식 변액연금보험을 가입할 때는 상당수가 안정적인 상품을 선택하지 않을까 생각된다. 안정적 투자자의 투자성향을 감안한 모든 투자기간 동안의 기본적인 투자관리 계획은 다음 표와 같다.

안정적 투자자의 변액연금보험 투자관리 계획표(거치식)

구분		초중기 (가입시점 ~ 연금개시5년전)	말기 (연금개시5년전 ~ 연금개시전)
전략적 자산배분	펀드 구성 비율	주식투입비율 : 30% 채권투입비율 : 70%	주식투입비율 : 30% 채권투입비율 : 70%
	변동폭	주식투입비율 : 0%~30% 채권투입비율 : 70%~100%	주식투입비율 : 0%~30% 채권투입비율 : 70%~100%
	변동 주기	12개월	6개월

이러한 투자관리 계획표 대로 가입 시점에 투자기간중의 대처방안을 마련하였다면 그 어떤 상황이 발생되더라도 동요하지 않고 그에 맞는 계획을 실천할 수 있을 것이다. 계획적인 투자와 막연한 투자의 시작은 같을 수 있지만 결과는 많이 다를 수 있다는 점을 명심해야 한다. 안정적 투자자는 이러한 전략적 자산배분 하에서 각 구간별 세부적인 투자관리를 실행할 수 있다.

② 안정적 투자자의 변액연금보험 투자관리 맵(거치식)

안정적 투자자의 가입 시점부터 연금개시 전까지 전체 변액연금보험 투자관리 맵은 다음과 같다.

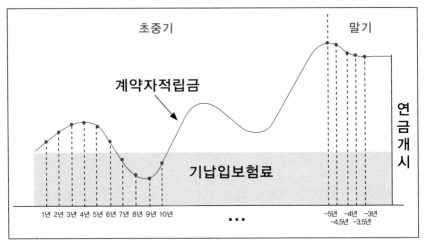

안정적 투자자의 변액연금보험 투자관리 맵(거치식)

초중기　　　　　　　　　　　　　　　　말기

계약자적립금

연금개시

기납입보험료

1년 2년 3년 4년 5년 6년 7년 8년 9년 10년　　…　　-5년　-4년　-3년
　　　　　　　　　　　　　　　　　　　　-4.5년　-3.5년

　　안정적 투자자의 변액연금보험 투자관리 계획표에 의해서 위와
같은 변액연금보험 투자관리 맵을 작성할 수 있으며 각각 구분된
기간별로 변동주기(6 ~12개월)에 따라 변동시점에 펀드비율 변경
즉 전술적 자산배분을 실행할 수 있다.

2. 안정적 투자자의 초·중기 투자기간 투자관리

① 개요(거치식)

　　거치식 변액연금보험은 일정기간 동안 분할 납입하는 적립식과는
다르게 목돈을 한꺼번에 납입하여 거치투자 하는 형태로서 가입 시
점부터 투자위험성이 매우 큰 형태의 상품이라고 할 수 있다. 또한

일정기간(3 ~20년 등) 분할 납입하는 형태의 적립식 변액연금보험 처럼 투자위험성이 낮은 초기 투자기간이 존재하지도 않는다. 어찌 보면 적립식 변액연금보험의 중기 투자기간이 거치식변액연금보험 의 초·중기 투자기간하고 비슷한 형태라 할 수 있다. 따라서 적립 식 변액연금보험의 초기~중기 투자기간을 거치식 변액연금보험에 서는 초·중기의 단일구간으로 정하고 아래 구분표처럼 2개 구간으 로 나눠서 투자관리를 진행하도록 하자.

거치식 변액연금보험의 투자기간 구분표

안정적 투자자를 비롯한 모든 투자자에게 이 초·중기 투자기간 은 수익률을 높이는 데 있어서 매우 중요한 시기이지만 반대로 그 만큼 투자위험도 높다고 할 수 있다. 따라서 안정적 투자자에게는 원칙과 소신 없는 단타 위주의 매매타이밍을 쫓는 비계획적인 방식 보다는 투자자의 특성에 맞는 전략적 자산배분과 전술적 자산배분 으로 장기투자 계획과 단기적인 대응 원칙으로 투자에 임한다면 좋 은 결과를 예상할 수 있을 것이다.

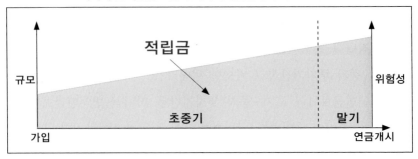

거치식 변액연금보험의 계약자적립금과 투자위험의 관계

적립식 변액연금보험과는 달리 거치식 변액연금보험은 적립금 규모가 가입 시점부터 대규모라고 할 수 있으므로 투자리스크가 적립식보다 수십 배 이상 클 수 있는 구조이다. 더욱이 말기로 가면 갈수록 그에 대한 리스크는 더욱 더 크게 올라갈 수 있으므로 이러한 특성을 잘 파악하여 투자전략 및 전술을 구사할 필요가 있다.

② 안정적 투자자의 초·중기 전략적 자산배분 계획(거치식)

앞서 우리는 전체 투자기간에 대한 변액연금보험 투자관리 계획표를 작성해 보았다. 이제는 가입 초·중기의 세부적인 전략적 자산배분에 대해 알아보자. 여기서 변액연금보험의 전략적 자산배분이라는 것은 쉽게 말하면 변액연금보험의 펀드 비율을 선택하고 변동주기마다 어느 정도의 변동폭으로 변화를 줄 수 있는지를 결정하는 일련의 과정이라 할 수 있다.

안정적 투자자의 초·중기 전략적 자산배분(거치식)

구분	초중기 (가입시점 ~ 연금개시5년전)
펀드 구성 비율	주식투입비율 : 30% 채권투입비율 : 70%
변동폭	주식투입비율 : 0%~30% 채권투입비율 : 70%~100%
변동 주기	12개월(1년)

[펀드구성 비율]

국내 판매 중인 주요 변액연금보험의 특별계정에는 적게는 4개에서 많게는 12개까지 펀드가 구성되어 있으며 주로 채권형펀드와 국내외 주식형펀드로 구분할 수 있다. 간혹 원자재 펀드 등을 포함하는 경우도 있으나 여기서는 보편적인 설명을 위해서 위험자산은 주식형펀드로 안전자산은 채권형펀드로 구분한다.

거치식 변액연금보험에 가입한 안정적 투자자는 가입 시점부터 연금개시 5년 전 즉 초·중기 투자기간에는 주식형펀드(주식투입비율)에 30%를 그리고 채권형펀드(채권투입비율)에 70%의 비율로 투자하기로 한다. 여기서 특별계정 내에 설정된 펀드들이 명확하게 주식형, 채권형으로 구분되어 있지 않거나 혼합형으로 구성되어 있다면 모두 합산해서 주식투입 비율 30%, 채권투입비율 70%로 정하고 채권형펀드에는 단기채권형펀드와 유동성자산에 대한 비율도 포함시킨다.

[변동폭]

이 변동폭은 변동주기(1년)마다 지정된 변동폭 내에서 자산을 증가시키거나 감소시킬 수 있는 기준이다. 즉 안정적 투자자의 경우는 기본펀드 구성비율에 변동폭을 감안하여 주식형펀드는 (0%~30%) 그리고 채권형펀드는 (70%~100%)의 범위 내에서 투자자산의 조정이 가능하다.

[변동주기]

거치식 변액연금보험의 안정적 투자자가 초·중기 투자기간 중에 투자자산의 구성 즉 펀드편입비율을 조정하려면 이 변동주기 즉 12개월마다 투자결과와 자산에 대한 평가를 통하여 변동폭 내에서 펀드투입비율을 조정해 줄 수 있다.

이와 같이 거치식 변액연금보험의 안정적 투자자는 가입 초·중기 즉 가입 시점부터 연금개시 5년 전까지는 주식투입 비율을 30%로 하고 채권투입비율은 70%로 설정하여 투자를 진행하고 매 12개월마다 그 투자결과와 계약자적립금에 대한 평가를 통해서 변동폭 내에서 펀드비율을 조정할 것인지 아니면 그대로 유지할 것인지를 결정해야 한다. 펀드비율을 어떻게 결정할 것인지 등에 대한 것은 전술적 자산배분에서 자세히 알아보자.

③ 안정적 투자자의 초·중기 전술적 자산배분 계획(거치식)

변액연금보험의 장기적인 투자계획 즉 전략적 자산배분의 의사결

정이 완료되었다면 그 계획 하에서 자산구성을 변경함으로써 투자
수익률을 높이거나 자산의 위험성을 제거할 수 있는데 이러한 것을
변액연금보험의 전술적 자산배분이라 한다. 이번에는 거치식 변액
연금보험의 전략적 자산배분 하에서 전술적 자산배분 즉 펀드변경
을 언제 어떤 방식으로 어떻게 진행할 수 있는지 자세히 알아보자.

안정적 투자자의 초 · 중기 전술적 자산배분(거치식)

		초중기 (가입시점 ~ 연금개시 5년전)			
전략적 자산배분	펀드 구성 비율	주식투입비율 : 30% 채권투입비율 : 70%			
	변동폭	주식투입비율 : 0% ~ 30% 채권투입비율 : 70% ~ 100%			
	변동 주기	12개월(1년)			
전술적 자산배분 (예시)		1년	2년		5년
		주식투입비율 : 30% 채권투입비율 : 70%	주식투입비율 : 20% 채권투입비율 : 80%	···	주식투입비율 : 30% 채권투입비율 : 70%

투자설계에 있어서 전술적 자산배분은 투자수익률을 높이는 것
을 주요 목적으로 할 수 있으나, 변액연금보험에 있어서 전술적 자
산배분을 실행한다는 것은 투자수익률을 높이고자 할 때도 필요하
지만 투자위험 제거 즉 계약자적립금을 안전하게 지키는 목적으로
도 일부 활용될 수 있다. 변동주기 1년마다 계약자적립금과 투자
결과를 평가하여 허용된 펀드투입비율의 변동폭 내에서 그 비율을
조정할 수 있다. 특히 저평가된 자산은 매수하고 고평가 된 자산은
매도한다는 의사결정은 이러한 전술적 자산배분의 기본이다.

[변액연금보험의 전술적 자산배분 방법]

1년 경과 후 계약자적립금과 납입보험료의 주식투입 비율과 채권투입비율은 전략적 자산배분 하에서 결정된 범위 내에서 변경 가능하다. 즉 계약자적립금의 투자결과를 확인하고 그 결과에 대해서 더 높은 수익률을 희망하거나 주가를 저가라 판단한다면 (0%~30%) 범위 내에서 주식투입 비율을 상향조정 할 수 있다. 하지만 반대로 주가가 고가라 판단한다면 즉 앞으로 주식시장이 하락할 것으로 예상한다면 주식투입비율을 낮출 수 있다. 초·중기 투자기간의 전술적 자산배분에 대해서 예를 들어 자세히 알아보자.

안정적 투자자의 초 · 중기 펀드투입비율 변경시점 예시표(거치식)

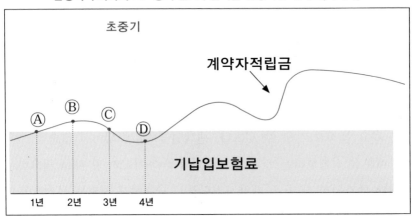

위 예시표의 Ⓐ 즉 전술적 자산배분을 실행할 단계에서 기대수익률을 좀 더 높이고자 하거나 자산이 저평가되었다고 판단한다면 주식투입 비율을 허용범위 안에서 증가시킬 수 있다. 물론 반대로 고평가되었다고 판단한다면 주식투입 비율을 축소할 수 있을 것이다.

여기서 저평가되었다고 판단하여 주식투입 비율을 30%, 채권투입 비율을 70%로 유지하였다면 다시 1년 뒤 전술적 자산배분 시점인 ⑧에서는 어떻게 해야 할까? 아직도 저평가되어 주식투입 비율을 높이고자 하더라도 전략적 자산배분 하에서 결정된 주식투입 비율 30%가 꽉 찬 관계로 더 이상 증가시킬 수 없다. 그대로 현재의 자산비율(주식투입 비율 30%, 채권투입비율 70%)을 유지하고 ⓒ에 도달하여 계약자적립금을 평가 했을 때 이젠 고평가 됐다고 판단하여 주식투입 비율을 낮추고자 한다면 허용된 범위(주식투입 비율 0%~30%)까지 최대 30%를 낮출 수 있다. 물론 주식투입 비율을 0%로 한다면 채권투입비율은 반대로 100%로 늘어나게 된다.

이상과 같이 도표에 나와 있는 자료를 예를 들어 설명한 것처럼 위와 같은 방법은 투자설계에 있어서 전술적 자산배분을 응용한 안정적 투자자의 거치식 변액연금보험 전술적 자산배분이라 할 수 있다.

3. 안정적 투자자의 말기 투자기간 투자관리

① 개요(거치식)

거치식 변액연금보험의 투자관리에 있어서 말기 투자기간이라면 연금개시 5년 전부터 연금개시 직전까지의 투자기간 즉 의무거치기 간이다. 이 말기 투자기간에는 보험료 추가납입이 불가하고 오로지 거치투자만 가능한 기간으로써, 투자기간 중 가장 위험성이 높은 구간이라고 할 수 있다. 또한 이 말기 투자기간에 손실을 본다면 더 이상 평생 만회할 수 있는 여유 즉 투자 시간이 없으므로 이제는 수익률을 높이는 것보다는 빠져 나오는 전략이 가장 급선무라고 할 수 있다.

거치식 변액연금보험의 투자기간 구분표

이러한 말기 투자기간의 특성상 초·중기 투자기간의 전략적 자산배분과 전술적 자산배분하고는 완전히 다른 차원의 전략전술이 필요한 시기이다. 초·중기 투자기간에는 투자금(보험료)을 불리는 전략이 우선이었다면 말기 투자기간에는 더 이상 계약자적립금을 불리는 것보다는 현 상태에서 안전하게 빠져 나오는 것이 더 우선시되어야 한다. 연금개시 전까지 아직 몇 년 정도 남아 있다고 조금 더 욕심을 부리다가는 큰 손실을 볼 수 있으므로 특히나 안정적 투자자 입장에서는 가능하면 지키는 자세로써 또는 빠져나가는 자세로 투자에 임하는 것이 바람직하다고 생각한다.

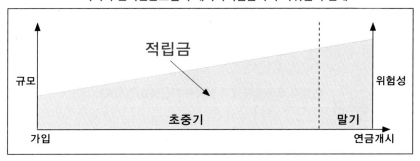

거치식 변액연금보험의 계약자적립금과 투자위험의 관계

동일한 투자조건으로 했을 때 말기 투자기간의 계약자적립금은 초·중기 투자기간과는 상대가 안 될 정도로 불어나 있을 것이다. 연금지급의 기본재원이 되는 계약자적립금은 그 규모가 위험성과 비례한다고 할 수 있다. 즉 계약자적립금이 크면 클수록 투자위험성(리스크)도 커질 수 있다는 것이다. 더 이상 투자할 시간적 여유는 없는데 투자금의 리스크가 크다면 안전하게 빠져나올 수 있는 방안을 강구하는 것이 가장 좋은 방법일 것이다.

따라서 말기 투자기간에는 이러한 거치식 변액연금보험의 특성을 최대한 감안하여 초·중기와는 완전히 다른 빠져나가는 전략전술이 필요하다고 본다.

② 안정적 투자자의 말기 전략적 자산배분 계획(거치식)

거치식 변액연금보험의 말기 투자기간에는 지금까지의 초·중기 투자기간의 전략적 자산배분 방식은 모두 버리고 이 기간에 적합한 자산배분 계획을 실행해야만 한다. 그동안은 전략적 자산배분이 수익률을 더 높이고자 하는 것에 주안점을 뒀다면, 이제는 말기 투자기간임을 감안하여 안정적 투자자의 입장에서는 오로지 안전하게 빠져나가는 것이 가장 좋은 전략적 자산배분이기 때문이다.

안정적 투자자의 말기 전략적 자산배분(거치식)

구분	말기 (연금개시5년전 ~ 연금개시전)
펀드 구성 비율	주식투입비율 : 30% 채권투입비율 : 70%
변동폭	주식투입비율 : 0%~30% 채권투입비율 : 70%~100%
변동 주기	6개월

[펀드구성 비율]

말기 투자기간의 펀드구성에 대한 기본비율은 초·중기 투자기간과 동일한 주식투입 비율 30%, 채권투입비율 70%이다.

[변동폭]

안정적 투자자의 말기 투자기간 주식투입 비율의 변동폭은 (0%~30%) 이지만, 이러한 주식투입 비율은 감소만 시킬 수 있고 증가시킬 수는 없다. (예, 30%->20%, 20%->10% 등)

[변동주기]

초·중기 투자기간은 변동주기가 1년이었지만 말기 투자기간은 6개월로 한다. 따라서 6개월마다 계약자적립금을 단계별로 줄이는 전략을 실행한다.

③ 안정적 투자자의 말기 전술적 자산배분 계획(거치식)

말기 투자기간은 초·중기 투자기간의 전술적 자산배분 즉 주로 수익률을 높이기 위한 전술에서 벗어나 지금까지의 투자결과인 계약자적립금을 지키는 전술적 자산배분을 실행해야만 한다. 특히나 투자에 소극적이며 능동적 대처능력이 없다고 볼 수 있는 안정적 투자자의 입장에서는 이 기간에 매우 신중한 전술적 자산배분이 필요하다.

안정적 투자자의 말기 전술적 자산배분(거치식)

말기 (연금개시 5년전 ~ 연금개시전)					
전략적 자산배분	펀드 구성 비율	주식투입비율 : 30% 채권투입비율 : 70%			
	변동폭	주식투입비율 : 0% ~ 30% 채권투입비율 : 70% ~ 100%			
	변동 주기	6개월			
전술적 자산배분	-5년	-4.5년	-4년	-3.5년	-3년
	주식투입비율 : 30% 채권투입비율 : 70%	주식투입비율 : 20% 채권투입비율 : 80%	주식투입비율 : 10% 채권비율 : 90%	주식투입비율 : 0% 채권투입비율 : 100%	주식투입비율 : 0% 채권투입비율 : 100%

초·중기 투자기간에는 변동주기마다 가입자가 그때의 투자현황과 주가 등을 검토하여 투입비율을 증가 또는 감소시키는 의사결정을 할 수 있었으나, 안정적 투자자의 말기 투자기간에는 이러한 의사결정보다는 정해진 전술적 자산배분 방법처럼 주식투입 비율을 강제적으로 감소시키는 전술을 실행해야만 한다. 물론 이 시기에 여러 가지 예외적인 상황이 전개될 수 있지만 안정적 투자자 입

장에서는 위 사항이 반드시 지켜져야만 안전하게 빠져나올 수 있을 것이다.

이때 연금개시 5년 전에 주식투입 비율이 30% 이상일 때만 위 전술적 자산배분에 해당되며 그 이하일 경우는 지정된 각 기간별 비율기준에 맞는 시기부터 그에 맞게 진행하면 된다. 예를 들어 5년 전 주식투입 비율이 20%였다면 6개월 정도 기다렸다가 연금개시 4.5년 전부터 이어서 전술적 자산배분을 실행하면 된다.

[변액연금보험의 전술적 자산배분 방법]

안정적 투자자의 말기 주식투입비율 조정표(거치식)

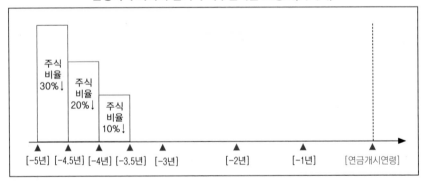

안정적 투자자는 연금개시 5년 전에 손실 없이 일정한 수익률을 달성했다면 연금지급재원인 계약자적립금을 지켜내기 위해서 위 그림처럼 단계별로 6개월마다 10%씩 주식투입 비율을 줄여나가야

하며, 최소한 연금개시 3.5년 전부터는 국공채 위주의 채권형펀드 위주로 투자가 이루어질 수 있도록 조정해야만 한다. 내린 주식투입 비율은 다시 증가시켜서는 안 되며 반드시 위 기준대로 실천해야 한다. 반면에 연금개시 5년 전에 기납입보험료보다 계약자적립금이 낮아서 손실을 봤거나 수익률이 형편없어 기대 이하라 판단한다면 위와 같은 소극적 전략보다는 밑져야 본전이라는 생각으로 계속적으로 주식투입 비율을 높여서 투자할 수도 있지만 예외이므로 이 건들에 대해서는 별도로 언급하지 않는다.

나 | 중도적 투자자를 위한 투자관리 방안

1. 중도적 투자자를 위한 투자계획

① 중도적 투자자의 변액연금보험 투자관리 계획표(거치식)

적립식 변액연금보험 가입자의 70~80%는 중도적 투자자 성향을 보유했다고 할 수 있어도 거치식 변액연금보험은 다르다. 일단 거치식 상품을 가입하는 연령대가 40~50대 이상이므로 그렇게 투자성향이 공격적이지 않고 안정적인 투자형태를 원하기 때문이다. 이번에는 중도적 투자자의 거치식 변액연금보험 가입 시점부터 연금개시 직전까지의 투자관리 계획에 대하여 알아보자.

중도적 투자자의 변액연금보험 투자관리 계획표(거치식)

구분		초중기 (가입시점 ~ 연금개시5년전)	말기 (연금개시5년전 ~ 연금개시전)
전략적 자산배분	펀드 구성 비율	주식투입비율 : 50% 채권투입비율 : 50%	주식투입비율 : 40% 채권투입비율 : 60%
	변동폭	주식투입비율 : 20%~50% 채권투입비율 : 50%~80%	주식투입비율 : 0%~40% 채권투입비율 : 60%~100%
	변동 주기	6개월	6개월

중도적 투자자의 투자관리 계획은 안정적 투자자의 투자관리 계획보다 좀 더 높은 리스크가 존재하므로 변동주기는 6개월로 하는 것이 특색이다. 또한 초·중기 투자기간 변동폭에 대한 편차는 30%로서 주식투입 비율이 높게 형성되어 있으므로 안정적 투자자보다 그만큼 위험성이 높다고 할 수 있다. 이러한 투자관리 계획표대로 가입 시점에 투자기간 중의 대처방안을 마련하였다면 그 어떤 상황이 발생되더라도 동요하지 않고 그에 맞는 계획을 실천할 수 있을 것이다. 계획적인 투자와 막연한 투자의 시작은 같을 수 있지만 결과는 많이 다를 수 있다는 점을 명심해야 한다. 중도적 투자자는 이러한 전략적 자산배분 하에서 각 구간별 세부적인 투자관리를 실행할 수 있다.

② 중도적 투자자의 변액연금보험 투자관리 맵(거치식)

중도적 투자자의 가입 시점부터 연금개시 전까지 전체 거치식 변액연금보험 투자관리 맵은 다음과 같다.

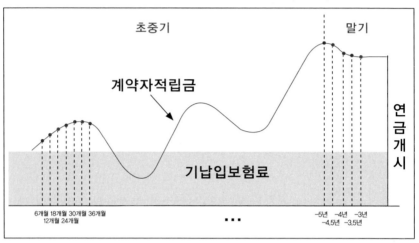

중도적 투자자의 변액연금보험 투자관리 맵(거치식)

초중기　　　　　　　　　　　　　　　　　　말기

계약자적립금

연금개시

기납입보험료

6개월 18개월 30개월 36개월　　　　　…　　　　　−5년　−4년　−3년
　　12개월 24개월　　　　　　　　　　　　　−4.5년　−3.5년

　중도적 투자자의 거치식 변액연금보험 투자관리 계획표에 의해서 위와 같은 변액연금보험 투자관리 맵을 작성할 수 있으며, 각각 구분된 기간별로 변동주기(6개월)에 따라 변동시점에 펀드비율 변경 즉 전술적 자산배분을 실행할 수 있다.

2. 중도적 투자자의 초·중기 투자기간 투자관리

① 개요(거치식)

　거치식 변액연금보험은 일정기간 동안 분할 납입하는 적립식과는 다르게 목돈을 한꺼번에 납입하여 거치투자 하는 형태로서 가입 시점부터 투자위험성이 매우 큰 형태의 상품이라고 할 수 있다. 또한 일정기간(3~20년 등) 분할 납입하는 형태의 적립식 변액연금보험처럼 투자위험성이 낮은 초기 투자기간이 존재하지도 않는다. 어찌보면 적립식 변액연금보험의 중기 투자기간이 거치식변액연금보험의 초·중기 투자기간하고 비슷한 형태라 할 수 있다. 따라서 적립식 변액연금보험의 초기~중기 투자기간을 거치식 변액연금보험에서는 초·중기의 단일구간으로 정하고 아래 구분표처럼 2개 구간으로 나눠서 투자관리를 진행하도록 하자.

거치식 변액연금보험의 투자기간 구분표

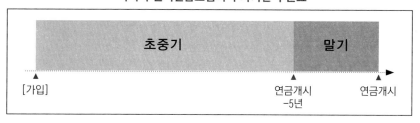

중도적 투자자를 비롯한 모든 투자자에게 이 초·중기 투자기간은 수익률을 높이는 데 있어서 매우 중요한 시기이지만 반대로 그만큼 투자위험도 높다고 할 수 있다. 따라서 중도적 투자자에게는 원칙과 소신 없는 단타 위주의 매매타이밍을 쫓는 비계획적인 방식보다는 투자자의 특성에 맞는 전략적 자산배분과 전술적 자산배분으로 장기투자 계획과 단기적인 대응 원칙으로 투자에 임한다면 좋은 결과를 예상할 수 있을 것이다.

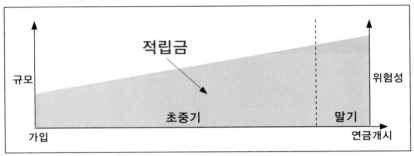

거치식 변액연금보험의 계약자적립금과 투자위험의 관계

적립식 변액연금보험과는 달리 거치식 변액연금보험은 적립금 규모가 가입 시점부터 대규모라고 할 수 있으므로 투자리스크가 적립식보다 수십 배 이상 클 수 있는 구조이다. 더욱이 투자말기로 가면 갈수록 그에 대한 리스크는 더욱 더 크게 올라갈 수 있으므로 이러한 특성을 잘 파악하여 투자전략 및 전술을 구사할 필요가 있다.

② 중도적 투자자의 초·중기 전략적 자산배분 계획(거치식)

앞서 우리는 전체 투자기간에 대한 변액연금보험 투자관리 계획표를 작성해 보았다. 이제는 가입 초·중기의 세부적인 전략적 자산배분에 대해 알아보자. 여기서 변액연금보험의 전략적 자산배분이라는 것은 쉽게 말하면 변액연금보험의 펀드 비율을 선택하고 변동주기마다 어느 정도의 변동 폭으로 변화를 줄 수 있는지를 결정하는 일련의 과정이라 할 수 있다.

중도적 투자자의 초 · 중기 전략적 자산배분(거치식)

구분	초중기 (가입시점 ～ 연금개시5년전)
펀드 구성 비율	주식투입비율 : 50% 채권투입비율 : 50%
변동폭	주식투입비율 : 20%~50% 채권투입비율 : 50%~80%
변동 주기	6개월

[펀드구성 비율]

국내 판매 중인 주요 변액연금보험의 특별계정에는 적게는 4개에서 많게는 12개까지 펀드가 구성되어 있으며 주로 채권형펀드와 국내외 주식형펀드로 구분할 수 있다. 간혹 원자재 펀드 등을 포함하는 경우도 있으나 여기서는 보편적인 설명을 위해서 위험자산은 주식형펀드로 안전자산은 채권형펀드로 구분한다.

거치식 변액연금보험에 가입한 중도적 투자자는 가입 시점부터 연금개시 5년 전 즉 초·중기 투자기간에는 기본적으로 주식형펀드(주식투입 비율)에 50%를 그리고 채권형펀드(채권투입비율)에 50%의 비율로 투자하기로 한다. 여기서 특별계정 내에 설정된 펀드들이 명확하게 주식형, 채권형으로 구분되어 있지 않거나 혼합형으로 구성되어 있다면 모두 합산해서 주식투입 비율 50%, 채권투입비율 50%로 정하고 채권형펀드에는 단기채권형펀드와 유동성자산에 대한 비율도 포함시킨다.

[변동폭]

이 변동폭은 변동주기(6개월)마다 지정된 변동폭 내에서 자산을 증가시키거나 감소시킬 수 있는 기준이다. 즉 중도적 투자자의 경우는 기본펀드 구성비율에 변동폭을 감안하여 주식형펀드는 (20%~50%) 그리고 채권형펀드는 (50%~80%)의 범위 내에서 투자자산의 조정이 가능하다.

[변동주기]

거치식 변액연금보험의 중도적 투자자가 초·중기 투자기간 중에 투자자산의 구성 즉 펀드편입비율을 조정하려면 이 변동주기 즉 6개월마다 투자결과와 자산에 대한 평가를 통하여 변동폭 내에서 펀드투입비율을 조정해줄 수 있다.

이와 같이 거치식 변액연금보험의 중도적 투자자는 가입 초·중기 즉 가입 시점부터 연금개시 5년 전까지는 주식투입 비율을 50%로 하고 채권투입비율은 50%로 설정하여 투자를 진행하고 매 6개월마다 그 투자결과와 계약자적립금에 대한 평가를 통해서 변동폭 내에서 펀드비율을 조정할 것인지 아니면 그대로 유지할 것인지를 결정해야 한다.

③ 중도적 투자자의 초·중기 전술적 자산배분 계획(거치식)

변액연금보험의 장기적인 투자계획 즉 전략적 자산배분의 의사결정이 완료되었다면 그 계획 하에서 자산구성을 변경함으로써 투자수익률을 높이거나 자산의 위험성을 제거할 수 있는데 이러한 것을 변액연금보험의 전술적 자산배분이라 한다. 이번에는 중도적 투자자가 거치식 변액연금보험의 전략적 자산배분 하에서 전술적 자산배분 즉 펀드변경을 언제 어떤 방식으로 어떻게 진행할 수 있는지 자세히 알아보자.

중도적 투자자의 초 · 중기 전술적 자산배분(거치식)

전략적 자산배분	펀드 구성 비율	초중기 (가입시점 ~ 연금개시5년전)			
		주식투입비율 : 50% 채권투입비율 : 50%			
	변동폭	주식투입비율 : 20% ~ 50% 채권투입비율 : 50% ~ 80%			
	변동주기	6개월			
전술적 자산배분 (예시)		6개월	12개월		N개월
		주식투입비율 : 50% 채권투입비율 : 50%	주식투입비율 : 20% 채권투입비율 : 80%	···	주식투입비율 : 20% 채권투입비율 : 80%

투자설계에 있어서 전술적 자산배분은 투자수익률을 높이는 것을 주요 목적으로 할 수 있으나, 변액연금보험에 있어서 전술적 자산배분을 실행한다는 것은 투자수익률을 높이고자 할 때도 필요하지만 투자위험 제거 즉 계약자적립금을 안전하게 지키는 목적으로도 일부 활용될 수 있다. 변동주기 6개월마다 계약자적립금과 투자결과를 평가하여 허용된 펀드투입비율의 변동폭 내에서 그 비율을 조정할 수 있다. 특히 저평가된 자산은 매수하고 고평가 된 자산은 매도한다는 의사결정은 이러한 전술적 자산배분의 기본이다.

[변액연금보험의 전술적 자산배분 방법]

6개월 경과 후 계약자적립금과 납입보험료의 주식투입 비율과 채권투입비율은 전략적 자산배분 하에서 결정된 범위 내에서 변경 가능하다. 즉 계약자적립금의 투자결과를 확인하고 그 결과에 대해서 더 높은 수익률을 희망하거나 주가를 저가라 판단한다면 (20%~50%) 범위 내에서 주식투입 비율을 상향 조정할 수 있다.

하지만 반대로 주가가 고가라 판단한다면 즉 앞으로 주식시장이 하락할 것으로 예상한다면 주식투입비율을 낮출 수 있다. 초·중기 투자기간의 전술적 자산배분에 대해서 예를 들어 알아보자.

중도적 투자자의 초 · 중기 펀드투입비율 변경시점 예시표(거치식)

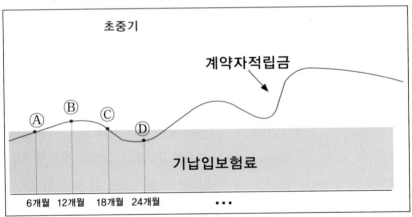

위 예시표의 Ⓐ 즉 전술적 자산배분을 실행할 단계에서 기대수익률을 좀 더 높이고자 하거나 자산이 저평가되었다고 판단한다면 주식투입 비율을 허용범위 안에서 증가시킬 수 있다. 물론 반대로 고

평가되었다고 판단한다면 주식투입 비율을 축소할 수 있을 것이다. 저평가되었다고 판단하여 주식투입 비율을 50%로 증가시키고 채권투입비율을 50%로 축소하였다면 다시 6개월 뒤 전술적 자산배분 시점인 ⑧에서는 어떻게 해야 할까? 아직도 저평가되어 주식투입 비율을 높이고자 하더라도 전략적 자산배분 하에서 결정된 주식투입 비율 50%가 꽉 찬 관계로 더 이상 증가시킬 수 없다. 물론 상품에서도 더 이상 주식투입 비율을 높일 수 없도록 되어 있을 것이므로 그대로 현재의 자산비율(주식투입 비율 50%, 채권투입비율 50%)을 유지하고 ⓒ에 도달하여 계약자적립금을 평가했을 때 이젠 고평가 됐다고 판단하여 주식투입 비율을 낮추고자 한다면 허용된 범위(주식투입 비율 20%~50%)까지 최대 30%를 낮출 수 있다. 물론 주식투입 비율을 20%로 한다면 채권투입비율은 반대로 80%로 늘어나게 된다.

　이상과 같이 도표에 나와 있는 자료를 예를 들어 설명한 것처럼 위와 같은 방법을 투자설계에 있어서 전술적 자산배분을 응용한 중도적 투자자의 거치식 변액연금보험의 전술적 자산배분이라 할 수 있다.

① 개요(거치식)

거치식 변액연금보험의 투자관리에 있어서 말기 투자기간이라면 연금개시 5년 전부터 연금개시 직전까지의 투자기간 즉 의무거치기간이다. 이 말기 투자기간에는 보험료 납입이 불가하고 오로지 거치투자만 가능한 기간으로써 투자기간 중 가장 위험성이 높은 구간이라고 할 수 있다. 또한 이 말기 투자기간에 손실을 본다면 더 이상 평생 만회할 수 있는 여유 즉 투자 시간이 없으므로 이제는 수익률을 높이는 것보다는 빠져 나오는 전략이 급선무라 할 수 있다.

거치식 변액연금보험의 투자기간 구분표

이러한 말기 투자기간의 특성상 초·중기 투자기간의 전략적 자산배분과 전술적 자산배분하고는 완전히 다른 차원의 전략전술이 필요한 시기이다. 초·중기 투자기간에는 투자금(보험료)을 불리는 전략이 우선이었다면 말기 투자기간에는 더 이상 계약자적립금을 불리는 것보다는 현 상태에서 안전하게 빠져 나오는 것이 더 우선시되어야 한다. 연금개시 전까지 아직 몇 년 정도 남아 있다고 조금 더 욕심을 부리다가는 큰 손실을 볼 수 있으므로 가능하면 모든 투자자는 지키는 자세로써 또는 빠져나가는 자세로써 소극적으로 투자에 임하는 것이 바람직하다고 생각한다.

거치식 변액연금보험의 계약자적립금과 투자위험의 관계

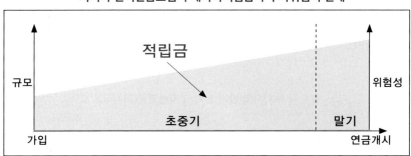

동일한 투자조건으로 했을 때 말기 투자기간의 계약자적립금은 초·중기 투자기간과는 상대가 안 될 정도로 불어나 있을 것이다. 연금지급의 기본재원이 되는 계약자적립금은 그 규모가 위험성과 비례한다고 할 수 있다. 즉 계약자적립금이 크면 클수록 투자위험성(리스크)도 커질 수 있다는 것이다. 더 이상 투자할 시간적 여유는 없는데 투자금의 리스크가 크다면 안전하게 빠져나올 수 있는 방안을 강구하는 것이 가장 좋은 방법일 것이다.

따라서 말기 투자기간에는 이러한 거치식 변액연금보험의 특성을 최대한 감안하여 초·중기와는 완전히 다른 빠져나가는 전략전술이 필요하다고 본다.

② 중도적 투자자의 말기 전략적 자산배분 계획(거치식)

거치식 변액연금보험의 말기 투자기간에는 지금까지의 초·중기 투자기간의 전략적 자산배분 방식은 모두 버리고 이 기간에 적합한 자산배분 계획을 실행해야만 한다. 그동안은 전략적 자산배분이 수익률을 더 높이고자 하는 것에 주안점을 뒀다면, 이제는 말기 투자기간임을 감안하여 투자성향을 떠나서 오로지 안전하게 빠져나가는 것이 가장 좋은 전략적 자산배분이기 때문이다.

중도적 투자자의 말기 전략적 자산배분(거치식)

구분	말기 (연금개시5년전 ~ 연금개시전)
펀드 구성 비율	주식투입비율 : 40% 채권투입비율 : 60%
변동폭	주식투입비율 : 0%~40% 채권투입비율 : 60%~100%
변동 주기	6개월

[펀드구성 비율]

말기 투자기간의 펀드구성에 대한 기본비율은 주식투입 비율 40%, 채권투입비율 60%이다.

[변동폭]

중도적 투자자의 말기 투자기간 주식투입 비율의 변동폭은 (0%~40%)이지만, 이러한 주식투입 비율은 감소만 시킬 수 있고

증가시킬 수는 없다. (예, 40%->30%, 30%->20% 등)

[변동주기]

변동주기는 초·중기 투자기간의 변동주기와 동일한 6개월로 한다. 따라서 6개월마다 계약자적립금을 단계별로 줄이는 전략을 실행한다.

③ 중도적 투자자의 말기 전술적 자산배분 계획(거치식)

말기 투자기간은 투자자성향에 관계없이 초·중기 투자기간의 전술적 자산배분의 수익률을 높이기 위한 전술에서 벗어나 지금까지의 투자결과인 계약자적립금을 지키는 전술적 자산배분을 실행해야만 한다.

중도적 투자자의 말기 전술적 자산배분(거치식)

		말기 (연금개시 5년전 ~ 연금개시전)				
전략적 자산배분	펀드 구성 비율	주식투입비율 : 40% 채권투입비율 : 60%				
	변동폭	주식투입비율 : 0% ~ 40% 채권투입비율 : 60% ~ 100%				
	변동 주기	6개월				
전술적 자산배분		−5년	−4.5년	−4년	−3.5년	−3년
		주식투입비율 : 40% 채권투입비율 : 60%	주식투입비율 : 30% 채권투입비율 : 70%	주식비율 : 20% 채권비율 : 80%	주식비율 : 10% 채권비율 : 90%	주식비율 : 0% 채권비율 : 100%

초·중기 투자기간에는 변동주기마다 가입자가 그때의 투자현황과 주가 등을 검토하여 투입비율을 증가 또는 감소시키는 의사결정

을 할 수 있었으나, 말기 투자기간에는 이러한 의사결정보다는 정해진 전술적 자산배분 방법처럼 주식투입 비율을 강제적으로 감소시키는 전술을 실행해야만 한다. 물론 이 시기에 여러 가지 예외적인 상황이 전개될 수 있지만 중도적 투자자 입장에서도 위 사항이 반드시 지켜져야만 안전하게 빠져나올 수 있을 것이다.

이때 연금개시 5년 전에 주식투입 비율이 40% 이상일 때만 위 전술적 자산배분에 해당되며 그 이하일 경우는 지정된 각 기간별 비율기준에 맞는 시기부터 그에 맞게 진행하면 된다. 예를 들어 5년 전 주식투입 비율이 30%였다면 6개월 정도 기다렸다가 이어서 전술적 자산배분을 실행하면 된다.

[변액연금보험의 전술적 자산배분 방법]

중도적 투자자의 거치식 변액연금보험 말기 투자기간의 전술적 자산배분 방법을 예를 들어 보자.

중도적 투자자의 말기 주식투입비율 조정표(거치식)

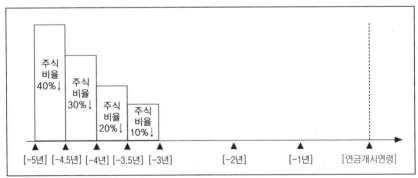

중도적 투자자는 연금개시 5년 전에 손실 없이 일정한 수익률을 달성했다면 연금지급재원인 계약자적립금을 지켜내기 위해서 위 그림처럼 단계별로 6개월마다 10%씩 주식투입 비율을 줄여나가야 하며, 최소한 연금개시 3년 전부터는 국공채 위주의 채권형펀드 위주로 투자가 이루어질 수 있도록 조정해야만 한다. 또한 축소한 주식투입 비율은 다시 증가시켜서는 안 되며 반드시 위 기준대로 실천해야 한다. 반면에 연금개시 5년 전에 기납입보험료보다 계약자적립금이 낮아서 손실을 봤거나 수익률이 형편없어 기대 이하라 판단한다면 위와 같은 소극적 전략보다는 밑져야 본전이라는 생각으로 계속적으로 주식투입 비율을 높여서 투자할 수도 있지만 예외이므로 이 건들에 대해서는 별도로 언급하지 않는다.

다 | 적극적 투자자를 위한 투자관리 방안

1. 적극적 투자자를 위한 투자계획

① 적극적 투자자의 변액연금보험 투자관리 계획표(거치식)

적극적 투자자는 공격적 투자자라고도 할 수 있는데 주요특징으로는 원금보장을 원치 않으며 주식투입 비율 60% 이상으로 포트폴리오를 구성할 수 있어야 하며 기대수익률도 매우 높게 예상하고 있는 투자자인 것이다. 그러나 이러한 적극적 투자자의 성향을 만족시켜줄 수 있는 그런 변액연금보험은 국내에서 현재까지 찾아볼 수 없으며, 주로 가입 시점 경험생명표를 적용해주는 일부 변액유니버셜보험(VUL)을 대체상품으로 하여 가입한다. 현장 경험상 변액연금보험 가입자를 전체적으로 놓고 봤을 때 약 10% 내외가 이런 상품에 가입하고 있다고 예상할 수 있다. 하지만 적립식이 아닌 거치식 변액연금보험으로 적극적 투자를 실행하는 투자자는 흔히 볼 수 있는 것은 아니다. 이번에는 이런 적극적 투자자의 거치식 변액연금보험 가입 시점부터 연금개시 직전까지의 투자관리 계획에 대하여 알아보자.

적극적 투자자의 변액연금보험 투자관리 계획표(거치식)

구분		초중기 (가입시점 ~ 연금개시5년전)	말기 (연금개시5년전 ~ 연금개시전)
전략적 자산배분	펀드 구성 비율	주식투입비율 : 60% 채권투입비율 : 40%	주식투입비율 : 50% 채권투입비율 : 50%
	변동폭	주식투입비율 : 30%~90% 채권투입비율 : 10%~70%	주식투입비율 : 0%~50% 채권투입비율 : 50%~100%
	변동 주기	3개월	6개월

적극적 투자자의 투자관리 계획은 다른 투자성향의 투자자 투자관리 계획보다 투자리스크가 상당히 높은 관계로 초·중기 투자기간의 변동주기는 3개월로 하는 것이 특색이다. 고위험 자산에 대한 투자비율이 높기 때문에 그만큼 자주 투자점검과 평가를 통하여 변동폭을 조정해줄 필요가 있다. 하지만 말기 투자기간의 변동주기는 주식투입 비율을 감소시키는 전략을 실행하므로 6개월로 한다.

② 적극적 투자자의 변액연금보험 투자관리 맵(거치식)

적극적 투자자의 가입 시점부터 연금개시 전까지 전체 거치식 변액연금보험 투자관리 맵은 다음과 같다.

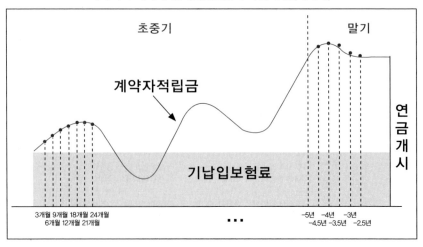

적극적 투자자의 변액연금보험 투자관리 맵(거치식)

초중기

말기

계약자적립금

연금개시

기납입보험료

3개월 9개월 18개월 24개월
6개월 12개월 21개월 ···
-5년 -4년 -3년
-4.5년 -3.5년 -2.5년

　적극적 투자자의 거치식 변액연금보험 투자관리 계획표에 의해서 위와 같은 변액연금보험 투자관리 맵을 작성할 수 있으며, 각각 구분된 기간별로 변동주기(3개월~6개월)에 따라 변동시점에 펀드비율 변경 즉 전술적 자산배분을 실행할 수 있다.

2. 적극적 투자자의 초·중기 투자기간 투자관리

① 개요(거치식)

　거치식 변액연금보험은 일정기간 동안 분할 납입하는 적립식과는 다르게 목돈을 한꺼번에 납입하여 거치투자 하는 형태로서 가입 시점부터 투자위험성이 매우 큰 형태의 상품이라고 할 수 있다. 또한 일정기간(3년~20년 등) 분할 납입하는 형태의 적립식 변액연금보험처럼 투자위험성이 낮은 초기 투자기간이 존재하지도 않는다. 어찌 보면 적립식 변액연금보험의 중기 투자기간이 거치식 변액연금보험의 초·중기 투자기간하고 비슷한 형태라 할 수 있다. 따라서 적립식 변액연금보험의 초기~중기 투자기간을 거치식 변액연금보험에서는 초·중기의 단일구간으로 정하고 아래 구분표처럼 2개 구간으로 나눠서 투자관리를 진행하도록 하자.

거치식 변액연금보험의 투자기간 구분표

적극적 투자자를 비롯한 모든 투자자에게 이 초·중기 투자기간은 수익률을 높이는 데 있어서 매우 중요한 시기이지만 반대로 그만큼 투자위험도 높다고 할 수 있다. 더군다나 주식투입 비율을 최대 90%까지 투자할 수 있는 적극적 투자자 입장에서는 투자리스크가 매우 크다고 할 수 있다. 따라서 적극적 투자자에게는 단기적인 단타로 초과수익을 올릴 수 있는 매매타이밍을 잡는 것도 좋지만, 전략적 자산배분과 전술적 자산배분으로 장기투자 계획과 단기적인 대응 원칙으로 투자에 임하는 것이 바람직하다.

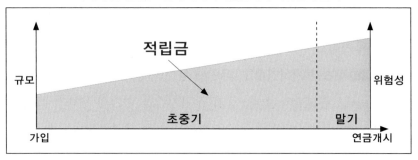

거치식 변액연금보험의 계약자적립금과 투자위험의 관계

적립식 변액연금보험과는 달리 거치식 변액연금보험은 적립금 규모가 가입 시점부터 대규모라고 할 수 있으므로 투자리스크가 적립식보다 수십 배 이상 클 수 있는 구조이다. 더욱이 투자말기로 가면 갈수록 그에 대한 리스크는 더욱 더 크게 올라갈 수 있으므로 이러한 특성을 잘 파악하여 투자전략 및 전술을 구사할 필요가 있다.

② 적극적 투자자의 초·중기 전략적 자산배분 계획(거치식)

앞서 우리는 전체 투자기간에 대한 변액연금보험 투자관리 계획표를 작성해 보았다. 이제는 가입 초·중기의 세부적인 전략적 자산배분에 대해 알아보자. 여기서 변액연금보험의 전략적 자산배분이라는 것은 쉽게 말하면 변액연금보험의 펀드 비율을 선택하고 변동주기마다 어느 정도의 변동폭으로 변화를 줄 수 있는지를 결정하는 일련의 과정이라 할 수 있다.

적극적 투자자의 초 · 중기 전략적 자산배분(거치식)

구분	초중기 (가입시점 ~ 연금개시5년전)
펀드 구성 비율	주식투입비율 : 60% 채권투입비율 : 40%
변동폭	주식투입비율 : 30%~90% 채권투입비율 : 10%~70%
변동 주기	3개월

[펀드구성 비율]

국내 판매 중인 주요 변액연금보험의 특별계정에는 적게는 4개에서 많게는 12개까지 펀드가 구성되어 있으며 주로 채권형펀드와 국내외 주식형펀드로 구분할 수 있다. 간혹 원자재 펀드 등을 포함하는 경우도 있으나 여기서는 보편적인 설명을 위해서 위험자산은 주식형펀드로 안전자산은 채권형펀드로 구분한다.

거치식 변액연금보험에 가입한 적극적 투자자는 가입 시점부터 연금개시 5년 전 즉 초·중기 투자기간에는 기본적으로 주식형펀드(주식투입 비율)에 60%를 그리고 채권형펀드(채권투입비율)에 40%의 비율로 투자하기로 한다. 여기서 특별계정 내에 설정된 펀드들이 명확하게 주식형, 채권형으로 구분되어 있지 않거나 혼합형으로 구성되어 있다면 모두 합산해서 주식투입 비율 60%, 채권투입비율 40%로 정하고 채권형펀드에는 단기채권형펀드와 유동성자산에 대한 비율도 포함시킨다.

[변동폭]

이 변동폭은 변동주기(3개월)마다 지정된 변동폭 내에서 자산을 증가시키거나 감소시킬 수 있는 기준이다. 즉 적극적 투자자의 경우는 기본펀드 구성비율에 변동폭을 감안하여 주식형펀드는 (30%~90%) 그리고 채권형펀드는 (10%~70%)의 범위 내에서 투자자산의 조정이 가능하다.

[변동주기]

적극적 투자자의 경우는 중도적 투자자나 안정적 투자자의 투자자산보다 훨씬 위험도가 높은 형태이기 때문에 변동주기를 3개월로 짧게 함으로써 투자위험을 좀 더 자주 관리할 수 있다.

이와 같이 거치식 변액연금보험의 적극적 투자자는 가입 초·중기 즉 가입 시점부터 연금개시 5년 전까지는 기본적으로 주식투입 비율을 60%로 하고 채권투입비율은 40%로 설정하여 투자를 진행하고, 매 3개월마다 그 투자결과와 계약자적립금에 대한 평가를 통해서 변동폭 내에서 펀드비율을 조정할 것인지 아니면 그대로 유지할 것인지를 결정해야 한다.

③ 적극적 투자자의 초·중기 전술적 자산배분 계획(거치식)

변액연금보험의 장기적인 투자계획 즉 전략적 자산배분의 의사결정이 완료되었다면 그 계획 하에서 자산구성을 변경함으로써 투자수익률을 높이거나 자산의 위험성을 제거할 수 있는데 이러한 것을 변액연금보험의 전술적 자산배분이라 한다. 이번에는 적극적 투자자가 거치식 변액연금보험의 전략적 자산배분 하에서 전술적 자산배분 즉 펀드변경을 언제 어떤 방식으로 어떻게 진행할 수 있는지 자세히 알아보자.

적극적 투자자의 초 · 중기 전술적 자산배분(거치식)

		초중기 (가입시점 ~ 연금개시5년전)			
전략적 자산 배분	펀드 구성 비율	주식투입비율 : 60% 채권투입비율 : 40%			
	변동폭	주식투입비율 : 30% ~ 90% 채권투입비율 : 10% ~ 70%			
	변동 주기	3개월			
전술적 자산배분 (예시)		3개월	6개월	9개월	N개월
		주식투입비율 : 80% 채권투입비율 : 20%	주식투입비율 : 80% 채권투입비율 : 20%	주식비율 : 30% 채권비율 : 70%	주식비율 : 60% 채권비율 : 40%

투자설계에 있어서 전술적 자산배분은 투자수익률을 높이는 것을 주요 목적으로 할 수 있으나, 변액연금보험에 있어서 전술적 자산배분을 실행한다는 것은 투자수익률을 높이고자 할 때도 필요하지만 투자위험 제거 즉 계약자적립금을 안전하게 지키는 목적으로도 일부 활용될 수 있다. 변동주기 3개월마다 계약자적립금과 투자결과를 평가하여 허용된 펀드투입비율의 변동폭 내에서 그 비율을 조정할 수 있다. 특히 저평가된 자산은 매수하고 고평가 된 자산은 매도한다는 의사결정은 이러한 전술적 자산배분의 기본이다.

[변액연금보험의 전술적 자산배분 방법]

3개월 경과 후 계약자적립금과 납입보험료의 주식투입 비율과 채권투입비율은 전략적 자산배분 하에서 결정된 범위 내에서 변경 가능하다. 즉 계약자적립금의 투자결과를 확인하고 그 결과에 대해서 더 높은 수익률을 희망하거나 주가를 저가라 판단한다면 (30%~90%)의 범위 내에서 주식투입 비율을 상향조정 할 수 있다.

하지만 반대로 주가가 고가라 판단한다면 즉 앞으로 주식시장이 하락할 것으로 예상한다면 주식투입비율을 낮출 수 있다. 초·중기 투자기간의 전술적 자산배분에 대해서 예를 들어 자세히 알아보자.

적극적 투자자의 초 · 중기 펀드투입비율 변경시점 예시표(거치식)

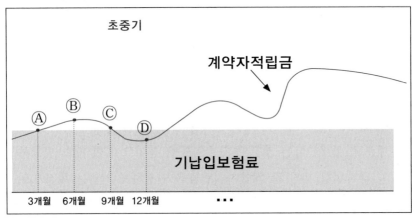

위 예시표의 Ⓐ 즉 전술적 자산배분을 실행할 단계에서 기대수익률을 좀 더 높이고자 하거나 자산이 저평가되었다고 판단한다면 주식투입 비율을 허용범위 안에서 증가시킬 수 있다. 물론 반대로 고평가되었다고 판단한다면 주식투입 비율을 축소할 수 있을 것이다.

저평가되었다고 판단하여 주식투입 비율을 70%로 증가시키고 채권투입비율을 30%로 축소하였고 다시 3개월 뒤 전술적 자산배분 시점인 Ⓑ에서도 아직도 저평가되었다고 판단하여 주식투입 비율을 10% 정도 더 높여서 주식투입 비율 80%, 채권투입비율 20%의 형태로 변경하였다. 그리고 3개월 뒤 다시 전술적 자산배분 시점인 Ⓒ에 도달하여 계약자적립금을 평가했을 때 이젠 고평가 됐다고 판단하여 주식투입 비율을 낮추고자 한다면 허용된 범위(주식투입 비율 30%~90%)까지 비율을 조정할 수 있다. 물론 주식투입 비율을 30%로 한다면 채권투입비율은 반대로 70%로 늘어나게 된다.

이상과 같이 도표에 나와 있는 자료를 예를 들어 설명한 것처럼 위와 같은 방법은 투자설계에 있어서 전술적 자산배분을 응용한 적극적 투자자의 거치식 변액연금보험의 전술적 자산배분이라 할 수 있다.

3. 적극적 투자자의 말기 투자기간 투자관리

① 개요(거치식)

거치식 변액연금보험의 투자관리에 있어서 말기 투자기간이라면 연금개시 5년 전부터 연금개시 직전까지의 투자기간 즉 의무거치기간이라 할 수 있다. 이 말기 투자기간에는 보험료 납입이 불가하고 오로지 거치투자만 가능한 기간으로써 투자기간 중 가장 위험성이 높은 구간이라고 할 수 있다. 또한 이 말기 투자기간에 손실을 본다면 더 이상 평생 만회할 수 있는 여유 즉 투자 시간이 없으므로 이제는 수익률을 높이는 것보다는 빠져 나오는 전략이 급선무라 할 수 있다.

거치식 변액연금보험의 투자기간 구분표

이러한 말기 투자기간의 특성상 초·중기 투자기간의 전략적 자산배분과 전술적 자산배분하고는 완전히 다른 차원의 전략전술이 필요한 시기이다. 초·중기 투자기간에는 투자금(보험료)을 불리는 전략이 우선이었다면 말기 투자기간에는 더 이상 계약자적립금을 불리는 것보다는 현 상태에서 안전하게 빠져 나오는 것이 더 우선시되어야 한다. 적극적 투자자로서 연금개시 전까지 아직 몇 년 정도 남아 있다고 조금 더 욕심을 부리다가는 큰 손실을 볼 수 있으므로 가능하면 적극적 투자자는 물론 모든 투자자는 지키는 자세로써 또는 빠져나가는 자세로써 소극적으로 투자에 임하는 것이 바람직하다고 생각한다.

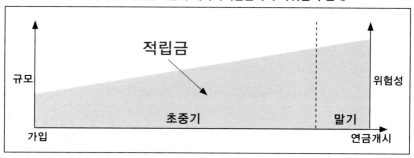

거치식 변액연금보험의 계약자적립금과 투자위험의 관계

동일한 투자조건으로 했을 때 말기 투자기간의 계약자적립금은 초·중기 투자기간과는 상대가 안 될 정도로 불어나 있을 것이다. 연금지급의 기본재원이 되는 계약자적립금은 그 규모가 위험성과 비례한다고 할 수 있다. 즉 계약자적립금이 크면 클수록 투자위험성(리스크)도 커질 수 있다는 것이다. 더 이상 투자할 시간적 여유는 없는데 투자금의 리스크가 크다면 안전하게 빠져나올 수 있는 방안을 강구하는 것이 가장 좋은 방법일 것이다.

따라서 말기 투자기간에는 이러한 거치식 변액연금보험의 특성을 최대한 감안하여 초·중기와는 완전히 다른 빠져나가는 전략전술이 필요하다고 본다.

② 적극적 투자자의 말기 전략적 자산배분 계획(거치식)

거치식 변액연금보험의 말기 투자기간에는 지금까지의 초·중기 투자기간의 전략적 자산배분 방식은 모두 버리고 이 기간에 적합한 자산배분 계획을 실행해야만 한다. 그동안은 전략적 자산배분이 수익률을 더 높이고자 하는 것에 주안점을 뒀다면, 이제는 말기 투자기간임을 감안하여 투자성향을 떠나서 오로지 안전하게 빠져나가는 것이 가장 좋은 전략적 자산배분이기 때문이다.

적극적 투자자의 말기 전략적 자산배분(거치식)

구분	말기 (연금개시5년전 ~ 연금개시전)
펀드 구성 비율	주식투입비율 : 50% 채권투입비율 : 50%
변동폭	주식투입비율 : 0%~50% 채권투입비율 : 50%~100%
변동 주기	6개월

[펀드구성 비율]

말기 투자기간의 기본 펀드구성에 대한 기본비율은 주식투입 비율 50%, 채권투입비율 50%이다.

[변동폭]

적극적 투자자의 말기 투자기간 주식투입 비율의 변동폭은 (0%~50%)이지만, 이러한 주식투입 비율은 감소시킬 수만 있고 증가시킬 수는 없다. (예, 50%->40%, 30%->20% 등)

[변동주기]

말기 투자기간의 변동주기는 초·중기 투자기간과는 다른 6개월로 한다. 따라서 6개월마다 계약자적립금을 단계별로 줄이는 전략을 실행한다.

③ 적극적 투자자의 말기 전술적 자산배분 계획(거치식)

말기 투자기간은 초·중기 투자기간의 전술적 자산배분 즉 주로 수익률을 높이기 위한 전술에서 벗어나 지금까지의 투자결과인 계약자적립금을 지키는 전술적 자산배분을 실행해야만 한다. 이러한 지키는 전술은 적극적 투자자라고 예외가 될 수 없다.

적극적 투자자의 말기 전술적 자산배분(거치식)

전략적 자산배분		말기 (연금개시 5년전 ~ 연금개시전)				
	펀드 구성 비율	주식투입비율 : 50% 채권투입비율 : 50%				
	변동폭	주식투입비율 : 0% ~ 50% 채권투입비율 : 50% ~ 100%				
	변동 주기	6개월				
전술적 자산배분		−5년	−4.5년	−4년	−3.5년	−3년
		주식투입비율 : 50% 채권투입비율 : 50%	주식투입비율 : 40% 채권투입비율 : 60%	주식투입비율 : 30% 채권투입비율 : 70%	주식투입비율 : 20% 채권투입비율 : 80%	주식투입비율 : 10% 채권투입비율 : 90%

초·중기 투자기간에는 변동주기마다 가입자가 그때의 투자현황과 주가 등을 검토하여 투입비율을 증가 또는 감소시키는 의사결정을 할 수 있었으나, 말기 투자기간에는 이러한 의사결정보다는 정해진 전술적 자산배분 방법처럼 주식투입 비율을 강제적으로 감소시키는 전술을 실행해야만 한다. 물론 이 시기에 여러 가지 예외적인 상황이 전개될 수 있지만 적극적 투자자 입장에서도 위 사항이

반드시 지켜져야만 안전하게 빠져나올 수 있을 것이다.

이때 연금개시 5년 전에 주식투입 비율이 50% 이상일 때만 위 전술적 자산배분에 해당되며 그 이하일 경우는 지정된 각 기간별 비율기준에 맞는 시기부터 그에 맞게 진행하면 된다. 예를 들어 5년 전 주식투입 비율이 40%였다면 6개월 정도 기다렸다가 이어서 전술적 자산배분을 실행하면 된다.

[변액연금보험의 전술적 자산배분 방법]

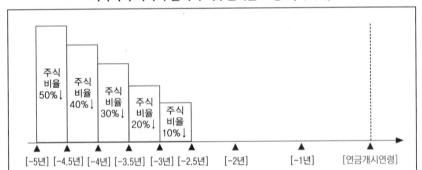

적극적 투자자의 말기 주식투입비율 조정표(거치식)

적극적 투자자는 연금개시 5년 전에 손실 없이 일정한 수익률을 달성했다면 연금지급재원인 계약자적립금을 지켜내기 위해서 위 그림처럼 단계별로 6개월마다 10%씩 주식투입 비율을 줄여나가야 하며 최소한 연금개시 2년 6개월 전부터는 국공채 위주의 채권형펀드 위주로 투자가 이루어질 수 있도록 조정해야만 한다. 또한 내린 주식투입 비율은 다시 증가시켜서는 안 되며 반드시 위 기준대로 실천해야 한다. 반면에 연금개시 5년 전에 기납입보험료보다 계약자적립금이 낮아서 손실을 봤거나 수익률이 형편없어 기대 이하라 판단한다면 위와 같은 소극적 전략보다는 밑져야 본전이라는 생각으로 계속적으로 주식투입 비율을 높여서 투자할 수도 있지만 예외이므로 이 건들에 대해서는 별도로 언급하지 않는다.

Chapter 06

변액연금보험 투자관리기법

가 | 초기 변액연금보험 투자관리기법

1. 단기 해지 시 원금손실에 대한 위험관리 방법

변액연금보험이나 변액유니버셜보험 같은 변액보험뿐만 아니라 연금보험, 연금저축 등의 저축성 보험은 하나같이 단기 해지 시 가입자가 납입한 기납입 보험료에 훨씬 못 미치는 해지환급금을 받을 수밖에 없으므로 원금손실에 대한 위험이 극히 크다고 할 수 있다. 종신보험 같은 보장성 보험은 해지하기 전까지 건강에 대한 보장이나 받을 수 있지만 저축성 보험은 기간에 따라 많은 손실을 가져올 수 있기 때문에 가입자에게 금전적으로 많은 피해를 가져다 줄 수 있는 것이다. 소비자들의 거센 반발로 이러한 구조가 바뀐다고는 하지만 아직까지도 이렇다 할 큰 변화가 없으며 바뀌더라도 단기 해지에 대한 일정한 페널티는 계속 유지될 것으로 예상되므로 어느 정도의 원금손실을 볼 수밖에 없을 것이다. 변액연금보험의 가입자들은 대부분 "난 절대 중도해지 없이 장기간 계속 납입할거야"라는 생각으로 가입할 것이다. 하지만 지나다 보면 중간에 예기치 못한 경제적 어려움에 봉착하여 중도해지 하는 경우가 많이 발생하며 정말 가입자의 피 같은 보험료 원금을 40~50% 이상 손실을 보는 피해자도 상당히 많이 발생하는 것이 현실이다. 몇 년 전 모 국회의원이 조사한 바에 의하면 종신보험의 경우 가입 후 10년간 유지할 확률이 전체가입자 중 약 30% 정도라고 한다. 하물며 저축성 보험은 이보다 유지율이 더 낮으면 낮았지 높지는 않을 것이라고 예상되기 때문에 10명 중 7~8명은 10년 안에 중도해지 한다는 예상을 할 수 있다. 소비자들 입장에서는 너무나 큰 피해가 아닐 수 없는 것이다. 그렇다면 변액연금보험 가입자들이 이러한 피해를 조금이라도 줄일 수 있는 방법은 없는 것일까? 상품 구조상 100% 그 위험을 줄일 수 없겠지만 가입 전이나 가입 이후에 어느 정도 그 리스크를 줄일 수 있는 방법이 몇 가지 있긴 있다. 변액연금보험의 단기 해지 시 원금손실을 최대한 줄일 수 있는 방법은 다음과 같다.

첫째
기본보험료를 소액으로 하고 정기추가납입을 적극적으로 활용하자.

기본보험료를 무리하게 고액으로 가입한다면 당장은 큰 문제가 발생하지 않을 수도 있지만 최소한 몇 년 이상 장기납입 해야 하는 상품의 특성상 중간에 가입자에게 어떤 경제적 변수가 발생할 수 있을지 모르기 때문에 고액의 보험료는 사실 큰 부담이다. 따라서 기본보험료를 현재 자신이 납입 가능한 보험료 규모의 절반 수준으로 낮추고 나머지 금액은 정기추가납입기능을 활용한다면 사업비도 대폭 절약할 수 있고 향후 경제적 어려움에 직면하더라도 정기추가납입을 취소하고 기본보험료만 납입해 나갈 수 있기 때문에 보험료 납입에 대한 부담이 그만큼 줄어들게 되어 중도해지에 대한 리스크가 훨씬 줄어들 수 있다. 큰 욕심 부리지 말고 가볍게 가는 것이 좋겠다.

둘째

납입중지 기능을 활용하자.

납입중지 기능은 보험료 납입을 일시적으로 중지시키고 계속적으로 계약을 유지시킬 수 있는 기능이다. 물론 납입중지 기간에도 사업비는 계속적으로 해지환급금에서 빠져 나가겠지만 1~2년 정도 경제적으로 어려운 고비를 넘길 수 있다면 단기 해지에 대한 원금손실을 방지할 수 있을 것이다.

셋째

자신의 투자성향과 재무상황에 적합한 설계에 맞는 상품을 가입하자.

가입자들이 경제적 어려움 때문에 중도에 해지한다고 생각하면 큰 오산이다. 필자에게 상담 의뢰한 피해자들의 대부분은 처음부터 잘못 설계된 상품에 가입하여 중간에 여러 가지 문제점과 자신의 투자성향과 경제적 환경에 맞지 않는 것을 발견하고 후회하면서 해지하고자 하는 것이 다반사이다. 그냥 친구니까, 잘 아는 분이니까, 잘 해주겠지 라고 생각하고 가입했다가 후회하는 경우가 한둘

이 아니라는 것이다. 짧게는 10년에서 길게는 50년 이상 평생 동안 우리와 함께 같이 가야 할 상품이다. 정확한 진단과 설계 및 계획에 근거해서 가입해야만 단기 해지에 대한 원금손실의 위험을 조금이나마 줄일 수 있다고 할 수 있다.

2. 가입 초기 펀드선택 전략/전술

변액연금보험은 각 상품별 특별계정에는 적게는 4개에서 많게는 10개가 넘을 정도로 많은 펀드를 보유한 상품들이 있다. 이렇다 보니 사실 초보 가입자 입장에서는 어떤 펀드를 어떻게 선택해야 할지 막막할 수 있다. 펀드선택도 가입자 각각의 투자성향에 따라 차이가 있겠지만 변액연금보험 펀드는 주식투입 비율이 높은 성장형이나 주식형펀드라 하더라도 구조적 특성으로 인해서 주식투입 비율이 최대 50% 이하로 투자되기 때문에 이 기간에는 변액연금보험을 선택할 정도의 투자성향이라면 큰 걱정을 하지 않아도 된다고 생각한다.

폭락장세가 오더라도 가입 초기인 점으로 인해서 쌓여 있는 계약자적립금이 적고(적립식인 경우) 주식투입 비율이 주식형 적립식펀드처럼 90% 이상 되지도 않기 때문에 웬만하면 큰 손실을 볼 수 없는 구조라 할 수 있다. 그러므로 가입 초기에 단기적인 급등락은 큰 위험요소가 되지 못한다는 점이다. 따라서 이 기간에는 적립식

펀드에 투자한다는 콘셉트로 꾸준히 분할투자 하는 것이 바람직하다. 또한 투자성향을 떠나서 가능하면 시장의 단기적인 급등락에 흔들리지 말고 꾸준히 주식투입 비율이 높은 공격적인 펀드(주식형, 성장형, 이머징, 브릭스 등) 위주로 선택하여 투자할 것을 권장한다.

결국 이 기간에는 쌓여 있는 계약자적립금이 얼마 안 되는 상황에서 단기적인 수익을 탐한다거나 내 적립금을 지키겠다고 섣불리 펀드변경을 남발한다면 장기투자에 대한 투자 멘탈만 떨어지고 분할매수효과(Cost Averaging Effect)를 제대로 보기 어려울 뿐이다. 위험성이 높은 시장상황이라도 저가매입을 위해서 가입 초기에는 좀 더 공격적인 투자가 필요한 것이다.

물론 연말에는 배당주펀드를 편입하는 것도 조금이라도 수익률을 높일 수 있는 방법이다. 연말 기업들이 배당하기 전 배당주펀드의 편입비율을 높여서 초과수익을 올리는 것도 좋지만, 전반적으로 채권형 등 채권 비중이 높은 펀드는 가급적 지양하고 국내 주식투입 비율이 높은 성장형, 블루칩형, 주식형 등과 장기적으로 성장성이 매우 높다고 할 수 있는 이머징마켓이나 브릭스 등의 펀드 2~4개 펀드에 개인의 투자성향에 맞게 나눠 투자할 것을 권유한다.

3. 가입 초기 펀드변경 전략/전술

변액연금보험이나 변액유니버셜보험 같은 변액보험의 고유한 기능 중 하나가 당연히 펀드변경 기능이라 할 수 있다. 엄브렐라펀드 등에 펀드변경 같은 일부 비슷한 기능이 있지만 다소 제한적이며, 주식형펀드에서는 이러한 펀드변경 기능을 흉내내기도 어려운 상황이다. 더군다나 엄브렐라펀드는 국내에서 거의 판매되고 있지도 않다는 점이다.

2007년 말 중국의 주식시장이 고점을 찍고 그 이후 속절없이 추락할 때 거치식펀드나 적립식펀드가 환매 타이밍을 놓치고 그냥 앉아서 당할 수밖에 없었을 때 이러한 펀드변경 같은 위험관리(Risk Management) 기능이 있었다면 조금이라도 위험을 회피할 수 있었을 것이라 생각된다. 이러한 펀드변경 기능이 없어서 그 당시 펀드가 반 토막이나 70~80% 손실 본 것은 아니지만 그만큼 위험관리를 할 수 있는 기능이 없다는 점은 위험관리적 측면에서 본다면 분명 변액보험보다 떨어지는 것은 사실이다. 반면에 변액연금보험 등 변액보험은 1년에 12번 해당 상품의 특별계정에 편입된 펀드 내에서 펀드를 자유롭게 변경할 수 있는 아주 좋은 위험관리 기능을 지원하기 때문에 장기적으로 위험리스크를 줄이면서 투자하기에 매우 유리한 구조임에는 분명하다.

그렇다면 변액연금보험의 가입 초기(가입 시점~5년)에는 이러한 펀드변경 기능을 어떻게 활용하는 것이 가장 효율적일까? 변액연금 보험의 펀드변경이라는 것은 단타매매 투자자처럼 단기적인 주식시장 급등락의 상황에 편승해서 단기 매매차익을 실현하기 위한 용도보다는 주로 일정한 기간 동안 분할매수 투자로 계약자적립금의 투자대비 수익률이 어느 정도 확보된 상태에서 일정금액 이상으로 쌓여진 계약자적립금을 투자위험으로부터 보호하기 위한 위험관리 용도로 활용되어야 한다고 생각한다.

주식투입 비율이 90% 이상 되는 적립식펀드가 펀드변경 기능 같은 위험관리 기능이 없이도 5년 정도 꾸준히 정액분할투자 했을 때 연평균 수익률을 높게 기대할 수 있다는 점은 그만큼 5년간 분산투자로 위험을 줄이면서 정액분할투자를 했기 때문일 것이다. 하물며 주식투입 비율이 50%를 넘지 않는 채권혼합형 정도의 중간 정도 리스크를 보유한 변액연금보험으로 투자리스크를 줄이겠다고 시장상황에 편승해서 펀드변경을 남발하는 것은 그렇게 바람직하지 않으며 이 기간에는 특수한 상황이나 투자경험이 풍부한 가입자가 아니라면 웬만해서는 펀드변경을 남발하지 않는 것이 바람직하다.

그렇다고 그냥 방치하라는 것은 절대 아니다. 대부분의 변액연금 보험 특별계정 펀드는 주식투입 비율이 50% 이하이며, 국공채 등의 채권투입비율이 50% 이상을 차지하기 때문에 금융시장의 환경변화에 전혀 감이 없거나 초보투자자인 경우는 펀드변경 없이 그냥 잊고 투자하여도 되지만 몇 개월에 한번쯤은 투자상황을 정기점검 하여 위험요소 등을 체크하는 것도 필요하다. 따라서 가입 초기 1~2년 간에는 펀드변경을 거의 활용하지 않는 것이 바람직하며, 투자 중간(2~3년)이나 말기(3~5년)에는 그때의 상황에 따라 일부 펀드변경을 소극적인 방법으로 진행할 필요는 있다.

여기서 주의해야 할 점은 변액연금보험 같은 장기상품의 펀드변경 기능을 활용하여 단타매매 하듯이 단기적인 금융시장 변화(주식급등락 등)에 편승해서 수익률을 올려보겠다는 생각이라면 아예 가입을 하지 않는 것이 좋겠고 가입했다면 그냥 해지하고 주식에 직접투자를 하는 것이 좋을 것 같다. 변액연금보험의 펀드변경이라는 것은 크게 보면 단기적인 시장상황에 따라 변경하는 것이 아니라 중장기적인 자산배분이나 경기사이클에 맞게 내 자산을 지키기 위한 용도로 활용하는 것이 바람직하기 때문이다. 여기서 계약자적립금을 채권형펀드로 일부 변경했다고 하더라도 납입하는 보험료는 계속적으로 공격적인 펀드로 선택하여 계약자적립금과 납입보험료를 분산투자 할 필요가 있다는 점 잊지 말아야 하겠다.

결론적으로 이 기간에는 계약자적립금이 얼마 쌓여있지 않은 상황이기 때문에 잦은 펀드변경은 정액분할투자효과를 반감시킬 수 있고 장기투자에 대한 본질만 흐리게 될 수 있기 때문에 가능하면 펀드변경의 남발을 자제하고 꾸준한 정액분할투자가 필요한 시기라 할 수 있다. 또한 덩굴째 굴릴 수 있는 계약자적립금을 한 푼 두 푼 쌓아가는 전략이 필요한 시기이기도 하다.

변액연금보험의 중도인출이라는 기능은 연금개시 전에 해지환급금의 일부 금액을 중도에 자유롭게 인출할 수 있는 기능을 말하며 국내 주요 변액연금보험은 대부분 이 기능을 폭넓게 허용하고 있다. 투자기간 중 계약자적립금의 일부를 인출해 가더라도 보험사는 관여치 않겠다는 것으로서 자금이 이탈하더라도 최소한 보험사는 손해가 없다는 것과 같은 말이므로 반대로 생각하면 가입자의 입장에서는 손해라는 것이나 다름 없다고 생각한다. 보험사 입장에서는 1회 중도 인출 시 최대 2천 원의 수수료를 받을 수 있고 보험료 납입 시 사업비와 위험보험료 등으로 10% 정도 떼어가기 때문에 적어도 손해는 아니라는 계산이다. 보험사는 중도인출이라는 기능이 가입자의 유동성적인 측면에서 아주 좋은 기능인 것처럼 상품 홍보책자나 광고자료의 전면에 내세우고 있지만, 수익률이 높지 않은 가입 초기에 중도인출을 자주 이용한다는 것은 보험사는 이득이겠지만 반대로 가입자에게는 많은 손실이 따를 수 있다는 점을 잊어서는 안 된다.

1회 중도인출 수수료가 2천 원(최대)이라고 하지만 보험료 납입 시 이미 선취로 10% 정도의 사업비를 차감해 감으로써 눈에 보이지 않는 수수료가 너무나 크다고 볼 수 있다. 보험사 입장에서는 이미 사업비를 떼어갔기 때문에 중도인출을 권장할지 모르나 가입자 입장에서는 내 돈 가지고 사업비 내고 다시 인출하는 것에 지나지 않는다. 한마디로 가입 초기에 손실이 나는 구조에서 중도인출을 자주 사용하다가는 가입자 입장에서는 손실이 클 수 있다는 것이다.

　따라서 변액연금보험 가입 초기 중도인출이라는 기능은 좋은 기능이라는 보험사의 광고성 멘트를 보고 쉽게 활용하기에는 너무 큰 손실이 숨어 있으므로 해지를 해야 할 절박한 상황이 아니라면 가능하면 사용을 자제하는 것이 바람직하다. 수익이 어느 정도 발생했을 때 즉 가입 중기 이후에는 한두 번 이용해도 괜찮을지 몰라도 수익이 거의 발생되지 않을 확률이 높은 가입 초기에 섣불리 중도인출 기능을 활용한다면 보험사만 도와주는 것이 아닐까 생각된다.

5. 가입 초기 추가납입의 기본전략

　추가납입보험료는 일반적으로 기본보험료 외에 기본보험료의 200%까지 납입할 수 있다는 것은 아주 상식적인 얘기인 것 같다. 그런데 추가납입보험료를 기본보험료가 투자되는 펀드와는 다른 별도의 펀드를 지정해서 투자할 수 있다는 것을 사람은 그리 많지 않을 것이다. 이러한 기능은 분산투자 할 수 있는 아주 좋은 기능이다. 또한 아주 보수적이며 조금이라도 더 위험을 줄이고자 하는 투자자라면 추가납입보험료를 기본보험료가 투입되는 펀드와는 별도로 다른 펀드를 지정해서 납입보험료를 분산하는 것도 좋은 투자방식이라 생각한다. 하지만 투자관리에 능숙하지 못한 초보투자자라면 별도 언급 없이 추가납입을 하면 기본보험료가 투자되는 펀드에 투자되기 때문에 그냥 신경 쓰지 않고 투자하는 것이 좋겠다. 자칫 초보투자자가 너무 많은 펀드에 분산투자 하다 보면 관리의 어려움이 따를 수 있기 때문이다. 또한 이 기간에는 추가납입을 최대한 활용하여 사업비를 절반으로 줄이는 것도 아주 좋은 전략이라 할 수 있다. 특히 적립식펀드의 자유납처럼 수시로 추가납입 하는 것보다는 기본보험료가 자동이체로 빠져나가듯이 정기추가납입을 활용해야만 크고 작은 소비와 지출에 흔들리지 않고 지속적으로 꾸준한 투자를 할 수 있기 때문에 은퇴준비 계획을 성공할 수 있는 확률이 높아질 수 있다고 생각한다.

추가납입의 자유납입(수시납입) 방식이 왜 어려운지는 적립식펀드의 자유납입을 경험해본 투자자들은 이해가 쉬울 것이다. 또한 뜻하지 않게 목돈이나 여윳돈이 생겨서 목돈을 즉시 추가 납입하기로 할 때도 전략이 필요하다. 그렇게 큰 자금이 아니라면 상관없겠지만 목돈을 한꺼번에 펀드에 투자하여 위험을 안고 투자하는 방법보다는 평균분할투자 기능(Dollar Cost Averaging)을 활용하여 분할투자기간(3개월, 6개월, 12개월)을 설정함으로써 선택한 기간 동안 위험을 분산하여 투자하는 방법을 추천한다.

결론적으로 이 기간에는 기본보험료에 정기추가납입을 활용하여 비용을 최대한 절약하면서 꾸준히 정액분할투자 할 수 있는 전략이 절실히 필요하다.

6. 가입 초기 위험관리전략 (Risk Management Strategy)

변액연금보험(적립식)의 가입 시점부터 가입 초기(약 5년 정도)의 위험(Risk) 관리전략에 대해 알아보자. 일반적으로 가입 초기에는 쌓여 있는 계약자적립금의 규모가 그리 크지 않은 관계로 투자자산의 손실에 대한 위험이 그렇게 크지 않다는 것이 중론이다. 그럼 적립식 변액연금보험은 가입부터 약 5년의 가입 초기에는 어떤 투자위험이 존재하며 어떻게 위험관리를 해야 할까? 가입 초기에 나타날 수 있는 위험(Risk)의 형태와 그에 대한 관리 전략은 다음과 같다.

첫째

투자손실에 대한 위험관리전략

가입 초기에는 쌓여 있는 계약자적립금이 부담스러울 정도의 거액이 아니기 때문에 금융시장이 장기적인 침체기라고 해도 그렇게 큰 위험요소라고 생각하지 않는다. 하지만 가입 이후 계속적으로 주식시장이나 금융시장이 전체적으로 침체기를 맞는다면 수익률이 하락할 것은 뻔하며 이런 상황이 일정기간 동안 지속되어 투자손실이 불어난다면 가입자 입장에선 투자손실이 다소 부담스러울 수 있다. 그리고 투자손실도 손실이지만 더 큰 문제는 가입자의 투자마인드에 대한 상처라고 생각한다. 이렇게 된다면 가입 시점의 장기투자에 대한 초심이 자칫 흐트러질 수 있으며 많은 투자자들이 그렇듯 단기에 중도해지의 유혹에 넘어갈 수도 있다.

그렇다면 이러한 투자위험에 어떻게 대처해야 할까? 먼저 가입자는 설사 가입 초기에 일부 투자손실을 본다 하더라도 장기투자에 대한 초심을 잃지 말고 꾸준히 유지해나가는 투자자세가 필요하다. 변액연금보험은 일반 적립식펀드나 예금, 적금처럼 몇 년 투자하여 수익을 내는 것이 궁극적 목적이 아니기 때문에 단기수익률에 집착하기보다는 장기적인 투자마인드가 필요하다는 것이다. 왜 초장기 투자상품인 변액연금보험에 가입했을까? 우리가 변액연금보험에 투자한 이유는 10년 이상 장기투자로 시중금리보다 높은 초과수익을 내기 위한 것이지 일반 적립식펀드처럼 불과 몇 년 안의 단기수익률을 보고 투자하지 않았다는 사실을 명심해야 한다. 또한 지나치리만큼 투자수익률을 매일매일 확인하는 습관도 버리고 가끔가다가 월 1회 또는 1년에 몇 번 정도 투자현황에 대해 확인하도록 하여 금융시장의 잔바람에 투자마인드가 흔들리지 않도록 해야 한다.

여기서 중요한 점 한가지 투자상황에 대해 위험관리를 하겠다는 것은 투자상황의 정기적인 점검이 가장 중요한 요소지만 가입자 대부분은 수익률 확인하는 것을 정기점검이라고 오해한다는 것이다. 변액연금보험의 투자에 대한 정기점검이라는 것은 대내외적인 투자환경과 자산배분에 대한 적정 여부 등 종합적인 투자상황을 점검 및 분석하여 적절한 투자를 시행하고 있는지 등을 확인하고 필요하다면 투자형태를 조정하기 위한 것이지 단순하게 수익률이 어떻게 됐는지 확인하는 것이 아니라는 것이다. 물론 정기점검에 의해서 기대 이상의 수익을 달성했다라고 한다면 펀드변경 등을 통해 위험을 분산관리 하는 위험관리 전술 등도 필요하겠지만 가입자 각각의 투자패턴 차이와 재무환경에 따라 다르게 대응해야 할 필요가 있다.

결론적으로 가입 초기의 투자손실에 대한 위험관리전략은 단기 수익률이 일시적으로 떨어졌다고 해서 실망해서는 안 되며 장기투자의 힘을 믿고 꾸준히 또는 지긋이 투자하는 자세를 항상 유지하는 것이라고 할 수 있다.

둘째

단기 해지 및 실효에 대한 위험관리전략

사실 가입 초기에는 수익률 폭락에 대한 투자위험보다 선취사업비와 해지 시 해지 페널티 부과 등으로 단기 해지에 대한 상품 자체의 위험이 더 큰 시기라 할 수 있다. 4% 수익률로는 약 10년이 지나야 해지환급금의 규모가 기납입보험료의 100%를 넘게 되며 8% 수익률로는 적어도 5년 이상은 넘어야 원금을 확보할 수 있는 구조가 변액연금보험의 현실인 것이다. 만약 가입 초기에 해지한다면 수익률에 따라 손실 폭이 상당히 클 수 있기 때문에 가입자 입장에서는 상당히 신중해야만 한다.

그렇다면 해지 및 해약에 대한 위험은 어떻게 관리할 수 있을까? 가장 좋은 방법은 실효나 해지가 발생하지 않도록 보험료를 잘 납입하는 것이다. 하지만 살다 보면 예상치 못한 실직 등 경제적 어려움의 돌발변수들이 나타날 수 있기 때문에 그에 대한 대비책도 필요하다. 단기 해지하거나 실효되는 원인을 분석해 보면 경제적인 이유로 보험료를 납입하기 어려운 경우도 있지만 거의 지인의 권유로 대충 알고 가입하거나 일시적인 충동이나 잘못 알고 가입하여 해지하는 경우가 대부분이다. 따라서 처음부터 올바른 연금설계와 장기계획에 의해서 가입되어야만 단기 해지되는 확률이 낮아질 수 있다고 본다. 보험료 납입이 어려운 상황이라면 변액유니버셜보험(VUL)은 납입중지 기능을 활용할 수 있지만 변액연금보험은 납입중지 기능을 지원하는 상품이 제한적이며 지원하는 상품이라도 대부분 5년 이상 지난 후 가능하기 때문에 가입 초기에는 기능 사용이 상당히 제한적이다. 따라서 상품특성상 기능적으로 단기 해지에 대한 특별한 위험관리 방법은 없으며, 단지 가입 시 사전에 충분한 검토 후에 추가납입까지 고려하여 부담 없는 월 보험료를 산출하는 것이야말로 이러한 위험을 줄일 수 있는 가장 좋은 방법이라 생각한다. 또한 투자자 중 1년, 2년 정도의 단기 투자수익률에 실망하여 해지하는 경우도 참 많다. 이 모든 경우가 장기투자 상품에 대한 인식이 잘못됐다는 것이며 단기적 수익률에 연연해서는 이 상품을 장기적으로 유지할 확률이 떨어질 수밖에 없다.

따라서 이러한 위험에 대한 가장 좋은 위험관리전략은 가입 시 올바른 설계에 의해서 가입이 이뤄져야 하며, 단기수익률의 높고 낮음에 연연하지 말고 장기적/거시적인 관점으로 유지한다면 단기 해지에 대한 위험을 최소화할 수 있을 것이다.

셋째

부화뇌동(附和雷同)에 대한 위험관리전략

부화뇌동(附和雷同)이란 말의 사전적 의미는 "우레 소리에 맞추어 천지 만물이 함께 울린다는 뜻으로, 자기 생각이나 주장 없이 남의 의견에 동조한다라는 말"이다. 변액연금보험 가입자 중에는 이와 같이 부화뇌동하여 주변의 부정적 말만 듣고 따라가는 가입자들이 생각보다 많은 것 같다. 그런 사람들의 특징은 상품의 특성에 대한 이해 없이 또는 계획 없이 단순 권유에 의해 가입한 경우가 대부분으로서 가입 이후 일정기간 잊고 있다가 어떤 외환위기나 폭락장세가 발생할 때 주변에서 이 상품으로 손실을 많이 봤다는 등의 상품에 대한 부정적인 말만 듣고서 말 그대로 부화뇌동하여 상품의 부정적 시각으로 생각을 채우다 못해 결국은 중도 탈락하게 되는 것이다. 또한 일부 가입자는 가입 시점 초기의 장기투자에 대한 생각을 잊어버리고 가입 후 1~2년 뒤에 수익률을 점검했을 때 손실이 발생했다고 하면 크게 실망하는 경향이 있다. 그러면서 투자에 대한 회의감으로 그때부터 상품의 부정적인 면만 찾아 다니게 되고 결국은 그러다 보면 중도해지 하게 되어 손실을 입게 되는 것 같아서 안타깝다.

따라서 이러한 위험으로부터 벗어나는 길은 항상 가입 시점의 장기투자 목적을 잊지 말고 계획대로 추진해야 하며, 괜히 주변의 변액연금보험 투자에 실패한 사람의 말만 듣고 부화뇌동하여 같이 휩쓸려서는 안 된다. 가입 시점의 계획, 목표 등 이것들을 달성하기 위한 투자실행 중 가입 초기의 투자과정에 너무 크게 집착하지 않기를 당부한다.

가입 초기의 위와 같은 위험을 잘 관리하여 무사히 넘긴다면 시

작이 반이라고 성공적인 투자에 한걸음 더 다가서게 되지 않을까
생각한다.

나 | 중기 변액연금보험 투자관리기법

1. 중기 투자관리 개요

일반적으로 적립식 변액연금보험의 중기 투자기간이라 하면 납입 기간이나 연금개시 연령에 따라 각각 다를 수 있지만 보통 가입 후 약 6년에서 연금개시 5년 전까지의 투자기간이라 할 수 있다. 단기 즉 가입 후 5년 정도까지는 아직 초기라 쌓여져 있는 계약자 적립 금의 규모가 크지 않아서 그리 큰 부담이 없다고 볼 수 있기에 투자 위험 관리에 큰 신경을 쓰지 않아도 되는 시기였다면 가입 후 5년 이후의 중기부터는 여러 가지 면에서 가입 초기보다는 많은 관심과 주기적인 관리가 필요한 때라고 할 수 있다.

매월 20만 원씩 5년간 보험료를 납입했다면 선취사업비로 약 10%를 차감한 나머지를 투자하여 연 8% 월 복리 수익률을 달성했다면 약 1,300만 원 정도의 계약자적립금이 쌓여있을 수 있다.(펀드운용보수 등 기타 수수료 제외) 이 정도 금액이라면 사람에 따라 평가가 다르게 나올 수 있지만 월 20만 원씩 납입하는 평범한 샐러리맨이라면 꽤 부담스러운 목돈이라 할 수 있기에 초기보다는 투자손실에 대한 위험이 몇 배는 높다라고 보는 것이다.

또한 이때쯤 되면 덩달아 해지율에 대한 위험이 높아질 수 있다. 보험사는 해지 시 가입 후 약 7년까지 단기 해지에 대한 페널티를 부과하기 때문에 금융시장의 투자상황과 수익률에 따라 다르겠지만 중기에는 단기 해지에 대한 페널티가 없을 수 있어서 일정수준의 수익률을 내고 있다면 대부분 해지환급금이 기납입보험료보다 높게 형성되어 있을 확률이 높아 해지하더라도 부담이 없다고 판단하여 내부변수에 의해 자칫 해지할 가능성이 높아질 수 있다. 실제로 이때쯤 되면 많은 상담자나 고객들이 "지금 목돈이 필요한 상황인데 해지환급금이 원금을 넘어간 상황에서 이 상품을 해지하면 어떻겠냐"는 등 이러한 의뢰를 종종 해오고 있다.

그리고 가입 중기는 가입 후 5년 이후부터 연금개시 -5년의 의무거치기간 전이라 할 수 있기 때문에 가입 초기의 어려운 상황에서 벗어났다고 하더라도 가입자의 설계에 따라서는 1~20년 이상의 장기투자를 해야 한다는 장기유지에 대한 부담이 상당히 클 수밖에 없는 상황이다. 이렇다 보니 10년 이상 지나서도 유지할 확률이 30% 정도로 낮아질 수 있다는 점에서 이러한 위험은 우리가 반드시 짚고 넘어가야 할 사항이라 생각한다. 단기 해지에 대한 손실에서 벗어나 해지하더라도 액면 그대로 손실은 보지 않는다는 유지에 대한 생각이 해이해지는 시기라 할 수 있으며 가입 중기에는 이러한 위험도 적절히 잘 관리해야만 한다.

결론적으로 변액연금보험 투자 시 가입 중기에는 초기보다는 몇 배 더 높은 관심과 관리가 필요한 시기로서, 지키면서 투자하고 재무설계 또는 은퇴설계 계획의 초심을 잃지 않고 현명한 투자와 유지전략을 실행해야 할 시기라 생각한다.

2. 계약유지 기본전략전술 I (개요)

적립식 변액연금보험 가입자들 대부분 가입 초기(1~5년)를 지나서 중기에 이르면 이제부터는 어떻게 유지해야 할지 난감해 하면서 유지방법을 문의하는 경우가 종종 생긴다. 그도 그럴 것이 정확하게 어떻게 해야 한다고 구체적인 방안을 제시해주는 곳이 없기 때문에 당연한 것이라고 생각한다. 이렇듯 척박한 국내 변액연금보험 투자관리 환경에 조금이나마 도움을 주고자 이러한 유지전략전술을 연구해보고자 한다.

앞서 언급했듯이 가입 후 초기를 지나서 중기에 이르게 되면 아무리 소액투자자라도 천만 원 이상의 일정한 계약자적립금이 쌓여 있을 수 있기 때문에 가입 초기보다 투자손실에 대한 위험이 몇 배는 더 높다라고 할 수 있다. 또한 중기 투자기간은 가입 후 5년 이후부터 의무거치기간이 시작되는 직전까지 짧게는 5년에서 길게는 20년까지 장기간 투자하는 기간으로서 시간이 가면 갈수록 계약자적립금은 수익률에 따라 수십 배 이상 높게 쌓여져 갈 수 있으므로 그 투자손실에 대한 위험은 크게 늘어날 것으로 예상된다. 그러나 이 기간에는 자산을 안전하게 지키는 것도 중요하지만, 수익률을 늘려가는 것이 더 중요하기 때문에 무작정 자산을 지키는 쪽에만 신경을 써서는 안 되며 수익률을 늘려갈 수 있는 전략에도 많은 관심을 가져야 한다.

중기 이후는 내 자산을 안전하게 지키면서 수익률도 높일 수 있도록 신경 써야 할 시기로서, 모든 가입자가 비슷한 투자전략으로 임해서는 안 되며 가입자의 투자성향에 따라 다음과 같이 구분하여 대응할 필요가 있다. 펀드변경 등 상품의 기능을 최대한 활용하는 적극적인 위험관리를 할 수 있는 가입자(편의상 능동적 투자자라 함)와 상품의 기능 등의 활용과 투자관리를 직접 수행하기 어려운 가입자(편의상 수동적 투자자라 함), 매우 공격적인 투자성향의 가입자(적극적 투자자)와 중도적 투자자 그리고 안정적 투자자로 나누어서 유지전략전술에 대해 알아보자.

단, 이러한 내용은 모든 가입자에게 적합하다고 할 수 없으며 각각 가입자의 재무적/비재무적 환경과 성향에 따라 차이가 날 수 있음을 인지하고 참고용으로만 활용해주길 바란다.

3. 계약유지 기본전략전술 II (수동적 투자환경)

편의상 수동적 투자환경이란 가입자가 펀드선택, 펀드변경 등 변액보험의 특성에 따른 기능들을 처해 있는 상황에 따라 적절히 대응하거나 활용하기가 어려운 투자환경이라고 칭하고자 한다. 그야말로 수동적 투자환경에 속해 있는 가입자들은 투자관리나 위험관리보다는 변액연금보험이 시중금리보다는 높은 수익률을 얻을 수 있다는 기대감과 투자기간 중 손실을 볼 수도 있지만 연금개시까지 유지했을 때 납입보험료의 원금을 보장해준다는 조건을 믿고 가입하는 경우가 대부분일 것이다. 이러한 수동적 투자환경에 속할 수 있는 여건 및 환경은 아래와 같으니 참조 바란다.

[수동적 투자환경에 속할 수 있는 여건]
① 가입자가 주식, 채권 등의 투자자산에 대한 상황파악과 금융적 지식이 많이 떨어진다.
② 가입자가 인터넷뱅킹 등 컴퓨터 활용능력이 상당히 떨어진다.
③ 가입자가 상품의 기능을 활용할 수 있는 능력이 매우 낮다.

위 수동적 투자환경에 속할 수 있는 여건에 2개 이상 속하는 가입자는 변액연금보험의 투자관리에 있어서 자신이 직접 실행하기에 다소 어려움이 있을 수밖에 없다. 따라서 이러한 수동적 투자환경에 속한 투자자의 입장에서 가입 이후 5년 이상이 지난 후부터 연금개시 5년 전까지 어떻게 계약을 유지해나가야 성공적인 투자를할 수 있을까? 여러 가지 개인의 특성과 환경의 차이가 있을 수 있지만 기본적인 유지전략전술에 대해 알아보자.

이러한 투자자들은 수시로 변하는 투자상황에 맞게 변액연금보험의 다양한 기능을 적절히 활용할 수 없는 상황이기 때문에 그때그때 마켓타이밍을 잡아서 투자한다든지 여러 가지 기능과 자산투자 비중을 조절하는 것보다는 대부분의 투자 비중을 채권 등 안전자산에 투자하고 주식 등 위험자산에 일부(예, 30% 이내)를 투자하는 전략으로 큰 변화 없이 지속적으로 유지하여 장기투자 시 고수익은 아니지만 일정한 초과수익을 가져가는 방법이 성공적인 계약유지를 위해서 바람직하다고 본다. 여기서 각각 투자자의 주어진투자성향이나 상황에 따라 투자자산에 대한 비율을 조정함으로써단기적으로는 전술적 자산배분을 할 수 있지만, 이러한 수동적 투자환경에 처해 있는 가입자는 자산배분능력이나 최소한의 위험관리를 하기 위한 상황대처능력이 현저히 떨어지기 때문에 담당설계사나 주변 지인들의 지원이 절실히 필요한 상황이다. 또한 적극적투자자(주식투입 비율 60% 이상), 중도적 투자자(주식투입 비율 50% 이하), 안정적 투자자(주식투입 비율 30% 이내) 등의 투자자성향에 맞게 전략적 자산배분 관점에서 투자자산의 비율을 조정할수 있다.

결론적으로 이러한 수동적 투자환경에 속한 가입자들은 그때 그때의 마켓타이밍을 잡고서 초과수익을 올리거나 위험관리를 적절히 수행할 수 있는 상황이 아니라는 점을 인식하고, 주변 지인들의 도움이 없다면 자신의 상황에 맞게 장기적 투자의 큰 흐름에 따라 최소한의 위험성을 가지고 변함없이 유지하여 안정적인 기대수익을 얻고자 하는 방향이 가장 좋은 유지전략이라 할 수 있다.

4. 계약유지 기본전략전술 Ⅲ (능동적 투자환경)

능동적 투자환경이란 앞서 설명한 수동적 투자환경의 반대라 할 수 있으며 변액상품의 기능을 최대한 활용하는 적극적인 투자관리를 투자자 자신이 직접 처리할 수 있는 투자자가 처해 있는 환경이라고 할 수 있다. 한마디로 투자자산의 수익과 손실을 투자 시장과 상품에만 의존하지 않고 적극적으로 자신의 의견을 반영하여 손실관리와 수익관리를 할 수 있는 투자환경이라고 할 수 있다. 이러한 능동적 투자환경에 속할 수 있는 여건은 아래와 같다.

[능동적 투자환경에 속할 수 있는 여건]
① 변액연금보험의 기능을 일부 활용하여 위험관리를 할 수 있다.
② 금융시장 상황에 대한 정보수집 및 접근 능력이 있다.
③ 인터넷뱅킹 등 컴퓨터 활용에 대한 기본적인 능력이 있다.
④ 시장의 흐름을 어느 정도 활용하여 투자관리를 하겠다는 의지가 강하다.

위 조건 중 2가지 이상 만족하는 능동적 투자환경은 상품과 시장에 의존하듯 투자자산을 일정기준으로 변함없이 계속 투자하기보다는 적정한 위험관리와 수익률 관리 등의 투자관리를 위해 단기적으로 직접 엑티브하게 행동하는 것이 더 효율적일 수 있다. 그렇다면 이러한 능동적 투자환경에 속한 가입자는 중기 투자기간(6년~연금개시 5년 전까지) 동안 성공적인 투자를 하기 위해서 어떻게 행동해야 할까? 이 또한 각각 투자자가 처해 있는 특성과 환경에 따라 다르지만 기본적인 유지전략전술에 대해 알아보자.

이러한 투자자의 주 무기는 정보수집능력이 탁월 하고 그 정보력을 자신의 투자자산에 즉시 적용할 수 있는 컴퓨터 활용능력 등 여러 가지 스킬이 뛰어나다는 것으로서 이러한 특성을 십분 활용할 필요가 있다. 결국은 수동적 투자환경에 속한 가입자처럼 일률적으로 투자 포트폴리오 비율을 낮게 설정하여 일정하게 지속적으로 투자하는 방법보다는 일정 기간마다 투자상황에 맞게 투자자산과 투자비율을 능동적으로 판단하여 선택함으로써 위험관리와 수익률관리 등의 투자관리를 직접 하는 방법이 더 바람직할 수 있다는 것이다. 직접 판단한 시장환경에 따라 마켓타이밍을 잡고 펀드변경을 통하여 주식과 채권 투입비율을 조정하거나 저가로 판단되는 시기에 추가납입을 하는 방법 등을 예로 들 수 있다.

하지만 명심해야 할 것은 이러한 능동적 투자환경에 속한 가입자라고해서 모두가 항상 엑티브한 유지전략을 행하라는 것은 아니며,

장기투자의 특성상 변액연금보험의 기본전략은 마켓타이밍을 잡거나 자산배분을 통해 수익률을 높이려는 것보다 손실의 위험을 줄이려는 위험관리가 더 중요하다는 관점을 최우선적인 유지전략으로 가져가는 것이 옳다고 생각한다.

따라서 능동적 투자환경에 속한 가입자는 자신의 투자자산을 시장과 상품에 모두 의존하기보다는 자신의 정보력 등의 주어진 능력을 최대한 활용하여 적극적으로 투자관리를 실행하는 것이 보다 더 효율적인 유지전략이라는 관점에서 기본적으로는 장기투자에 대한 전략적 자산배분을 기본유지 전략으로 가져가면서 상황에 따라 일정비율 내에서 전술적 자산배분을 적절히 실행하는 것이 바람직할 수 있다고 생각한다.

5. 계약유지 기본전략전술 Ⅳ (적극적 투자자)

적극적 성향의 투자자란 고위험 고수익을 추구하는 투자자로서 투자원금의 손실을 두려워하지 않고 위험상품에 적극적으로 투자하는 성향의 투자자라고 말할 수 있다. 변액상품에 있어서 이러한 공격적 투자자에 속할 수 있는 여건 및 환경은 다음과 같다.

[적극적 투자자에 속할 수 있는 여건 및 환경]
① 기납입보험료의 원금보장을 원치 않는다.
② 주식의 투입비율을 60% 이상 투자하길 원한다.
③ 기대수익률만큼 손실을 볼 수 있다는 것에 동의한다.

위 여건 및 환경 중에서 2개 이상에 자신이 해당된다면 적극적 투자자에 속한다고 할 수 있다. 위 조건을 만족하는 적극적 투자자는 연금용도의 변액상품을 가입할 때 투자금액에 대한 원금보장에는 큰 관심이 없고 무엇보다도 기대수익률을 높이 가져가고자 하는 경향이 크며, 그만큼 손실을 볼 수 있다는 점에도 대체적으로 동의한다. 그렇다면 이러한 적극적 투자자가 투자하는 변액연금보험의 중기 투자기간 동안에 어떻게 투자유지 해야만 성공적인 투자를 할 수 있을까? 이 또한 투자자 각각의 주어져 있는 특성과 환경에 따라 다르지만 기본적인 유지전략전술에 대해 알아보자.

중기 투자기간 이후에는 일정한 규모 이상의 계약자적립금이 쌓여져 있으므로 거치식이 아니라 적립식 상품이라도 이때부터는 "거치식+적립식" 구조를 병행 투자한다는 점을 명심해야 한다. 즉 현재 쌓여져 있는 계약자적립금은 거치식 투자가 이뤄지는 것이며 매월 납입보험료는 분산투자가 되는 이원화된 투자형태라 할 수 있다. 따라서 일반적으로 계약자적립금은 거치식 유지전략을 매월 납입보험료는 적립식 유지전략을 활용해야 한다. 매월 납입보험료는 항상 기간을 분산해서 투자되므로 계속적으로 주식투입 비율을 높게 투자할 수 있으나, 문제는 바로 일정 규모의 목돈이라 할 수 있는 계약자적립금이다. 이 계약자적립금을 어떤 형태로 투자하느냐에 따라 이 시기의 유지전략이 성공하느냐 실패하느냐가 좌우될 수 있다고 본다.

적극적 성향의 투자자라면 손실위험을 어느 정도 감수할 수 있기 때문에 장기투자의 힘을 믿고 그냥 처음 선택한 포트폴리오를 계속 유지할 수 있지만 그래도 좀 더 큰 결과를 얻기 위해서는 적극적인 대응이 필요하다고 생각된다. 적극적인 대응이란 투자수익률과 시장흐름의 동향과 환경을 분석하여 그에 걸맞게 펀드변경 등의 기능을 적극적으로 활용하는 것이 일반적이다. 하지만 간과해서는 안되는 부분이 바로 투자자들의 시장예측에 의한 타이밍 잡기와 펀드선택은 장기투자 시 수익률에 큰 영향을 미치지 못한다는 점이다. 대부분의 금융학자들은 10년 이상의 장기 투자를 분석해보면 단기적인 매매타이밍 잡기 등이 수익률에 미치는 영향은 극히 낮다라고 하며 수익률에 가장 영향을 많이 주는 요소는 자산배분이라고 주장한다. 따라서 이러한 점으로 미뤄 봤을 때 저점 찾기와 시장예측을 통해서 투자타이밍을 잡겠다는 변액연금보험 투자자들은 이런 생각을 제고해야 할 필요성이 있다고 생각한다.

결론적으로 아무리 적극적 투자자라고 하더라도 주관적인 시장예측과 펀드선택보다는 장기투자 계획에 의한 포트폴리오 자산배분에 좀 더 신경 쓰는 것이 바람직하며, 그 전략적 자산배분 하에서 일정범위 내에서 전술적 자산배분을 통해 그 비율을 조정해나가는 것이 가장 바람직한 유지전략전술일 것이다.

6. 계약유지 기본전략전술 V (중도적 투자자)

중도적 투자자란 투자금에 대한 원금보장에 대한 관심보다는 시중금리보다 높은 기대수익을 달성하는 것에 관심이 많은 투자자라고 할 수 있다. 이러한 이유로 중도적 투자자의 대부분은 변액연금보험에 가입한다고 봐도 과언이 아닐 것이다. 이러한 중도적 투자자는 국내 변액연금보험 가입자의 대다수가 해당될 것으로 예상된다. 또한 이 투자자의 성향은 아주 안정적이지도 않으면서 그렇다고 고위험 상품에 투자하기를 즐기는 공격적 성향도 아닌 다소 중도적 성향이라고 할 수 있다.

[중도적 투자자에 속할 수 있는 여건 및 환경]
① 최소한의 기납입보험료의 원금보장을 원한다.
② 투자자산중 주식투입 비율이 최대 50%를 넘지 않는다.
③ 시중금리보다 높은 기대수익률을 원한다.

국내 변액연금보험의 투자자산에 대한 비율을 분석해보면 약 90% 정도가 주식투입 비율이 50% 이하이며, 나머지는 국공채와 유동성자산에 투자하는 혼합형펀드들로 구성되어 있으며 전체 자산 중 채권관련펀드에 50% 이상은 의무적으로 투자할 수 있도록 구조화되어 있다. 어떻게 보면 구조적으로 포트폴리오가 잘 구성되어 있어서 사실 투자자의 입장에서는 위험성이 높은 중기 투자기간이라 하더라도 펀드비율을 인위적으로 조정하지 않더라도 투자하는 데에는 큰 문제가 없을 수도 있다. 또한 상품의 특별계정 내에 설정된 펀드들을 살펴보면 크게 엑티브형펀드, 인덱스펀드, 채권형펀드, 해외형펀드 들로 구성되어 있으며 특히 주식투입 비율이 50% 이하인 엑티브형펀드, 해외형펀드 들은 시장상황에 따라 펀드매니저들이 주식투입 비율과 채권비율을 탄력적으로 조정하는 펀드들로써 펀드 자체적으로도 주식투입 비율과 채권투입비율을 조정하고 있기 때문에 투자자가 일일이 대응하지 않더라도 큰 문제가 없을 수도 있다.

문제는 쌓여져 가는 계약자적립금을 보험사나 펀드매니저에게 100% 맡길 수는 없다는 것이다. 중도적 투자자라면 장기 계획하에 일부 자산에 대한 배분을 통해서 수익률을 올리거나 위험을 제거하기 위한 전략전술을 구사해야만 한다. 따라서 변액연금보험의 중도적 투자자는 각각의 투자상황에 맞게 자산배분에 의한 투자비율을 인위적으로 조정할 수 있어야 하며 그 펀드 투자비율을 조정할 때는 납입보험료는 그대로 투자하되 계약자적립금의 비율을 전략적 자산배분 하에서 조정할 것을 추천한다. 향후 전개될 시장예측을 통하여 계약자적립금의 전체 규모의 자산을 채권형펀드로 옮길 수도 있지만 그 예측이 100% 맞을 확률은 전문가라 하더라도 극히 낮을 것이며 특히 변액연금보험 가입자의 경우는 그 확률이 더 낮으면 낮았지 높다라고는 할 수 없을 것이다. 만약 그 예측이 빗나갈 경우 수익률이 떨어지거나 큰 손실을 볼 수도 있는 새로운 위험에 빠질 수 있다.

따라서 장기투자 시 마켓타이밍과 시장예측에 의한 투자보다는 자산배분의 효과가 훨씬 크다는 결론에 의해서 중기 투자기간에도 시장예측에 의한 인위적인 조정보다는 자산배분에 더 신경 쓰는 유지전략을 실행하는 것이 바람직하다 생각하며 장기적인 투자관점에서의 전략적 자산배분 하에서 일정 기간마다 지속적인 모니터링을 통해 투자자산의 일정비율을 조정할 수 있는 전술적 자산배분을 실행하는 것이 가장 좋은 중기 투자기간의 유지전략이라 생각한다.

7. 계약유지 기본전략전술 Ⅵ (안정적 투자자)

변액연금보험 가입자 중 안정적 투자자 또는 보수적 투자자란 일정수준의 기대수익률과 투자원금 이상의 보장은 반드시 보증되어야 하는 것이며, 초과수익을 얻기 위해 노력하기 보다는 시장평균 또는 그 이하 수준의 투자수익을 얻으면서 투자위험을 최대한 감소시키려는 것을 목표로 하는 투자자라 할 수 있다. 이러한 투자환경에 속해 있는 가입자 또는 투자자들은 투자관리나 위험관리보다는 변액연금보험의 높은 기대수익률에 대한 기대감과 투자손실을 볼 수 있어도 연금개시까지 유지했을 때 최소한 원금은 보장해준다는 조건을 믿고 가입하는 경우가 대부분일 것이다.

[안정적 투자자에 속할 수 있는 여건 및 환경]
① 기납입보험료 이상의 원금보장을 추구한다.
② 주식투입 비율을 30% 이하로 낮게 가져가길 원한다.
③ 초과수익을 얻기 위한 것보다는 안정적인 투자를 더 원한다.

노후연금준비용으로 투자상품인 변액연금보험을 선택했지만 일반적으로 그 상태에서 투자위험을 최소화하고 안정적인 투자를 원하는 것이 보수적 투자자의 특성일 것이다. 이러한 소극적인 투자자에게는 많은 계약자적립금이 쌓여져 있을 수 있는 중기 투자기간 이후부터는 다른 성향의 투자자보다 더 중요하게 생각해야 할 시기라고 볼 수 있다. 안정적인 투자자라 하더라도 납입보험료는 다른 형태의 투자자와 마찬가지로 허용범위 내에서 주식투입 비율을 최대한 높여서 분산투자 하는 것이 바람직하며 쌓여져 있는 계약자적립금은 인덱스 및 주식관련펀드에 30% 내외의 비율로 투자하고 나머지는 채권 및 유동성 관련 자산에 투자하는 자산배분을 유지하는 것이 가장 좋은 유지전략일 것이다. 보수적 또는 안정적인 투자성향의 가입자가 주식투입 비율을 무리하게 가져감으로써 투자위험을 높이는 것보다는 최소한의 위험으로 장기투자 시 일정한 기대수익률을 달성할 수 있는 형태가 적당하기 때문이다. 물론 이런 투자형태를 유지할 때 기대수익률은 낮더라도 무위험 투자를 위해서는 채권관련 자산에 100% 투자하면 되지만 장기투자 시 위험은 줄이면서 투자효율은 극대화하기 위한 조건인 분산투자전략에는 적절치 않으므로 일정비율의 위험자산에 투자해야 할 필요성은 있다고 본다.

결국 능동적 투자환경에 속하는 안정적 투자자라면 현재 쌓여져 있는 계약자적립금의 일정비율 안에서 주식시장의 수익률이 채권수익률보다 하락할 것으로 예상하여 주식투입 비중을 줄이고 채권비중을 높이거나 반대로 주식시장의 수익률이 채권수익률보다 상승할 것으로 판단된다면 주식의 투자 비중을 높이고 채권투자 비중은 줄이는 등의 마켓타이밍 포착 방법을 활용하여 초과수익을 달성하려 할 수 있겠지만, 비전문가이며 보수적 투자자에게는 이러한 방법은 바람직하지 않다. 괜히 섣불리 실행했다가 오히려 큰 위험에 빠지거나 수익달성의 기회를 잃게 될 수 있기 때문에 가능하면 자산배분이나 분할투자에 더 관심을 가지는 것이 현명한 유지전략일 것이라고 생각한다.

다 | 말기 변액연금보험 투자관리기법

1. 리스크관리 기본전략전술 I (적극적 투자자)

적극적 투자자는 투자경험이 많고 금융시장에 대한 식견이 넓으면서 원금보장을 원치 않는 성향의 공격적 투자자라 할 수 있다. 따라서 이들은 대부분 가입 초기나 중기에 본인의 주관에 따라 엑티브한 투자형태를 실행했을 것으로 추측된다. 그러나 적극적(공격적)인 투자를 실행한 투자자라도 투자말기의 위험성 증가와 만회할 시간적 여유가 없다는 점등으로 연금개시 5년 전의 투자 말기에는 투자형태를 다소 보수적으로 취할 필요가 있다. 결국은 자신의 마켓타이밍 등의 주관적 판단보다는 대체적으로 위험자산을 줄이고 안전자산의 비중을 높여나가는 말기의 기본 포트폴리오 형태가 필요한 것이다.

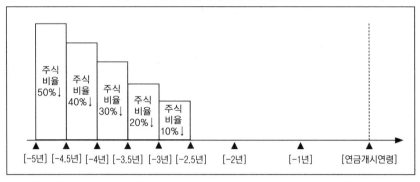

적극적 투자자의 말기 주식투입비율 조정표

위의 도표에 의하면 적극적 투자자라 하더라도 연금개시 5년 전에는 주식투입 비율을 50%로 낮추고 매 6개월마다 10%씩 주식투입 비율을 순차적으로 낮춰서 연금개시 2.5년 전에는 주식투입 비율이 제로가 될 수 있도록 구성하여 연금개시연령 근접기간에 주식투자에 대한 위험성을 0(제로)으로 함으로써 연금지급재원을 안전하게 지키는 방안이다.

하지만 적극적 투자자는 예외적으로 그 당시의 수익률이나 금융시장의 상황에 맞게 주식투입 비율을 각각 10%씩 ±α로 가져갈 수도 있으며, 연금개시 5년 전에 손실을 봤거나 수익률이 기대 이하라 판단된다면 위와 같이 조정하는 소극적 전략보다는 밑져야 본전이라는 생각으로 계속적으로 주식투입 비율을 높여서 투자하여 그 손실 폭을 줄이고 수익률을 올릴 수 있는 전략도 때에 따라서는 필요할 수 있다.

2. 리스크관리 기본전략전술 II (중도적 투자자)

주관적인 시장흐름을 판단하여 투자형태를 능동적으로 바꿔나 갈 수 있는 적극적 투자자에 비해서 중도적 투자자는 시장상황 판단이 쉽지 않고 위기나 기회에 적극 대응할 수 있는 것보다는 시장금리보다는 높은 수익률을 추종하는 투자자라 할 수 있다. 변액연금보험 투자말기에 중도적 투자자는 그 당시의 금융상황과 수익률 등을 감안하지 않고 점차적으로 주식투입 비율을 줄여나가는 전략이 필요하다. 이러한 것은 어설픈 대응보다는 현재까지의 연금지급 재원을 굳히기로 들어가는 것이 좋다는 것이며 연금개시 5년 전이 아니더라도 일정한 목표수익률을 달성했거나 수익률에 만족한다면 앞뒤 볼 것 없이 안전하게 주식투입 비율을 낮추어가는 것이 유리하다고 생각한다.

중도적 투자자의 말기 주식투입비율 조정표

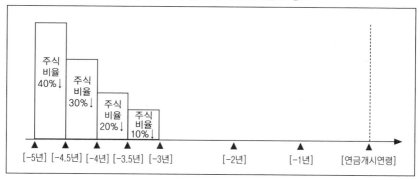

중도적 투자자는 적극적 투자자에 비해서 더 안정적인 투자형태가 필요하므로 연금개시 5년 전부터 주식투입 비율 40%에서 매 6개월마다 10%씩 투입비율을 줄여나가 연금개시 3년 전에는 주식투입 비율이 0%가 될 수 있도록 하는 리스크 관리방법이 필요하다. 경험이 많지 않거나 상황판단이 어려운 중도적 투자자는 위와 같이 강제적으로 주식투입 비율을 줄여나가는 방법을 강력 추천한다. 하지만 연금개시 5년 전에 손실을 봤거나 수익률이 기대 이하라 판단된다면 위와 같이 조정하는 소극적 전략보다는 밑져야 본전이라는 생각으로 계속적으로 주식투입 비율을 높여서 투자하여 그 손실 폭을 줄이고 수익률을 올릴 수 있는 전략도 때로는 필요하다.

3. 리스크관리 기본전략전술 III (안정적 투자자)

변액연금보험에 있어서 안정적 투자자 또는 소극적 투자자는 마켓흐름의 파악과 자신의 포트폴리오 등을 적절하게 또는 능동적으로 대처해나갈 수 없거나 위험을 이용하기보다는 최소화하려는 투자자라 할 수 있다. 이러한 투자자라면 연금개시 5년 전부터 무작정 위험자산인 주식투입 비율을 0(제로)으로 할 필요가 있다. 하지만 수익과 손실 여부를 떠나서 모두가 이렇게 대응한다면 이 또한 효율적인 방안이라 할 수 없으며 수익률과 손실률을 감안하여 그에 맞는 대응전략을 실행해나가는 것이 바람직하다.

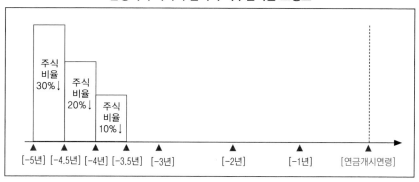

안정적 투자자의 말기 주식투입비율 조정표

손실 없이 일정한 수익률을 달성했다면 위 그림처럼 연금개시 5년 전부터 주식투입 비율 30%에서 단계별로 6개월에 10%씩 주식투입 비율을 줄여갈 필요가 있다. 소극적 또는 보수적 투자자인 경우 다소 안정적인 투자가 필요할 것이며 연금개시 3.5년 전부터는 안전자산인 국공채 위주로 투자가 이뤄질 수 있도록 조정하는 것을 권장한다.

물론 안정적 투자자도 연금개시 5년 전에 손실을 봤거나 수익률이 기대 이하라 판단된다면 위와 같이 조정하는 소극적 전략보다는 밑져야 본전이라는 생각으로 계속적으로 주식투입 비율을 높여서 투자하여 그 손실 폭을 줄이고 수익률을 올릴 수 있는 전략도 때에 따라서는 필요하다.

4. 연금수령방식 선택전략 I (개요)

변액연금보험 가입자나 검토자들이 상품 선택에 있어서 특별히 관심을 가지는 분야가 연금수령방식이다. 노후에 연금으로 받고자 변액연금보험을 가입한다는 점을 감안하면 연금수령방식에 대한 관심은 아마 가장 높은 분야가 아닐까 생각된다. 우리나라에서 판매됐거나 판매되고 있는 변액연금보험의 연금지급 방식 또는 연금수령방식은 크게 종신형, 확정기간형, 상속형, 실적형 등으로 구분할 수 있다.

변액연금보험의 주요 연금수령방식 종류

종신형	확정기간형	상속형	실적형	장기간병연금형
·개인연금형 ·부부연금형 (10년보증/20년보증/30년보증/100세보증)	·5년형 ·10년형 ·15년형 ·20년형 ·30년형	·종신형 ·10년형 ·20년형 ·30년형	·종신연금형 ·100세보증형	·종신연금형

각 지급형태에 따라 연금액 규모나 수령 받는 사람 등이 달라진다. 또한 상속형의 경우는 연금지급재원(계약자적립금)에 대한 상속도 가능하여 연금대상자의 재무적 환경에 따라서 매우 다양한 선택의 경우가 발생할 수 있다. 현 시점에서 변액연금보험을 가입하는 가입자들은 향후 수령하게 될 연금지급 방식으로 거의 대부분 종신형연금수령방식을 염두에 두는 경향이 높다. 이러한 것은 평균수명의 증가에 따른 수령연금에 대한 이득과 종신토록 부부가 안정적으로 연금을 지급받을 수 있는 유일한 수령방식이기 때문이다.

하지만 이러한 생각은 지금 현재의 생각이며 이러한 방식은 앞으로 수십 년 뒤 결정할 사항이므로 지금부터 서둘러서 연금수령방식을 미리 결정할 필요는 없다고 생각한다. 다만, 어떤 연금수령방식을 지원하는 상품인지는 꼭 확인해야만 한다. 결국 수십 년 뒤 연금수령 시점에 우리의 건강, 생활환경 등 여러 가지 여건이 지금과 모두 똑같다라고 할 수 없기 때문에 투자기간이 경과한 뒤에 그때 연금수령방식을 결정하는 것이 가장 현명한 판단이 아닐까 생각된다.

각 연금수령방식에 대한 선택전략을 세부적으로 알아보자.

5. 연금수령방식 선택전략 II (종신_개인연금형)

종신개인형 연금지급 방식이라는 것은 피보험자가 생존해 있다면 평생 연금을 지급받을 수 있는 방식으로서 타 금융사의 연금지급 방식에는 없는 생보사 변액연금보험 연금수령방식 중 가장 일반적인 방법이다. 가장 일반적인 방법이지만 한번 개시되면 변경할 수 없기 때문에 평생 받을 수 있다고 무턱대고 선택하기보다는 자신의 재무적 환경에 적합한지를 충분히 검토한 후연금개시 전 선택할 필요가 있다.

[선택시 고려사항]

① 건강상태 확인

종신형이란것은 피보험자가 생존했다면 사망할 때까지 연금을 지급하는 방식으로서 타 연금지급 방식(확정기간형)보다 연금수령액이 적을 수 있다. 이러한 방식의 특성으로 인해 지병이 있다거나 건강상태가 좋지 않아서 오래 살 수 없다고 판단한다면 이 방식을 선택해서는 효율적이지 않을 수 있다. 따라서 건강하고 오랫동안 장수할 기본조건을 갖춘 경우 선택하는 것이 더 유리할 것이다.

② 수명(壽命)에 대한 집안내력

조상들의 수명에 대한 정보도 중요하다. 수명은 유전일 가능성이 크므로 부모, 조부모 등의 수명이 단명(短命)하는 집안이라면 비교적 연금액이 적은 종신형을 선택하는 것에 신중할 필요가 있으며 이러한 수명에 대한 집안내력을 꼼꼼히 살펴서 선택해야만 하겠다.

③ 재무적/비재무적 상황

장수할 것 같다는 판단만으로 이 방식을 선택해서는 안 된다. 본인의 재무적 상황을 파악하여 일정금액으로 꾸준하게 평생 연금을 받을 필요성이 있다면 선택해야겠지만 상황상 일정기간 동안 받아야 한다거나 상속 등의 다른 목적으로 활용해야 한다면 이 방식을 선택해서는 불리할 수 있다.

[장점]

① 평생 연금을 받을 수 있다.

100세가 되던 그 이상까지 살더라도 죽을 때까지 계속적으로 연금을 받을 수 있다는 점에서 큰 이점이 있고 장수에 대한 리스크를 줄이고 매우 안정적으로 노후생활을 할 수 있는 장점이 있다.

② 해지할 수 없다.

나이를 먹는다는 것은 신체적으로 정신적으로 쇠약해 질 수밖에 없는 상황이다. 따라서 젊을 때 생각했던 것처럼 노후에 자금관리나 자기관리에 있어서 이성적 판단이 흐려질 수 있으므로 주변사람들에 의해서 계약사항 등에 변동이 올 수 있는 위험이 있다고 본다. 따라서 이러한 점에 있어서 종신연금형은 연금개시 후 해지할 수 없으므로 피보험자의 노후연금용으로 아주 안전한 상품이라 할 수 있다.

[단점]
① 연금액이 상대적으로 적다.

평생 동안 연금을 받는 조건이므로 일정기간 동안 연금을 수령하는 방식보다 대체적으로 연금액이 적은 단점이 있다.

② 실질적인 연금액이 줄어들 수 있다.

확정금리보다 화폐가치 하락률이 낮다면 연금이 줄어들지는 않겠지만 일정기간 이상 지나다 보면 화폐가치 하락으로 인해서 실질적인 수령 연금액이 줄어들 수 있다.

6. 연금수령방식 선택전략 III (종신_부부연금형)

연금수령액으로 본다면 부부형보다 개인형으로 지급받는 연금액이 약간 더 많다. 그러나 여러 가지 이유로 인해서 법적인 배우자가 있다면 연금액이 다소 적다고 하더라도 부부형 연금지급 방식을 선택하는 것이 효율적일 수 있다. 잘 생각해보면 지금은 젊고 건강해서 잘 이해가 안 될 수 있지만 연금개시 시점인 60~70세 정도에는 보험대상자의 건강이나 신변에 어떤 문제가 발생될지 모르는 것이다. 연금개시 직전에 건강상태를 살펴보니 피보험자가 배우자보다 훨씬 더 오래 살 수 있을 것 같은 상황이라면 개인형을 선택해도 무난하겠지만, 그 반대 즉 피보험자가 배우자보다 건강이 좋지 않아서 또는 다른 신체적 여건 등의 이유로 단명할 것 같다면 개인형보다는 부부형을 선택하는 것이 유리할 수 있다. 따라서 종신개인형이 좋은지 종신부부형이 좋은지의 판가름 여부는 연금지급 직전까지 가봐야 어느 정도 판결이 날 수 있을 것이다.

[선택시 고려사항]

① 건강상태

종신_부부형연금지급 방식은 개인형보다 연금수령액이 적으므로 종피보험자가 될 배우자의 건강상태를 확인하여 지병이 있거나 장수할 확률이 낮아진다면 부부형을 선택하는 것보다는 개인형을 선택하는 것이 효율적일 수 있다. 반대로 피보험자의 건강이 좋지 않아서 단명할 것 같다면 당연히 연금액이 다소 적더라도 부부형을 선택하여 배우자의 여명 동안 연금을 수령할 수 있도록 배려하는 것이 좋겠다고 생각한다.

② 법적 배우자 여부

부부형연금지급 방식은 주피, 종피 두 명의 피보험자에게 연금을 지급하는 방식으로서 반드시 법적인 부부관계여야 신청이 가능하다. 반드시 혼인신고가 되어 있어야 하며 그렇지 않고 사실혼인 경우는 부부형연금지급 방식은 선택할 수 없으므로 이러한 점을 사전에 반드시 확인하여야 한다.

[장점]

① 부부가 모두 연금보장을 받을 수 있다.

100세가 되던 그 이상까지 살더라도 죽을 때까지 계속적으로 연금을 받을 수 있다는 점에서 큰 이점이 있고 장수에 대한 리스크를 줄이고 매우 안정적으로 노후생활을 할 수 있는 장점이 있다.

② 종피보험자를 변경할 수 있다.

부부형연금지급 방식 선택 후 연금을 수령하다가 부부가 이혼한다면 기존계약의 종피(전남편)를 빼고 재혼하여 생긴 새로운 남편을 종피로 추가하여 보장받을 수 있도록 할 수 있다.(단, 모든 상품이 지원하는지는 통계자료가 없으나 주요 보험사의 상품들은 대부분 지원함) 따라서 재혼 후에도 부부형을 유지할 수 있다는 차원에서 이 기능은 장점이 된다.

[단점]

① 연금액이 개인형보다 적다.

부부형연금지급 방식은 남편, 아내(피보험자)가 생존 시에는 계속적으로 연금을 지급해야 하므로 개인형보다 연금액이 약간 적다는 점이 단점이다.

② 이혼 시 종피보험자는 보장받지 못한다.

연금개시 후 이혼한다면 종피보험자는 보험계약이 상실되므로 더 이상 연금보장을 받지 못한다. 따라서 부부형연금지급 방식은 이혼 후에 종피보험자가 보장받지 못한다는 점에서 단점이라 할 수 있다.

7. 연금수령방식 선택전략 Ⅳ (확정기간형)

연금수령 시 종신토록 연금을 수령하는 것이 아니라 특정기간 동안 연금을 수령하는 방식이 확정기간형 연금지급 방식이며 기간은 보통 5년, 10년, 15년, 20년이며 최근에는 30년, 100세 등 평균수명이 늘어나는 것에 대비하여 기능이 추가되는 추세이다. 이처럼 이 방식은 평생 수령이 아니라 일정기간만 연금을 받을 수 있도록 되어 있어서 종신형에 비해 수령 연금액이 높은 것이 가장 큰 특징이라 할 수 있다. 따라서 연금개시 전 가입자의 건강상태와 재무적 상황을 충분히 고려하여 여건에 맞을 경우 어느 정도 선택의 필요성이 있다고 생각한다.

[선택시 고려사항]

① 건강상태

종신형연금지급 방식은 연금개시 전 건강상태가 매우 좋아서 장수할 것 같은 상황에서 선택하는 것이 바람직하지만 확정기간형 연금지급 방식은 반대로 오래 살 것 같으면 선택하는 것보다는 건강 또는 집안내력 등으로 볼 때 단명할 확률이 높다고 판단될 때 선택하는 것이 유리할 것이다. 이것은 종신형으로 연금을 적게 받는 것보다는 일정기간 동안 많은 연금을 받는 것이 유리할 수 있기 때문이다.

② 재무적 상황

가입자의 주어진 상황상 일정기간 동안 연금수령을 원한다면 역시 이 방식을 선택하는 것이 유리하다. 예를 들어 각종 연금의 본격적인 수령시기가 65세라면 은퇴 후 그 이전까지 수입이 없는 시기에 연금을 받기 위해서 확정기간형 연금지급 방식을 유용하게 활용할 수 있다. 또한 일정기간 동안 의료비 등의 노후자금이 많이 필요하다고 판단한다면 그 기간을 연금지급기간으로 할 필요성으로 확정형연금지급 방식을 활용할 수도 있다. 이렇듯 본인의 재무적 환경 등을 고려하여 부족한 수령연금을 보충하기 위한 용도로 활용할 필요성이 높은 연금지급 방식이다.

[장점]

① 짧고 굵게 연금수령이 가능함

필요한 특정기간에만 많은 연금의 수령이 가능하므로 집중적으로 연금을 받을 수 있다는 점이 장점이다.

[단점]

① 해지가 가능함

종신형 연금지급 방식은 연금수령 중 해지가 불가하므로 노년기에 큰 위험 없이 종신토록 안정적으로 연금을 수령할 수 있다는 장점이 있으나 확정기간형은 연금이 개시된 이후에도 해지가 가능하기 때문에 힘없고 결정권이 없는 노후에 주위의 강요에 의해서 해지처리 될 수 있으므로 노후보장에 문제가 생길 소지가 있는 단점이 있다.

8. 연금수령방식 선택전략 V (상속형)

상속형 연금지급 방식은 연금개시 시의 연금지급재원인 계약자적립금을 기준으로 공시이율로 계산한 이자를 연금으로 지급하고 피보험자가 사망하면 상속인에게 사망 당시의 상속연금책임준비금(계약자적립금 원금 수준)을 지급하는 방식으로서 후손에게 또는 배우자에게 연금지급재원 대부분을 상속하고자 하는 경우에 선택하는 방식이다. 변액연금보험은 노후준비를 하기 위해서 가입하는 마당에 왜 하필 이 방식을 선택할까라고 의아해할 수 있지만, 앞으로 수십 년간 가입자의 조건이 어떻게 변화될지 모르기 때문에 상황변화에 따라 선택 여부를 신중히 검토할 필요가 있다.

이 방식이 필요한 경우는 살다 보니 금전적으로 연금수령은 거의 필요 없어서 대부분을 후손에게 상속할 필요가 있는 경우에 적당하다. 또한 상속형 연금지급 방식을 선택한다는 것은 배우자 또는 자녀에게 재산을 상속해주겠다는 목적이 있다면 정기금평가에 의한 상속세 절감과 가장이 사망했을 때 상속세 재원 마련이라는 점에서 유용하게 활용될 수 있는 연금지급 방식이다.

[선택시 고려사항]
① 상속 여부

상속형 연금지급 방식은 피보험자 본인이 사망하거나 일정기간 경과 후에 연금지급재원 대부분을 상속인에게 상속해주는 방식으로서 정작 피보험자 본인은 연금으로 대략 이자 정도만 수령할 수 있으므로 노후생활에 큰 도움이 안 될 수도 있다. 따라서 연금개시 전 이 상품으로 연금을 거의 받지 못한다 하더라도 노후생활에 큰 지장이 없다고 판단되거나 연금지급재원 모두를 상속인에게 상속해줘야 할 필요가 있을 때 선택해야만 한다. 그렇지 않고 다른 노후대책이 없이 상속인이나 자녀들만 생각하여 상속형을 선택한다면 연금액이 다른 연금지급형에 비해 현격하게 적기 때문에 노후생활에 큰 어려움을 겪을 수 있으므로 선택 시 신중해야 한다.

① 상속전용 및 상속세 절세

계약자적립금의 대부분은 상속인에게 상속해줄 수 있는 상속 전용 연금지급 방식으로서 연금수령 중 상속이 발생한다면 이후 수령할 연금과 상속재원을 현재시점으로 할인하여 상속세를 결정하는 정기금 평가에 의해서 상속세를 절세할 수 있는 장점이 있다.

[단점]

① 노후준비로는 부족함

연금으로 받아야 할 재원을 거의 대부분 상속인에게 상속해주고 연금지급재원의 이자 정도만 연금으로 받을 수 있으므로 이 방식을 선택했을 때 노후생활에 적잖이 영향을 줄 수 있다. 대략 일반적인 종신형 연금지급 방식보다 약 15% 이상의 적은 연금액을 받을 수 있다.

9. 연금수령방식 선택전략 Ⅵ (실적형)

실적형 연금지급 방식은 종신형이나 확정형, 상속형처럼 계약자적립금을 일반계정으로 이관하여 공시이율로 운용하는 구조가 아니라 연금개시 후에도 일반계정으로 이관하지 않고 연금개시 전처럼 특별계정에서 투자운용 하면서 투자수익률에 따라서 수령 연금액을 높일 수 있도록 초과수익을 추구하는 연금지급 방식이다. 따라서 투자결과에 의해서는 수익이 날 수도 있고 반대로 손실을 볼 수도 있기 때문에 노후에 안정적으로 연금을 지급받아야 하는 입장에서는 신중할 필요가 있다. 하지만 연금개시 후에도 적극적으로 연금액을 높이고자 하는 다소 공격적 성향의 가입자에게는 적절한 방식일 수 있기 때문에 자신의 투자성향과 여러 가지 재무적 환경을 고려하여 충분히 검토할 필요가 있다고 생각한다. 또한 60~70세가 넘어서도 투자상황을 적절히 판단할 수 있는 관리능력이 있어서 고령에도 충분히 투자관리가 가능하여 평생 화폐가치가 하락하는 정액으로 연금을 받는 것보다는 조금이라도 연금액을 높여서 수령하고자 하는 가입자라면 적절한 연금지급 방식이 될 수 있다.

[선택시 고려사항]

실적형 연금지급 방식은 연금개시 후에도 연금지급재원(계약자적립금)을 손실이 발생할 수 있는 펀드에 투자하여 그 수익과 손실의 투자결과에 따라서 연금액이 결정되는 방식으로서 일반적으로 주식투입 비율이 낮다고 하더라도 어느 정도는 투자관리가 필요한 방식이다. 따라서 가입자가 이러한 투자관리나 대처능력이 없다면 이 방식을 선택한 효과가 크게 떨어질 수 있으므로 본인의 상황을 신중히 판단하여 결정해야만 한다. 나이 먹고 이성적 판단이나 투자에 대한 대처능력이 떨어지는 노후세대가 잘 운용해나갈 수 있을지 의문이다.

[장점]

종신형 연금지급 방식은 평생 정액으로 연금을 받는 방식으로서 시간이 지나면 지날수록 저금리의 구조가 지속된다면 연금액이 올라갈 수 없는 구조라 할 수 있지만, 실적형 연금지급 방식은 연금개시 후에도 계속적으로 투자하여 그 결과 수익이 발생하면 연금액이 올라가는 구조로서 향후 수령금액을 높일 수 있는 장점이 있다.

[단점]

① 실적형 투자효과를 보기 어려울 수 있는 구조다.

대부분 실적형의 특별계정은 연금개시 전 특별계정과 다른 구조이다. 보통 연금개시 전의 특별계정 내 펀드들은 주식투입 비율이 50% 이하로서 특별계정에 투입된 자금으로 투자할 경우 기대수익률을 연 8%(특별계정 투입 보험료 대비) 정도 바라볼 수 있지만 연금개시 후 실적형 특별계정의 주식투입 비율은 30% 이하이므로 투자에 대한 수익률로 연 8%를 기대하는 것은 무리라고 할 수 있다. 따라서 연금개시 후에는 보통 연 6% 이상 수익을 내줘야 연금액이 어느 정도 올라가는 구조이므로 이론적으로 연금액을 높이기 쉽지 않은 구조라 할 수 있다.

② 고수수료 구조다.

연금개시 후 실적형으로 유지한다면 펀드운용수탁보수(보통 연 0.8~1.0%)와 실적연금지급에 대한 보증비용(보통 연 1.0%)이 별도로 발생되므로 계약자적립금이 많이 쌓여 있는 상황에서 상당히 부담스러운 수수료라 할 수 있다.

③ 종신보장이 안 된다.

실적형이다 보니 투자손실이 크게 발생한다면 언제든지 연금지급이 중단될 수도 있다. 이러한 리스크를 줄이기 위해 각 보험사 상품마다 100세 보증 등의 보증기간을 지원하고 있으나 연금액이 얼마 안 되고 그나마 종신지급이 불가하므로 실적형을 선택할 때는 이러한 점을 감안하여 신중할 필요가 있다.

라 | 거치식 변액연금보험 투자관리기법

1. 거치식 변액연금보험의 위험관리전략 (Risk Management Strategy)

일반적으로 가입 이후 3~4년 정도는 쌓여 있는 계약자적립금의 규모가 소액이기 때문에 큰 투자위험이 낮거나 없다고 할 수 있는 적립식 변액연금보험에 비해서 처음부터 목돈을 투자하는 거치식 변액연금보험의 경우는 가입 초기나 가입 말기나 투자위험은 마찬가지로 높다고 할 수 있다. 다만 가입 초기의 투자금(계약자적립금)은 납입원금에 거의 가깝지만 가입 말기(연금재시 직전)의 투자금은 납입 원금보자 훨씬 더 클 수 있기 때문에 위험에 대처하는 전략은 상이할 수 있다. 거치식_변액연금보험의 위험관리전략에 대해 알아보자.

첫째
금융시장 폭락에 대한 대처방안 마련하기

적립식 변액연금보험과는 다르게 이미 목돈이 투자되어 계약자 적립금이 쌓여 있는 거치식 변액연금보험은 투자손실에 대한 위험이 상대적으로 크다고 할 수 있다. 하지만 변액연금보험의 투자펀드는 대부분 주식투입 비율이 50% 내외로서 국공채 및 유동성자산 등에 골고루 분산투자 되기 때문에 주식투입 비율이 90% 이상으로 높은 변액유니버셜보험처럼 고위험상품(High risk)은 아닌 Middle risk(중간위험) 상품이기에 실제로 폭락장이 와서 주식형펀드가 반 토막 나더라도 그렇게 큰 투자손실을 볼 가능성은 상대적으로 낮다고 할 수 있다. 그럼에도 불구하고 가입 후에 전체적인 금융시장의 침체기를 맞게 된다면 투자손실을 볼 것은 자명한 것이다. 따라서 이에 따른 적절한 대처방안을 마련하여 준비해야 할 필요가 있다.

먼저 가입 시에 이러한 주식시장 폭락에 대한 위험에 대처하기 위해서는 한번에 해당 펀드에 몽땅 투입하기 보다는 평균분할투자 기능을 활용하여 3개월, 6개월, 12개월 등으로 나눠서 투자하는 것이 금융시장 폭락에 대처하는 방법으로 바람직하다. 가입 이후 15일이 지나면 모든 투자금은 단기채권형펀드에 투입되고 선택한 기간에 따라 1/3, 1/6, 1/12로 나눠서 해당펀드로 분할투자 되기 때문에 금융시장의 폭락에 대한 극도의 불안감을 어느 정도 헷지 할 수 있을 것이다. 만일 가입 시 이러한 평균분할투자 기능을 선택하지 못하고 이미 가입하였다면 계약자적립금을 일단 채권형펀드로 옮겨서 안전하게 투자하면서 일정기간 동안 매월 일정액을 해당투자펀드로 투자하는 방법으로 위험을 헷지 할 수도 있다.

모든 투자금을 펀드에 투자한 이후의 금융시장 폭락에 대한 대처방안으로 가장 적절한 방법은 정기적인 투자상황에 대한 점검을 통해 투자에 대한 위험을 사전 예방하고 조치를 취함으로써 과거 IMF와 최근의 글로벌 외환위기 등과 같은 큰 손실 리스크를 피해 나갈 수 있도록 하는 것이다. 이러한 큰 위험은 특별한 경우를 제외하고 어느 날 갑자기 순식간에 발생하는 것이 아니라 사전에 여러 징후가 나타난 후 발생되기 때문에 이러한 상황을 일정 기간마다 정기점검을 통하여 내 투자금을 지킬 수 있는 투자관리 자세가 반드시 필요한 것이다. 또한 이러한 투자점검을 통하여 꽤 높은 수익을 달성했다면 일정투자수익에 대한 이익실현을 하는 것도 이후 폭락에 대처하는 또 하나의 좋은 방법이다. 예를 들어 가입 이후 폭등세가 지속되어 수익률이 기대 이상으로 많이 발생했다면 수익을 낸 만큼을 안전하게 채권형펀드로 이관하여 이익을 실현함으로써 이후 조정 받더라도 수익 난 부분에 대해 이미 이익을 실현했기 때문에 손실 볼 규모가 적어지게 되어 그만큼 이득이 될 수 있다.

또한 손절매(변액연금보험에서는 펀드변경)를 해야 하는 손실률을 사전에 정해놓고 폭락에 대처하는 방법도 필요하다. 예를 들어 투자자 본인이 펀드변경을 하겠다는 투자손실률이 −10%라고 설정해 놓고 이에 해당된다면 과감히 해당투자펀드를 안전한 채권형펀드 등으로 변경하는 것이다. 물론 이러한 방법들은 금융시장에 대한 식견과 투자경험이 많은 가입자가 행해야 하는 방법으로서 대부분의 초보투자자는 실행하기 쉽지 않은 방법이라고 생각한다.

따라서 대다수 투자자들은 시장의 변화를 틈타 수익을 더 내겠다는 생각보다는 자산배분전략전술에 따라서 정기적인 점검과 자산배분을 통해서 투자위험에 사전 대처하여 투자금을 안전하게 지키는 위험관리전략이 가장 적절하다는 것을 명심해야 한다.

둘째
투자수익 지키기 위한 대처방안 마련하기

거치식 변액연금보험의 경우 가입 초·중기, 말기로 분류하더라도 투자위험에 대한 강도는 비슷하다고 할 수 있다. 다만 가입 초·중기에는 투자수익을 내기 위해 다소 위험을 무릅쓰고 주어진 상황에서 공격적으로 투자할 필요성이 있으며 가입 말기는 그동안 벌어놓은 투자수익을 지키기 위한 전략으로 다소 보수적으로 운영할 필요성이 있다. 따라서 가입 초·중기는 공격적으로 투자하되 위험요소로부터 투자수익을 지킬 수 있는 방법을 마련하여 상황에 맞게 투자위험에 대처해나가야 한다.

먼저 가입 초·중기라 할지라도 거치식_변액연금보험의 경우 목돈을 한꺼번에 투자하는 상품 성격상 운이 좋아서 가입 시기를 잘 선택했다면 일정기간 동안 단기에 수익률이 급상승 할 수 있다. 따라서 금융시장에 대한 식견과 투자경험이 풍부한 가입자라면 이럴 땐 사전에 일정수익률 이상 달성되면 수익실현을 하겠다는 자신만의 투자계획을 가지고 수익을 낸 부분에 대해서 펀드변경을 통해 수익을 실현하는 것도 좋은 방법이다. 1억을 투자해서 10%의 수익을 올렸다면 수익을 낸 1천만 원에 대해서는 안전한 채권형펀드로 펀드변경을 통해 수익을 실현한다는 것이다.

반대로 초보투자자라면 펀드자동재배분 기능을 활용하여 투자수익을 지키는 방법을 활용하는 것도 좋은 방법이다. 펀드자동재배분이란 일정 투자기간이 경과한 후 투자펀드의 비율을 점검해서 최초 설정한 투자비율로 다시 재조정 해주는 기능으로 투자자가 일일이 체크하지 않아도 시스템이 자동으로 점검해서 비율별로 수익난 부분을 재조정해줄 수 있어 투자수익을 지킬 수 있는 좋은 방법 중 한가지이다. 예를 들어, 펀드설정이 A펀드에 50%, B펀드에 50%로 설정하였으나 펀드자동재배분 기능을 활용하게 되면 6개월 뒤 펀드의 계약자적립금을 평가하여 비율이 A펀드(70%), B펀드(30%)로 투자비율이 바뀌었다면 A펀드의 20%를 B펀드로 자동재배분 하여 펀드투자비율을 다시 50%:50%로 조정한다. 그만큼 수익 난 부분에 대해 이익 실현을 할 수 있다는 말이다.

셋째
단기 해지 및 실효에 대한 대처방안 마련하기

2년 내외의 단기 해지 시에는 기납보험료 30~50%의 페널티를 부과하는 적립식_변액연금보험과는 반대로 거치식_변액연금보험을 단기 해지 시에는 수익률에 따라 차이가 있지만 기납입보험료의 10% 내외로 페널티가 부과되기 때문에 상대적으로 해지에 따른 손실률의 부담은 크지 않은 것이 사실이다. 하지만 보험료가 1억이라고 하면 10%인 1천만 원을 손실 보는 것으로 이러한 단기 해지에 따른 위험은 적잖이 부담스러울 수 있다. 따라서 이러한 거치식_변액연금보험의 가입 초기의 해지에 따른 대처방안을 마련해야 한다.

거치식 변액연금보험을 가입해서 단기 해지하고자 하는 이유가 가입자 별로 천차만별이겠지만 보통 지인의 강요나 권유로 가입한 후 후회할 때, 충동적으로 가입하거나 잘못 알고 가입했을 때, 급전이 필요할 때, 투자손실을 볼 때 등의 사유로 해지하는 경우가 대부분이다. 여기서 지인의 강요나 권유나 충동적으로 가입했을 때는 간단하다. 이런 경우는 빨리 해지하는 것이 손실을 덜 볼 수 있는 가장 좋은 방법이라 생각한다. 하지만 급히 목돈을 사용해야 한다든지 경제적으로 어려운 상황에 처하게 되어 해지를 해야 하는 경우에는 이 상품에서 제공하는 중도인출이나 보험계약대출 이라는 기능을 활용하는 것도 차선책이라 할 수 있다. 중도인출은 납입보험료의 최대 90% 정도까지 1년에 12회 정도 인출할 수 있기 때문에 해지를 해야 하는 극한 상황이라면 이런 기능을 활용하여 사업비나 수수료 부담은 있지만 단기 해지에 대한 대처방안으로 적극적으로 활용할 수 있다. 보험계약대출의 경우도 약정된 대출이자를 부담하면서 해지환급금의 50%까지 대출받을 수 있으므로 대출이자의 부담은 있지만 잠시 급한 불은 끌 수 있는 기능이 아닌가 생각된다. 마지막으로 투자손실을 볼 때 그 손실이 두려워 단기 해지하는 경우이다. 가입 이후 단기에 계속적으로 손실을 본다면 흔들리지 않을 투자자는 없을 것이다. 하지만 이 상품은 단기에 수익을 많이 내기 위해 가입한 것이 아니라 장기투자의 힘을 믿고 가입했다는 사실을 잊어서는 안 된다. 10년, 20년 장기투자 계획으로 가입한 것이지 1, 2년 뒤의 수익률을 보고 가입한 것은 아니라는 것이다.

따라서 가입 시 계획했던 생각대로 단기실적에 대한 부담을 버리고 장기적 관점에서 투자실적을 평가한다는 초심으로 돌아가는 것이 이 위험에 대한 가장 좋은 대처 방안이 아닐까 생각한다.

넷째
부화뇌동에 대처방안 마련하기

부화뇌동에 대한 대처방안은 적립식 변액연금보험이든 거치식 변액연금보험이든 별도 구별 없이 기본적으로는 같다고 할 수 있다. 단지, 거치식의 경우 목돈을 한꺼번에 투자하다 보니 손실률이나 수익률에 좀 더 민감하게 반응 할 수 있다.

부화뇌동(附和雷同)이란 말의 사전적 의미는 "우레 소리에 맞추어 천지 만물이 함께 울린다는 뜻으로, 자기 생각이나 주장 없이 남의 의견에 동조한다라는 말"이다. 변액연금보험 가입자 중에는 이와 같이 부화뇌동하여 주변의 부정적 말만 듣고 따라가는 가입자들이 생각보다 많은 것 같다. 그런 사람들의 특징이 상품의 특성에 대한 이해 없이 또는 계획 없이 단순 권유에 의해 가입한 경우가 대부분으로서 가입 이후 일정기간 잊고 있다가 어떤 금융위기가 왔을 때 주변에서 이 상품으로 손실을 많이 봤다는 등의 상품에 대한 안 좋은 소리만 듣고서 말 그대로 부화뇌동하여 상품의 부정적 시각으로 생각을 채우다 못해 결국은 중도탈락 하게 되는 것이다. 또한 일부 가입자는 가입 시점 초기의 장기투자에 대한 생각을 잊어

버리고 가입 후 1~2년 뒤에 수익률을 점검했을 때 손실이 발생했다고 하면 크게 실망하는 경향이 있다. 그러면서 투자에 대한 회의감으로 그때부터 상품의 부정적인 면만 찾아 다니게 되고 결국은 그러다 보면 중도해지 하게 되어 손실을 입게 되는 것 같다.

잘 생각해야 할 것은 이 상품에 투자한 이유는 1~2년 뒤의 수익률이 아니라 10~20년 뒤의 기대수익률을 보고 투자했다는 점이다. 따라서 이러한 위험으로부터 벗어나는 길은 항상 가입 시점의 장기투자 목적을 잊지 말고 계획대로 추진해야 한다. 단기수익률이 높거나 단기수익률이 저조해도 장기투자 시 그 손실률을 만회할 수 있다는 점을 잊지 말고 주변의 부정적인 이야기에 흔들리지 않도록 하는 것이 중요하다. 주변의 변액연금보험 투자에 실패한 사람의 말만 듣고 부화뇌동하여 같이 휩쓸려서도 안 된다.

2. 거치식 변액연금보험 추가납입 전략/전술

거치식(일시납) 변액연금보험을 가입했거나 가입예정인 고객들과 상담을 하다 보면 대부분 추가납입을 고려치 않는 경향이 있다. 1억 원을 추가납입 하겠다는 고객은 그냥 기본보험료로 1억 원을 계약하길 희망한다. 더구나 추가납입에 대한 향후 계획도 없이 그냥 여유가 생기면 할 수도 있다라고 한다. 하지만 담당설계사 입장에서는 가입 시 추가납입에 대한 계획을 세워서 총 납입금액이 1억 원이라면 1/3 정도인 3,500만 원에 대해서만 기본보험료로 납입하

고 나머지 6,500만 원은 추가납입 하는 계획대로 추진한다면 목
돈에 대한 부담과 폭락에 대한 리스크 또는 비싼 사업비 등의 고민
을 한번에 해결할 수 있다고 생각하기 때문에 거치식 변액연금보험
을 가입할 때는 반드시 추가납입 규모에 대한 계획을 세워야 한다
고 생각한다. 이와 같이 거치식 변액연금보험의 경우도 추가납입에
대한 막연한 생각보다는 가입 당시부터 추가납입에 대한 계획을 수
립하여 추진하는 것이 가입자 입장에서는 수익률 및 안정성 등 여
러 가지 면에서 이득이 될 수 있다. 거치식 변액연금보험의 추가납
입 전략/전술에 대해 자세히 알아보자.

첫째
기본보험료 결정은 추가납입보험료를 고려하여 산정하자.

앞에서 예를 든 것처럼 총3억 원을 거치식 변액연금보험으로 가
입하고자 한다면 1억 원을 기본보험료로 납입하고 나머지 2억 원
은 추가납입으로 하겠다는 계획으로 가입하기를 권유한다. 이러한
계획 없이 현재 여력이 3억 원이라고 기본보험료를 3억 원으로 결
정하여 보험계약을 한다면 투자위험, 고사업비, 유동성 결여 등의
비효율적인 면을 안고서 가입하는 것이나 마찬가지이다. 기본보험
료를 3억 원에서 1억 원으로 조정할 경우 가입자에게 돌아가는 이
득은 다음과 같다.

① 사업비가 줄어든다.

보통 보험사가 선취로 떼어가는 거치식 변액연금보험의 기본보험
료 사업비는 5~6%이나, 추가납입 사업비는 보통 2.5~3.5%이므

로 사업비를 많이 절약할 수 있다. 예를 들어 사업비율이 6%로 3억 원을 기본보험료로 납입한다면 사업비가 18,000,000원이다. 하지만 1억 원을 기본보험료로 하고 나머지 2억 원을 추가납입보험료로 할 경우 사업비는 11,000,000원(6,000,000원+5,000,000원)으로 절약할 수 있는 사업비는 7,000,000원이 된다.

② 투자위험을 줄일 수 있다.

한꺼번에 기본보험료를 특별계정에 투입하기보다는 1/3만 투입하고 나머지는 일정기간이 경과한 후 추가납입을 활용한다면 아무래도 투자손실에 대한 위험을 줄일 수 있다.

③ 자금에 대한 부담을 덜 수 있다.

일시에 자금을 확보하여 투입하는 것보다 1/3만 투입하고 나머지는 가입자가 융통성 있게 납입기간 등을 활용할 수 있으므로 추가납입을 활용하면 자금에 대한 부담을 줄일 수 있다.

따라서 거치식 변액연금보험도 추가납입을 활용할 경우 가입자에게 위와 같은 이득이 발생할 수 있으므로 기본보험료 결정은 추가납입을 고려하여 결정하는 것이 가입자에게는 상당히 유리하다고 생각한다.

둘째

추가납입할 때는 납입기간을 분산하여 투자위험을 줄이자.

일반적으로 적립식의 경우에만 납입기간을 분산해서 투자한다고 생각하기 쉽지만 거치식 변액연금보험의 경우도 추가납입 할 때

납입기간을 분산하여 투자하는 것이 위험을 줄일 수 있는 방법이라 생각한다. 목돈을 일시에 추가납입 하는데 있어서 가장 큰 위험은 투자 후 금융시장의 장기침체로 주식시장의 폭락 같은 사태가 발생했을 때 큰 투자손실을 볼 수 있다는 점이다. 소액을 수시 추가납입 하는 경우는 별 문제가 없다고 할 수 있지만 수백에서 수천만 원 또는 수억 원까지 추가납입 하는 경우라면 투자수익도 높아질 수 있지만 투자손실위험도 그만큼 커질 수밖에 없다는 점 주의해야 한다. 따라서 이러한 즉시추가납입에 대한 투자위험을 헷지하기 위해서는 일정한 기간을 분할해서 매수(투자)하는 전략을 사용하는 것이 바람직하다.

일반적으로 위험을 분산하여 투자하는 방법 중 가장 좋은 방법은 적립식 투자방법이지만 아쉽게도 거치식 변액연금보험은 즉시추가납입만 가능하고 정기추가납입은 불가하므로 일정한 기간 동안 자동으로 소액으로 나눠서 분산투자 할 수 있는 기능적 방법은 다소 제한적이다. 그중 하나가 납입기간을 정하고 그 기간 동안 매월 얼마씩을 직접 추가납입 하는 수동적인 방법이다. 아무래도 이 방법은 불편하겠지만 이러한 방식으로 추납을 하게 되면 투자손실에 대한 위험을 줄여서 투자할 수 있는 좋은 방법이다. 또 다른 방법은 평균분할매수기능을 활용하여 안전한 채권형펀드에 투자하다가 일정기간(3, 6, 12개월) 동안 분할해서 해당펀드로 투자할 수 있는 방법이다. 일시에 목돈을 펀드에 투자하는 경우보다 일정기간 동안 투자금을 분산투자 할 수 있기 때문에 이 방법 역시 투자금의 폭락에 대한 좋은 해결책이라 생각한다.

셋째

매수타이밍을 노리기보다는 추가납입에 대한 장기계획대로 추진하자.

거치식 변액연금보험의 경우 가입 시점부터 잘 설계된 계약의 경우 추가납입의 납입금액과 납입시점이 어느 정도 결정되어 있어야 한다고 생각한다. 3억 원을 거치식 변액연금보험에 투자할 계약이라면 1억 원은 기본보험료로 가입 시 납부하고 나머지 2억 원에 대해서는 일정기간 동안 분산투자로 추가납입 할 수 있도록 계획이 수립되어 있을 것이다. 처음 가입 시점부터 거치식에 대한 추가납입계획이 수립된 정상적인 상태라면 저가에 매수타이밍을 잡으려고 시간을 낭비하는 것보다는 그 계획대로 추가납입을 실행하는 것이 바람직하다. 적립식 변액연금보험이든 거치식 변액연금보험이든 추가납입 시 조금이라도 저가에 매수할 수 있다면 투자수익에 있어 약간의 이득이 될 수 있겠지만 노련한 직접투자 경험자 이외에는 이런 매수 타이밍을 잡기가 쉽지 않기 때문이다.

예외적으로 소수의 투자경험자들은 가능한 일일 수 있지만 변액연금보험 가입자의 대다수가 투자초보자라는 점을 감안한다면 이러한 매수타이밍을 노리는 것은 바람직하지 않다. 그렇다고 매수타이밍을 담당설계사가 해줄 수 있을까? 매수타이밍을 직접 알려주는 곳도 있다고 하지만 너무나 위험천만한 일이 아닐 수 없다. 앞에서도 언급했듯이 매수타이밍으로 저가에 투자하겠다는 생각보다는 납입기간을 분산하여 투자위험을 줄이면서 매수하는 방법이 더 효율적이라 생각한다. 따라서 추가납입에 대한 계획대로 일정기간 분산투자 하는 행동이야 말로 가장 좋은 추가납입전략이 아닐까 생각된다.

마 | 기타공통 투자관리기법

1. 주식시장 폭락에 대한 위험관리 방안 (I)

변액연금보험의 특별계정은 주식이나 채권 등 주로 금융상품에 투자하는 펀드들로 구성되어 있다. 이러한 특별계정의 펀드 중 주식투입 비율이 최대 70% 이상 되는 펀드도 존재하지만 변액연금보험 특별계정 구조상 거의 대부분 주식투입 비율이 50%를 넘어갈 수 없다. 따라서 변액연금보험은 일반적인 주식형 적립식펀드처럼 주식투입 비율 높아서 매우 위험성이 높다고 할 수 없다. 하지만 금융시장이 불안하거나 주식시장이 폭락한다면 그래도 적지 않은 손실을 볼 가능성이 있는 상품이다.

실례로 2008년 말 글로벌 외환위기 때 국내 주식시장도 덩달아 종합주가지수가 폭락하면서 적립식펀드의 수익률이 반 토막 이하까지 나는 상황에서 변액연금보험의 주식혼합형펀드는 1년 수익률이

-20% 안팎을 기록하기도 하였다. 가입한 지 얼마 안 되어 계약자 적립금이 소액인 가입자들은 큰 문제가 없겠지만 몇 년 이상 투자한 장기투자자나 연금개시를 앞둔 가입자 입장에서는 이러한 주식시장 폭락장의 상황이 두려운 것은 사실이다. 더군다나 지금이 아니더라도 향후 가입자가 연금개시를 코앞에 둔 상황에서 이러한 폭락장이 온다면 투자손실의 폭은 너무나 큰 부담이 아닐까 생각된다.

따라서 이러한 주식시장 폭락과 같은 상황이 발생한다면 변액연금 가입자 입장에서는 사전에 어떠한 위험관리전략을 가지고 대처할 것인가에 대해 구체적으로 알아보자.

이러한 위험을 해결한 방법 중 가장 쉬운 방법은 장기 분산투자하는 것이다. 이런 말은 주변에서 흔히 들을 수 있으면서 정말 말하기 쉬운 말이다. 이 세상에서 어느 누구도 주식시장의 폭등이나 폭락 등의 시기와 규모를 정확히 맞출 수 없기 때문에 폭락장에 가장 적절한 투자기법은 일정기간 동안 일정액을 정액매입 하여 리스크를 조금씩 줄여나가는 정액분할투자기법이라고 한다. 이 정액분할투자기법은 적립식투자라고도 하며 매월 특정시점에 예정된 금액을 자동으로 투자할 수 있도록 설계된 형태이다. 금융시장의 변동 즉 활황이나 불황 등에 관여치 않고 일정기간 동안 매월 분할 매수한다는 관점에서 위험을 조금씩 분산하여 안전하고 쉽게 투자할 수 있는 방법으로서 거액의 여유자금을 한꺼번에 투자하기 어려운 일반인들에게도 적합한 방식이지만 고액을 단기에 납입하는 고액 계약자들에게도 적합하다 할 수 있다.

그렇다면 변액연금보험의 장기분산투자에 대해 알아보자. 일반적으로 변액연금보험을 가입하는 형태는 적립형과 거치형(일시납) 두 가지로 나눌 수 있다. 보통 적립형은 말 그대로 일정납입기간 대개 짧게는 3년에서 길게는 20년, 연금개시-5세납 등으로 매월 일정액의 보험료를 납입하여 투자되는 방식이고, 거치식(일시납)은 일정액을 한번에 일시에 납입해서 일정기간 동안(약 10년 정도) 거치시킨 후 연금을 지급받는 방식이다. 어느 방법이 더 안전하게 투자하는 방식일까? 위험을 일정기간 분산해서 조금씩 매수해가는 적립형이 더 안전한 투자라고 생각한다. 물론 특정기간 동안 상승장(↗)이나 하락장(∧) 상태에서는 수익률이 더 낮을 수도 있지만 최소 5년 이상 장기로 나눠서 매입한다면 단기적인 폭락 등과 같은 시장상황의 변동 리스크를 충분히 해결하면서 기대수익률을 올려줄 수 있다고 생각한다.

반면에 거치형의 경우는 연금개시 전까지 유지 시 원금의 100%를 보증 받을 수 있지만 간접적인 시간적 투자손실이 크기 때문에 결코 좋은 상황은 아니다. 또한 일시에 집중투자(몰빵) 하기 때문에 시간적 분산투자하고는 거리가 있어 자칫 폭락장이 온다면 큰 손실을 볼 수 있다.

따라서 변액연금보험의 투자위험을 낮추고 기대수익률을 높이려면 적립식으로 10년 이상 장기투자 하는 방법이 가장 좋은 위험관리방법이 아닌가 생각한다.

2. 주식시장 폭락에 대한 위험관리 방안 (II)

주식시장이 폭락할 수 있는 상황에 대한 위험관리 방법 중 또 한 가지는 변액연금보험의 자체 기능인 펀드변경 기능을 활용하는 것이다. 계약자적립금을 주식투입 비율이 높은 주식형이나 주식혼합형 펀드에서 채권비율이 높은 채권형펀드나 단기채권형펀드로 변경하여 예기치 못하는 폭락장의 상황에 대비할 수 있는 방법이다. 그러나 이러한 타이밍을 잡아서 펀드변경 한다는 것은 말하기는 쉬워도 가입자가 언제 변경해야 하는지 변경 타이밍을 결정하기가 여간 쉽지 않은 것이 사실이다.

특히 변액연금보험은 변액유니버셜보험이나 주식형펀드처럼 주식투입 비율이 높지 않고 대부분 50% 이하의 펀드로 구성되어 있기 때문에 펀드 자체가 주식과 채권 등으로 골고루 분산투자 되어 있는 관계로 단기 급등락에 따른 무리한 펀드변경은 그리 좋은 투자행동이 아니라고 할 수 있다. 또한 단기적인 매매타이밍 잡는 것에 몰두하다 보면 좋은 수익률 결과가 나오기보다는 장기투자의 마음가짐이 흐트러져서 자칫 투자 멘탈이 쉽게 붕괴될 수도 있다. 따라서 어느 정도 기간과 투자수익률이 발생할 때까지 펀드변경보다는 꾸준한 투자가 더 필요한 것이다. 물론 일정기간 동안 투자를 통해 투자수익률을 달성하여 계약자적립금이 일정규모로 쌓였다면 이제부터는 이미 거치식(목돈)으로 운용되고 있기 때문에 매월 투자하는 보험료 이외에 위험을 분산할 수 있는 투자방법을 모색할 필요가 있다.

그렇다면 폭락장의 상황에 대비한 위험관리 방법으로써 어떠한 방식으로 펀드변경 기능을 활용해야 할까? 가입자 별로 투자성향에 맞게 주식시장이 침체된 상황에서는 펀드변경을 통해 저가매수 함으로써 반드시 초과수익을 올리는 방법도 필요하긴 하지만, 변액연금보험의 펀드변경이라는 것은 단타매매 투자자처럼 단기적인 주식시장 급등락의 상황에 편승해서 단기 매매차익을 실현하기 위한 용도보다는 일정한 투자기간 동안 분할매수 투자로 계약자적립금의 투자대비 수익률이 어느 정도 확보된 상태에서 쌓여진 계약자적립금을 투자위험으로부터 보호하기 위한 위험관리 용도로 더 많이 활용되어야 한다고 생각한다. 변액연금보험의 펀드변경을 통한 위험관리 방법을 가입기간별로 세부적으로 알아보자.

① 가입 초기(가입 시점~5년)

변액연금보험의 가입 초기에는 펀드변경이 거의 필요 없다고 생각한다. 우리가 적립식펀드를 가입할 때 3년 또는 5년 정도 단기 또는 중기로 매월 분산투자 하여 분할매수효과로 주식시장 급등락에 대한 위험을 줄이면서 목표투자수익률을 달성하려 하듯이 변액연금보험도 최소한 3년에서 5년까지는 펀드변경에 큰 생각 없이 투자자성향에 적합한 펀드를 선택한 후 지속적인 정액분할투자가 필요한 것이다. 따라서 이 기간 동안에는 너무 단기적인 급등락에 따른 수익률에 연연해서 흔들리는 등 장기분산투자가 필수인 변액연금보험의 취지에서 벗어나지 않는 투자모습이 필요하다. 특히 장기투자의 가입취지를 망각하고 가입 후 1~2년 정도 지나 수익이 발생하지 않음으로 인해 단기수익률에 실망해서 해지를 운운하는 것은 엄청난 손실의 자충수를 두는 격일 것이다. 물론 가입 초기에도 중간에 폭등장 등의 예상치 못한 상황이 발생하여 계약자적립금의 투자수익률이 예상 외로 올랐을 때는 계약자적립금의 일부를 채권형펀드로 안전하게 변경하는 것도 좋은 방법이지만 아주 특별한 상황 이외에는 잦은 펀드 변경으로 장기투자의 본질만 흐리는 것보다는 계속적인 분할매수가 필요한 시기라 할 수 있다.

결론적으로 납입 초기에는 특별한 상황이 아니고서는 폭락장이 오더라도 시장의 잔바람에 흔들리지 말고 잦은 펀드변경보다는 계속적인 정액분할매수를 하는 것이 가장 효율적인 위험관리 방법이라 생각한다.

② 가입 중기(6년~연금개시 5년 전)

변액연금보험 가입 이후 연 평균 투자수익률 8%로 가정하여 약 5~6년 정도에 이르면 투자원금 대비 투자수익이 발생하는 시점이다. 각 상품에 따라 또는 투자결과에 따라 그 시기가 앞당겨지거나 늦춰질 수 있지만 여기서는 기대수익률 8%(특별계정 투입금액 대비)로 가정하자. 이 기간 즉 투자원금대비 투자수익이 발생할 때부터는 계약자적립금 즉 목돈이 어느 정도 쌓였다고 보기 때문에 계약자적립금은 이제는 분할투자가 아닌 거치식으로 운용되는 것이라고 봐야 한다. 따라서 가입 초기에는 펀드변경에 거의 무관심해도 되지만 이제부터는 내 자산(계약자적립금)을 안전하게 투자할 수 있는 위험관리전략이 필요한 것이다.

이때쯤이면 가입자가 납입한 보험료 총액은 매월 보험료 30만 원씩 6년을 투자한다는 가정으로 계산하면 총 2천만 원을 상회한다. 수익이 나기 시작했다는 것은 계약자적립금으로 최소한 2천만 원 이상이 쌓여 있다는 것이며 이 쌓여 있는 계약자적립금은 거치식으로 투자되기 때문에 위험리스크를 줄일 수 있는 별도 관리가 필요하며 계속적으로 납입되는 보험료는 다른 펀드(주식투입 비율이 높은 펀드)에 분산투자 할 필요가 있다.

그렇다면 납입하는 보험료는 계속적으로 주식투입 비율이 높은 펀드에 투자한다고 하면 쌓여 있는 계약자 적립금은 어떻게 위험관리를 해줄 수 있을까? 보통 변액연금보험의 특별계정은 그 특성상 계약자적립금의 투자되는 펀드도 아무리 주식투입 비율이 높은 펀드라 하더라도 최대 50%를 넘어가지 않기 때문에 변액연금보험의 펀드는 고위험 상품이 아니라 중간 정도 위험자산(Middle risk middle return)이다. 따라서 펀드변경을 무리하게 하지 않더라도 펀드자체가 분산투자 되어 있음으로 IMF나 최근의 외환위기 같은 상황이 아니라면 자주 사용하지 않는 것이 좋다고 본다. 그래도 위험자산이기 때문에 위험관리를 해야겠다면 원금대비 수익이 발생된 부분이나 주식관련 투입비율의 10~20% 정도만 채권관련펀드로 펀드변경 해도 된다. 그렇게 된다면 주식 관련 투자비율과 채권관련 투자비율은 4: 6 또는 3: 7 정도로서 좀 더 보수적인 투자형태가 되는 것이다. 여기서 좀 더 나아가서 소극적인 지키기 위한 투자성향이라면 약 30~40% 정도를 채권펀드로 변경해서 비중을 높일 수 있는데 이번에는 2: 8 또는 1: 9 정도로 주식투입 비율이

20% 이하로 아주 안전하게 위험관리를 할 수 있을 것이다. 하지만 이러한 상황은 모든 가입자에게 똑같이 적용되는 것은 아니며 각각의 투자성향과 투자환경에 따라 다를 수 있으므로 역시 가장 좋은 방법은 각 투자자 성향에 맞는 전략적 자산배분과 전술적 자산배분 방법에 의해서 위험을 관리하는 방법이라 할 수 있다.

③ 가입 말기(연금개시 5년 전 이후~연금개시 전)

연금개시 시기나 납입기간에 따라 가입자 별로 차별화된 전략을 실행할 필요가 있으나 보통 이 시기가 되면 투자수익률에 따라 계약자적립금이 기납입보험료대비 150%~200% 이상을 상회할 수 있다고 예상한다. 따라서 이때부터는 더 보수적으로 운용하여 연금개시 시 연금지급의 재원이 되는 계약자적립금을 지켜나가야 한다. 폭락에 대한 위험관리로서 가장 좋은 방법은 내 투자원금대비 수익률에 비례해서 일정비율로 계약적립금을 안전한 채권펀드로 이전시키는 것이라 할 수 있는데, 보험사가 수수료를 받고 수행해 주는 이른바 스텝업 전략으로써 채권비율을 단계적으로 높이는 전략을 사용하는 것이다. 예를 들면 기납입보험료 대비 계약자적립금이 150%일 경우---〉 20%, 180%일 경우---〉 30%, 200%일 경우---〉 40% 이런 식으로 강제적으로 채권투입비율을 높여서 연금개시 전까지 투자손실을 본다면 만회할 수 있는 시간이 없기 때문에 아주 보수적으로 운용하는 것이 바람직하다. 또한 앞서 확인해본 것처럼 일정기간 동안 계속적으로 주식투입 비율을 강제적으로 내리는 방법도 한가지 방법일 것이다. 예를 들어 연금개시 5년 전에 주식투입 비율을 50%-〉40%로 낮추고 6개월 뒤 다시 40%-〉30%로 낮춘다. 이것을 6개월 단위로 해서 낮춘다면 3년에서 3.5년 전에는 주식투입 비율이 제로가 되어 안정적으로 연금개시 전까지 유지할 수 있을 것이다.

3. 변액연금보험 기본유지전략

일반적으로 변액연금보험이라는 것은 적어도 10년에서 길게는 20~30년 정도 투자해야 하는 초장기 상품으로서 사실 유지하기가 그렇게 만만치 않은 상품이다. 어떻게 보면 변액연금보험 같은 저축성 보험은 개인이나 가정에 경제적 어려움이 닥친다면 해지 1순위가 되기 쉬운 상품이라서 보장성 보험보다도 더 유지하기가 어려울 수 있다. 보장성 보험(종신보험)의 10년 유지율은 30% 미만이라는 통계가 있다. 10명 중 7명은 10년 이상 유지하지 못하고 중도해지한다는 이야기다.

변액연금보험은 우리나라에서 본격적으로 판매된 지 아직도 몇 년 안 됐기 때문에 통계치가 없지만 유지율이 종신보험 수준이라고 가정하더라도 10년 안에 10명 중 7명은 해지하거나 실효된다는 사실이다. 정말 그렇다면 10명 중 7명은 투자실패로 인해서 많은 손해를 보는 격이 되는 셈이다. 따라서 가입목적이나 계획 없이 즉흥적인 충동에 의해서나 지인의 권유로 가입하게 된다면 중도에 탈락하여 많은 손실을 볼 가능성이 높은 상품이다. 그러면 변액연금보험 가입 후 해지나 실효 없이 성공적으로 그 긴 투자기간 동안을 어떻게 어떤 방식으로 유지해나가야 할까? 각각의 가입자 투자성향이나 재무적 환경에 따라 천차만별이겠지만 아래 세 가지의 큰 틀을 기본으로 유지하는 것이 바람직하다고 생각한다.

첫째
투자기간별로 투자성향에 맞게 장기적인 큰 틀을 염두에 두고 유지해나가는 것이 필요하다.

변액연금보험 가입자는 10~20년 이상 장기투자를 해야만 어느 정도 투자효과를 볼 수 있는 상품이라는 특성을 냉철히 인식하고 단기수익률에 크게 고무되거나 낙담하는 등 단기수익률에 집착해서는 안 된다. 그렇게 되면 자칫 단기급등락에 휩쓸려 부화뇌동(附和雷同) 하다 보면 중도에 실패할 확률이 높아지기 때문이다. 변액연금보험을 가입한 후 1~3년의 단기 가입자들의 실패사례를 예로 들어보면 가입자의 재무적 상황에 맞지 않는 연금설계 자체도 문제거니와 너무 단기수익률에 집착하여 실망하다 보면 중도해지 하는 경우가 많다. 필자에게 기가입 변액연금보험 건으로 상담의뢰 하는 것을 살펴보면 "2년 정도 납입하면 수익률이 몇 %가 된다고 했는데 관리도 안 해주고 수익률도 마이너스라서 해지해야 할지 계속 유지해야 할지 고민입니다." 이런 상담이 대부분이다. 가입 당시 담당설계사가 잘못 설명한 부분도 있지만 가입자의 변액연금보험 유지방법에도 큰 문제가 있다고 본다. 선취사업비로 10년간 10% 정도를 차감한 후 나머지가 펀드에 투입하므로 납입과 동시에 -10% 손실이라는 구조적 특성상 변액연금보험은 1~2년의 단기 수익률을 기대할 수 있는 상품이 아니라 1~20년 장기투자 해서 연 평균 수익률을 시중 금리보다 다소 높게 기대할 수 있으므로 장기적으로는 물가상승률을 헷지 할 수 있는 상품인 것이다. 다시 한번 언급하자면 변액연금보험은 반드시 단기적인 수익률에 얽매이지 말고 장기적인 투자안목을 가지고 유지해야 하는 상품이라는 것이다.

둘째

일반적으로 변액연금보험은 단기적인 매매타이밍을 잡아서 투자하기에는 바람직하지 않다.

장기적으로 성공적인 유지를 위해서는 단기적으로 금융시장 또는 주식시장의 변동폭을 이용하여 단기투자수익을 노리겠다는 생각은 버려야 한다. 대부분의 변액연금보험에 편입된 펀드의 주식과 채권 투입비율을 살펴보면 주식에 최대 50%까지 가능한 펀드가 대부분이며 그 나머지는 채권 및 유동성자산에 투자된다. 또한 금융시장 상황에 따라 원금보장에 대한 의무를 보유하고 있는 보험사의 입장에 따라 주식투입 비율보다는 채권 투입비율이 더 높을 수 있다. 이러한 특성을 감안할 때 주식시장의 단기적인 잔 파동에 편승하여 초과수익률을 얻겠다는 것은 대부분의 가입자에게는 무모한 투자 행위이며 이러한 단기수익률을 노리는 행동을 하다 보면 정작 투자자 자신의 본업에 대한 업무수행에 큰 차질을 초래할 수 있다. 이러다가는 매일매일 주식 급등락에 하루 종일 턱 받치고 앉아 있다가 투자계획의 기복이 심해지기도 하고 또는 충동적인 생각으로 일희일비(一喜一悲) 하다 보면 결국은 중도해지 할 수 있는 확률도 높아진다. 변액연금보험 특성상 초장기로 투자해야만 하는 상품인데도 가입 시점의 초심을 잊고서 단기 수익률을 좇다 보면 이런 현상이 발생되는 것이다. 따라서 주식급등락에 편승해서 단기수익을 더 올릴 수 있는 방법을 찾기보다는 꾸준히 매월 정액분할매수의 장기투자 전략을 기본으로 유지해나가는 전략을 실천하는 것이 바람직하다.

셋째
자산배분에 의한 투자관리가 필요하다.

가입 이후 5년 이상 일정기간이 경과한 후에는 투자위험관리적 측면에서 거시적인 경제지표를 살펴서 내 투자자산 즉 계약자적립금을 안전하게 지킬 수 있도록 노력해야 한다. IMF나 금융위기 등의 외부적 위험에 넣 놓고 있으라는 얘기가 아니다. 지킬 건 지켜야한다는 것이다. 가입 후 장기적인 자산배분을 해놓은 상태에서 아무런 신경도 쓰지 않고 계속 보험료 납입만 하다가 연금개시 시점까지 그냥 유지하는 좀 무식(?)한 방식도 좋은 방법이긴 하다. 신경 안 쓰고 그냥 노후를 위해서 묻어뒀다고 생각하면 되겠지만 문제는 연금개시를 불과 얼마 안 남기고 제3의 외환위기 또는 또 다른 금융대란이 발생해서 내 투자자산이 반 토막 난다면 어떻게 될까? 이런 가능성도 충분히 존재하는 상품이기 때문에 가입 초기보다도 5년 이후 가입 중기나 가입 말기(연금개시 직전)로 갈수록 투자관리가 더욱 중요한 역할을 할 것이다. 따라서 어느 정도의 기간이 지나 계약자적립금이 거치식으로 운용될 때부터는 위험관리적 차원에서 유지할 수 있는 방법을 잘 활용하여 유지하는 것이 바람직하다. 따라서 전략적 자산배분 하에서 특정 주기별로 전술적 자산배분으로 수익률과 리스크 관리를 해나간다면 단 1%라도 변액연금보험 투자에 성공할 확률이 높아지리라 확신한다.

4. 적립식 변액연금보험의 효율적인 보험료 투자(납입)전략

대부분의 변액연금보험 가입자들은 월 몇십 만 원 정도의 소액으로 10~20년 정도의 장기간에 걸쳐 보험료를 납입하는 형태로 계약을 체결한다. 월납의 경우 3년에서 7년 정도의 단기납입 하는 가입자도 더러 있지만 대부분이 장기납입자로서 긴 기간 동안 보험료를 성공적으로 납입할 수 있는 효율적인 방법이 필요하다. 따라서 가입자들이 어느 정도 알고 있는 내용일 수 있지만 납입형태 별로 이러한 효율적인 보험료납입 설계방법 및 전략을 정리해 보도록 하자.

① 기본보험료

변액유니버셜보험(VUL)의 납입중지 등의 유동성기능에 비해서 변액연금보험(VA)의 유동성 기능은 상대적으로 취약하다고 볼 수 있다. 대부분의 변액연금보험 상품이 납입중지 기능을 지원하지만 5년 뒤에나 일시납입 중지가 가능하고 또한 납입중지 총 기간이 3

년 이내라는 점 등으로 극히 제한적이므로 약정된 기본보험료를 납입기간 동안에 대해서는 반드시 납입하여야 계약을 계속적으로 유지할 수 있다. 따라서 가입 시점에 기본보험료 설계 시 무리한 월보험료보다는 추가납입을 최대한 활용하는 방향으로 기본보험료에 대한 부담을 줄일 필요가 있다. 그래야만 납입중지 기능이 제한적이라 하더라도 장기적으로 보험료 부담 없이 정상적으로 유지될 확률이 높아질 것이다.

② 추가납입보험료

변액연금보험 보험료를 추가납입 하는 방법은 두 가지가 있다. 하나는 언제든지 자유롭게 납입할 수 있는 즉시추가납입(자유납) 방법이고, 둘째는 기본보험료 납입하듯이 자동이체로 보험료를 납입할 수 있는 정기추가납입기능이다. 보통 변액연금보험의 즉시추가납입은 국내 생보사(일부 생보사 제외) 상품은 연금개시 5년 전까지, 외국계 생보사 상품은 연금개시 7년 전까지 자유롭게 납입이 가능하다. 하지만 상품별로 차이가 많아 어떤 상품은 기본보험료 납입기간에만 추가납입이 가능한 것도 있기 때문에 이것저것 잘 검토해야만 나중에 이 기능 때문에 후회하지 않을 것이다. 예를 들어 35세의 여성이 10년 납입하고 60세에 연금개시 되는 형태로 계약했다면 상품에 따라 기본보험료 납입기간에만 추가납입이 가능한 상품이라면 가입 시점부터 10년까지만 추가납입이 가능하고 45세부터 60세까지 15년간 추가납입이 불가하다. 반면에 연금개시 5년 전까지 추납이 가능한 상품이라면 가입 시점부터 55세까지 즉시추가납입이 가능하므로 향후 상품에 따라 많은 차이가 예상된다.

또한 수십만 원 정도의 소액으로 그때그때 즉시추납을 한다면 언제 어느 때이든 상관없다. 꾸준히 추가납입 한도 내에서 계속적으로 여윳돈이 생기면 납입할 필요가 있다. 하지만 이때 주의해야 할 것은 계획 없이 자유롭게 납입한다는 그 자체가 말로는 아주 쉽지만 사실은 장기간 길게 실행하기에는 결코 쉽지 않은 것이다. 따라서 가능하면 정기추가납입을 실행하는 것이 바람직하다. 하지만 변액연금보험에서 정기추가납입기능을 지원하는 상품은 드물다. 따라서 추가납입 설계를 하기 위해서는 이것저것 잘 살펴봐야 할 것 같다.

5. 수시(즉시)추가납입 전략/전술

변액연금보험에 있어서 추가납입기능을 활용한다는 것은 보험료 부담을 덜 수 있다는 점과 비용절감 그리고 투자금액을 늘릴 수 있다는 측면에서 아주 바람직한 것 같다. 대부분의 변액연금보험이 기본보험료 총 납입금액의 2배까지 추가로 보험료를 납입할 수 있으며 납입하는 방법은 각 상품별로 수시(즉시)추가납입과 정기(자동이체)추가납입 방법 등으로 차이가 있다. 그중 수시(즉시)추가납입기법의 전략에 대해 알아보자.

변액연금보험에서 추가납입을 한다고 하면 대부분 언제든지 자유롭게 추가납입 할 수 있는 수시추가납입 방법을 떠올릴 것이다. 수시추가납입의 장점은 계약자가 원하는 시간에 일시에 납입 가능한 금액범위 내에서 자유롭게 추가납입을 할 수 있다는 점이며, 단점은 자유납이다 보니 계획성 있게 납입하기가 어렵고 목돈을 일시에 납입하는 관계로 자칫 납입 타이밍을 잘못 결정했다가는 많은 투자손실을 가져올 수 있다는 점이다. 이러한 상황에 적절히 대응하기 위한 수시(즉시)추가납입의 전략은 다음과 같다.

첫째

추가납입에 대한 장기계획을 수립하자.

수시(즉시)추가납입을 하겠다고 주장하는 가입자들의 의견을 종합해보면 대부분 그때그때 여윳돈이 생기는 대로 납입하겠다고 한다. 하지만 이런 말과는 다르게 실행이 잘 안 되는 것이 사실이다. 이것은 구체적인 계획 없이 돈 생기면 하겠다는 막연한 생각 때문이 아닐까? 우리가 "돈 생기면 저금해야지" 하는 생각과 마찬가지라 생각한다. 돈 생기면 저금해야지 라고 생각하지만 생활하다 보면 돈을 써야 할 소비처가 나타나게 마련이며 그러다 보면 저축에 대한 생각은 슬그머니 잊어버리는 게 우리들 습성이다. 그러다 보니 잘 실행이 안 되고 계속 뒤로 밀리다 보면 수백에서 수천만 원의 목돈을 추가납입 해야 하는데 웬만한 자산가들 빼고 선뜻 이런 큰 돈을 추가납입 하기 어렵다는 것이다. 또한 추가납입을 일반적으로 연금개시-5년(또는 -7년)까지 납부할 수 있지만 추가납입을 빨리 해서 장기간 복리로 투자하는 것이 연금개시 직전에 추가납입 하는 것보다 더 효율적인 투자가 되기 때문에 매년 추가납입 가능금액 만큼은 꾸준히 추가납입 하는 것이 가장 효율적인 투자가 될 수 있다. 따라서 막연한 추가납입에 대한 생각으로 계속 뒤로 미루다가 추가납입 가능기간 막판에 추가납입 하는 것보다는 월별, 분기별 또는 연별의 기간에 얼마씩은 꼭 추가납입 하겠다는 계획을 작성하여 실행하는 것이 좋은 결과를 가져올 수 있는 추가납입전략이 아닐까 생각한다.

둘째
단기수익률보단 장기적인 투자마인드를 갖고 투자하자.

변액연금보험의 수시(자유)추가납입방법을 활용하려는 투자자들의 가장 큰 고민은 납입타이밍을 결정하는 것이 아닐까? 가입자 입장에서는 주가가 더 낮은 타이밍에 추가납입 한다면 보다 더 저가에 매수하게 되어 향후 주식시장이 상승하게 되면 더 많은 수익을 올릴 수 있다고 생각하기 때문에 가능하면 낮은 금액에 투자하기를 희망한다. 그러다 보니 좋은 투자 타이밍을 선택하려 할 것이다. 하지만 변액연금보험은 추가납입 했을 경우 일반주식형펀드처럼 3시 이전에 납입을 하면 그날 기준가로 다음날 매수가 되는 것이 아니라 보통 제3영업일(납입일+제2영업일에) 특별계정(펀드)에 투입되기 때문에 정확한 저가 시점을 예상할 수 없는 것이 현실이다. 오늘 월요일에 추가납입 하면 수요일 날 기준가로 펀드에 투입되는 것이다. 투자자 입장에서는 저가에 매수하려는 행동이 당연한 것이 아닐까 생각되지만 이런 타이밍을 잡기 위해 매일매일 고민하느니 이

고민할 시간을 차라리 본업에 충실하게 임하는 것이 더 좋겠다는 생각이다. 또한 다음날을 예상하기도 어려운 상황에서 3일 뒤의 높고 낮음을 예상하기는 더더욱 어렵지 않을까 생각된다. 변액연금보험이라는 것은 최소 10년에서 길게는 20~30년 이상 초장기로 투자할 상품인데 단기간의 일정한 박스권에서 움직이는 낮은 금액이나 또는 높은 금액이나 장기적인 투자관점에서 향후 연금개시 전투자수익에 큰 영향을 미치지 못할 것이다. 장기투자 상품에 맞게 단기적인 수익률에 욕심부리기보단 장기적이고 거시적인 투자마인드로 투자하는 것이 바람직하다. 따라서 저가의 매수타이밍을 선택하려고 노력하기 보다는 가능하면 일정기간 동안 분할매수 하는 방법으로 장기투자의 힘을 믿고 투자하는 것이 좋다고 생각한다.

셋째

분할매수로 투자위험을 줄이자.

수시(즉시)추가납입을 진행하는 데 있어서 가장 큰 위험은 투자 이후 주식시장의 폭락 같은 사태가 발생했을 때 큰 투자손실을 볼 수 있다는 점이다. 소액을 수시추가납입 하는 경우는 별 문제가 없지만, 수백에서 수천만 원 또는 수억 원까지 추가납입 한다면 수익도 높아질 확률이 있지만 반대로 손실 위험도 그만큼 커질 수밖에 없다. 따라서 이러한 즉시추가납입에 대한 위험을 헷지하기 위해서는 일정한 기간을 분할해서 매수(투자)하는 전략을 사용하는 것이 바람직하다. 예를 들어 1천만 원을 추가납입 할 예정이라면 4개월에 걸쳐서 매월 250만 원씩 추가납입을 나눠서 하는 것이다. 이렇게 진행한다면 4개월에 걸쳐서 위험을 분산하여 투자하게 됨으로써 한꺼번에 투자하는 것보다 손실위험을 상당히 줄일 수 있다. 일시에 몰빵(집중투자)하는 것보다 분산투자 하는 것이 안전투자의 기본이라는 점 다시 한번 기억하자.

6. 정기(자동이체) 추가납입 전략/전술

정기추가납입이라는 것은 기본보험료 납입하듯이 일정기간 동안 매월 일정금액이 자동이체 되어 추가납입 되는 기능으로써 현재 국내 변액연금보험 상품 중 일부 보험사의 상품만 이 기능을 지원한다. 추가납입에 대한 계획 없이 기본보험료를 무리하게 높이는 것보다는 정기추가납입을 잘 활용한다면 상품 자체의 수익 즉 비용을 크게 절감할 수 있기 때문에 이 방법은 최근 변액연금설계에서 가장 중요한 비중을 차지하는 요소 중 하나라 할 수 있다. 그렇다면 어떤 전략과 전술로 정기추가납입을 활용해야 가장 효율적일까? 그 방법을 알아보자.

첫째
꾸준한 납입을 위한 장기계획을 수립하여 추진하자.

사업비 절감과 분산투자 그리고 유동성 확보 차원에서 추가납입기능은 가입자에게 매우 유용한 기능이다. 하지만 이런 좋은 기능도 잘 활용하지 못한다면 비싼 비용을 들여 가입한 상품으로 인해 보험사의 주머니만 채워주는 격이 될까 우려된다. 정기추가납입도 계획을 잘 수립하여 추진해야만 한다. 아무리 좋은 기능이라도 계획 없이 무작정 막연하게 진행한다는 것은 오래 진행될 수 없으며, 결국 전체적으로 투자효율이 떨어질 수밖에 없는 것이다. 사실 필자의 고객 90% 이상은 처음부터 이러한 정기추가납입을 염두에 둔 연금설계에 의해서 가입하였지만 초기에 이러한 계획대로 추진하는 고객들은 약 30~40% 정도로 예상치를 훨씬 밑도는 것 같아 안타까울 따름이다. 고객 각각의 경제적 상황의 영향으로 그럴 것이라고 여겨지지만 사실 장기계획성의 결여도 한몫 하지 않았을까 예상해 본다. 조금이라도 아끼고 절약해서 지속적으로 추가납입 할 수 있는 장기납입계획이야말로 투자효율성(연금액)을 높일 수 있는 가장 좋은 전략전술임을 명심하고 반드시 계획을 수립하여 추진하기 바란다. 예를 들어 기본보험료가 20만 원이고 납입기간이 10년인 가입자의 경우 정기추가납입 금액은 10년간 월 40만 원이 최대이므로 연금개시 전까지 어떻게 납입하겠다는 계획을 수립해야 한다. 정기추가납입은 기본보험료 납입기간인 10년간만 납입이 가능하므로 자금여력에 따라 10년간은 20만 원씩 정기추가납입을 진행하고 납입하지 못한 나머지 추납가능금액은 10년이 지난 후 납입하겠다는 계획 등을 세워 실천하는 것이다.

계획성 있는 투자와 그렇지 않고 막연하게 투자하는 차이는 연금개시 시 확연히 나타나지 않을까?

둘째

단계적으로 추가납입 규모를 늘려가는 형태를 활용하여 경제적 부담을 덜자.

정기추가납입을 활용할 계획을 가지고 있는 투자자 대부분은 가입 시점부터 매월 추가납입 할 수 있는 최대 금액으로 납입하기를 원한다. 경제적으로 큰 부담 없이 투자 가능한 가입자들은 이렇게 추진해도 무방하겠지만 향후 목표연금지급액을 어느 정도 달성하려면 추가납입을 시행해야 하는데 당장 여력이 안 되거나 또는 추가납입을 염두에 두고 설계하여 추진하다가 경제적 변수에 의해 추가납입을 100% 활용 못하는 상태가 된 가입자들은 계획대로 정기추가납입을 시행하기가 어려울 수 있다. 이럴 땐 다음과 같은 방법을 활용하는 것은 어떨까? 예외도 있겠지만 대부분 추가납입 할 수 있는 총 금액을 가입 시점부터 최대로 활용하기 어려울 수 있다. 이럴 땐 납입기간별 단계적으로 추가납입 금액의 규모를 점차 늘려서 납입하는 전략이 필요하다. 시간이 지나면서 자신의 수입도 오를 것이기 때문에 단계적으로 납입금액을 늘려 잡는 것은 큰 부담이 되지 않는다. 그리고 현재의 20만 원이 10년 뒤에는 20만 원의 가치가 아닐 수 있기 때문에 일정기간이 지난 후 금액을 늘려 잡는 것도 획일적으로 일정금액을 납입하는 방법보다 보험료 납입의 측면에서 효율성이 더 높을 수 있다. 예를 들어 월 기본보험료 20만 원으로 20년 납입예정인 가입자는 처음부터 20만 원+ 40만 원(정기추가납입)으로 진행하기 어렵다면 첫해부터 5년간은 10만 원의 소액으로 시작하다가 5년 단위로 10만 원씩 점차 추가납입금액을 늘려간다면 현재의 금전적 부담을 줄이면서 정기추가납입을 성공적으로 수행할 수 있다고 생각한다.

셋째

재무상황에 따라 추가납입기능을 유연하게 사용하자.

기본보험료를 최소화하고 추가납입기능을 최대한 활용한다는 것은 비용을 절약하는 목적도 있지만 기본보험료 납입에 대한 과중한 부담을 최소화하여 장기간 유지하는 데 도움을 주기 위한 좋은 목적도 있다. 이것을 유동성이 높아진다고 하는 것인데 정기추가납입을 실행하다가 예상치 못한 경제적 상황으로 보험료납입이 어려울 경우 정기추가납입을 유연하게 대처할 수 있다.

기본보험료는 2개월 이상 납입이 안 될 경우 즉시 실효(보험효력정지) 상태로 되기 때문에 장기간 유지하기가 상당히 부담스러울 수 있다. 하지만 정기추가납입의 경우 언제든지 신청과 취소를 가입자가 임의로 처리할 수 있고 추가납입을 취소하더라도 별도의 페널티나 보험계약을 유지하는 데 전혀 피해가 없기 때문에 상황에 따라서는 가입자에게 아주 좋은 기능이라 할 수 있다. 경제적으로 최악의 경우 기본보험료만 납입하면 된다. 1년, 2년 정기추가납입을 진행하다가 혹시 보험료 부담이 있다면 언제든지 정기추가납입을 취소하여 보험료 부담을 줄이다가 경제적으로 납입이 가능할 정도로 여력이 생기면 다시 신청해서 납입해도 되는 것이다. 이렇게 정기추가납입기능을 투자자의 경제적 상황에 따라 유연하게 활용한다면 큰 부담 없이 연금개시 전까지 성공적으로 유지할 수 있다고 생각한다.

Chapter 07

[심영보 변액연금보험 투자관리시스템] 소개

가. [심영보 변액연금보험 투자관리시스템] 취지
나. [심영보 변액연금보험 투자관리시스템] 투자관리 내용 및 절차
다. [심영보 변액연금보험 투자관리시스템] 투자관리보고서 샘플

가 [심영보 변액연금보험 투자관리시스템] 취지

[심영보 변액연금보험 투자관리시스템]은 필자의 변액연금보험 고객들의 투자관리를 위해서 개발된 시스템이다. 변액보험에 가입한 고객들에게 어떻게 하면 그들의 어려운 점과 고민을 해결해줄 수 있을까 하는 연구에 연구를 하던 차에 발견한 한가지 방법일 뿐이다. 사실 이 방법은 쉽게 나온 것 같지만 그렇지는 않다. 그동안 수많은 시행착오를 겪으면서 나온 방법이다. 내용도 간단하다. 고객을 대상으로 투자성향을 분석하고 그 분석내용에 맞는 포트폴리오(전략적 자산배분)를 구성하여 가입한 변액연금보험에 대해서 정기적인 모니터링을 실시하여 각 고객들의 개인별 투자현황과 단기적인 투자의견(전술적 자산배분)을 보고서로 작성하여 각 고객들에게 이메일로 발송하는 것이 전부이다.

앞서 설명한 Chapter 4 및 Chapter 5 '변액연금보험 투자관리

방안 및 실행'에 의해서 변액연금보험 가입자 본인이 직접 투자관리를 진행할 수 있을 수도 있지만, 자신이 계획을 세워서 주기적으로 점검을 하고 단기적인 대응 즉 펀드변경 등의 결정을 쉽게 하지 못하는 가입자들도 많다. 따라서 이러한 가입자들에게 투자관리에 대한 일련의 과정을 대신 해결해줄 수 있다는 것은 큰 도움이 될 것이다. 물론 자산의 배분에 대한 의견은 필자가 주겠지만 결정과 실행은 고객들 각자가 해야 한다. 바로 이런 서비스 때문에 고객들은 가입한 변액연금보험에 대해 일일이 신경 쓰지 않아도 일정 주기별로 자신의 투자현황과 어떤 식으로 유지해야 하는지에 대한 내용을 리포트로 받아볼 수 있으므로 투자관리에 많은 도움이 될 수 있는 것이다.

앞으로 이 서비스는 지속될 것이며 더 좋은 더 효율적인 시스템으로 계속적으로 진화할 것이다.

나 | [심영보 변액연금보험 투자관리시스템] 투자관리 내용 및 절차

심영보 변액연금보험 투자관리시스템의 관리내용 및 절차

절차	관리내용

1. 투자성향 분석 및 전략적 자산배분	• 각 가입자별 투자성향을 분석하여 투자자 분류
	   – 안정적투자자
	   – 중도적투자자
	   – 적극적투자자
	• 장기투자계획 수립
	   – 전략적 자산배분 계획
	   – 전술적 자산배분 계획

2. 정기적 모니터링 실시	각 투자자의 주기별로 정기적인 투자점검 실시
	
	• 안정적투자자
	   초기: 12개월, 중기: 12개월, 말기: 6개월
	• 중도적투자자
	   초기: 6개월, 중기: 6개월, 말기: 6개월
	• 적극적투자자
	   초기: 6개월, 중기: 6개월, 말기: 6개월

3. 투자관리 보고서 작성	전략적 자산배분하에서 전술적 자산배분 실시 • 투자현황 • 투자현황과 투자관리(펀드변경 등)에 대한 투자의견 제시
4. 보고서 발송	각 가입자별 등록된 이메일로 보고서 발송

다 | [심영보 변액연금보험 투자관리시스템] 투자관리보고서 샘플

[변액보험 투자관리 현황표]

변액보험은 상품선택도 중요하지만 투자 관리가 더 중요합니다. 저와 함께 일정대로 차근차근 관리해 나감으로써 성공적인 투자에 한걸음 다가가시길 바랍니다. 그리고 변액보험의 모든 투자결과에 대한 책임은 전적으로 계약자 본인에게 있다는 점을 명심하시고 방치하는 것보다는 정기적인 점검을 통하여 위험을 관리해야만 투자의 효율성이 높아진다는 점 잊지 마시길 바랍니다.

　　　　 필수입력칸 입니다.

1. 고객정보

1) 본인성명 　　　　

2) 휴대폰 　　　　

3) e-Mail 주소 　　　　

2. 기가입 변액보험 계약내용

1) 가입상품명 　　　　 [10년납 ▼] [연금개시연 ▼]

2) 기본보험료 　　　　 (예, 적립식: 20만원, 50만원 / 거치식: 10억원 등)

3) 계약자 　　　　

4) 주피보험자 　　　　

5) 종피보험자 　　　　

3. 펀드가입내역

펀드명	기본보험료 투입비율(%)	추가납입보험료 투입비율(%)	펀드투입원금 (A)	적립금 (B)	적립률(%)
합계	0	0	-	-	

4.적립금 현황

1) 납입횟수 [   ] 회

2) 기준일(조회일 [   ] (예, 2012-05-25)

3) 특별계정 적립금 현황

(단위:원)

기납입보험료 누계 (A)	적립금 총액 (B)	적립률(%)
—	—	

5. 투자분석 및 의견 (이 코너는 관리자가 작성하는 곳입니다.)

가입한 상품에 대해서 고객님께서 생각하시는 주안점이 있다면 말씀해주세요… 투자관리분석에 참고하겠습니다.

* 위 내용은 재무설계사 심영보 개인의 주관적인 의견임으로 경우에 따라서는 정확하지 않을 수 있으므로 고객께서는 위 의견을 투자관리 참고용으로만 활용해 주시기 바랍니다.
또한 이 리포트는 심영보 개인의 투자의견으로서 심영보는 투자 결과에 대해서는 어떠한 책임도 없음을 알려드립니다.

* 고객관리 보고서는 심영보 개인의 고객관리 시스템에 의해서 발송되는 것으로서 해당보험사와 보험계약과는 전혀 무관합니다.
따라서 심영보의 개인적 사정에 의해서 연기되거나 중단될 수 있음을 인지하시기 바라며.... 이 보고서를 원치 않으시면 개별연락주시기 바랍니다.